▼監修・解説▲大澤武司

外務省戦後執務報告 アジア局編 01

「執務報告」綴（業務進捗状況を含む） 上巻

・執務年報 昭和二十七年度（昭和二十八年四月）

・（追加）業務進捗状況（昭和二十七年十二月）

・業務進捗状況 第二号（昭和二十八年十月）

ゆまに書房

刊行にあたって

大澤　武司

第二次大戦後、敗戦国となった日本は、東西冷戦という国際環境のなか、アメリカの庇護のもと、自由主義陣営の一員として国際社会に復帰した。戦後の日本外交は、時に対米「従属」外交と揶揄されるようにアメリカ重視であったが、その一方で、新たに独立を果たしたアジア諸国との関係を構築するため、戦前の日本によるアジア侵略という「負の遺産」を背負いながらも、これらの国々と直接に向き合う「アジア外交」にも取り組まねばならなかった。

本資料集『外務省戦後執務報告　アジア局編』は、戦後日本の「アジア外交」を立体的・体系的に理解するために不可欠な、外務省各局編纂の内部資料「業務進捗状況」及びアジア局編纂の「執務月報」を収録する。今回、利用請求ならびに審査、利用決定を経て復刻の対象とするのは、日本独立直後の一九五二年五月から一九六四年四月までの一二年間、吉田茂内閣から池田勇人内閣までを網羅するまさに戦後日本の「アジア外交」の創成期ともいえる時期のものである。

いうまでもなく、戦後の日本は、アジア諸国との戦後処理を先送りする「片面講和」の枠組みのなかで独立した。その日本がまず着手すべきは、アジア諸国との平和条約や賠償協定の締結など、戦前の「負の遺産」を処理するための「アジア外交」であった。また、これに加えて、東西冷戦という対立構造のなか、政府間交渉が困難な国家も数多くあり、これらの国々との非公式な外交懸案の解決も「アジア外交」の重要な構成要素であった。アジア局は、まさにその主管局として「アジア外交」の現場にあり、そこで編まれた「執務月報」には、そのアジア認識や業務実態、さらには外交案件の経緯や交渉の進捗状況、その見透しなどが克明に記されている。

本資料集の中核を構成する「執務月報」では、まず冒頭の「執務概観」の項で前月分の日本の「アジア外交」の全体像が俯瞰され、これに続く「一般問題」の項で主にアジア諸国との平和条約や国交樹立、賠償協定などの外交交渉の進捗状況、経済協力の進展状況、個別の外交案件の展開状況などが整理される。そして、これに続いて「執務月報」の本体部分として、個別の国家・地域ごとの外交案件について、アジア局各担当課から報告された詳細な関係情報が整理・列記される。

ちなみに「執務月報」の分量は毎号平均五〇ページから七〇ページというなかなかの読み応えである。当初、本「執務月報」は、アジア地域の在外公館の執務参考に資するために作成されたが、一九五四年春には、当時六〇近くあったほぼすべての在外公館に発送されるようになり、国内外の外務省関係機関で「アジア外交」に関する豊富な情報が共有されるに至った。

最後に本資料集『外務省戦後執務報告　アジア局編』の意義だが、それは、アジア局が「アジア外交」の全体像をいかに認識し、それぞれの外交案件の優先順位をいかにして定め、いかなる見透しを持ちつつ、膨大な日常業務を同時並行して展開していたのかが一目瞭然となることであろう。本資料を利用することで、アジア局あるいは担当課という政策立案者の視点から「アジア外交」を理解することができ、よりリアルな戦後日本の「アジア外交」研究を生み出すことが可能となろう。このような研究成果の積み重ねが、戦後日本外交史研究、あるいは戦後東アジア国際政治史研究のさらなる進展につながると考える。

（福岡大学教授）

凡　例

一、本シリーズは外務省外交史料館の所蔵する、一九五二年より一九六四年にかけて外務省が作成した「執務報告」を、影印方式で復刻するものである。第一回では、「『執務報告』綴（業務進渉状況を含む）」及び「『執務報告』綴　アジア局の部」第一―四巻を収録する。

二、第一回に収録した簿冊の件名及び管理番号、作成課室、作成の開始・終了年月は以下の通りである。

巻号	管理番号	史料件名	作成課室	開始年月	終了年月
01 02	A'・一・〇・〇・一五	※「執務報告」綴（業務進渉状況を含む）	大臣官房総務課	一九五二年一二月	一九六〇年一一月
03	A'・一・〇・〇・一五‐二	「執務報告」綴　アジア局の部　第一巻	大臣官房総務課	一九五二年五月	一九五三年六月
04	A・一・〇・〇・一五‐二	「執務報告」綴　アジア局の部　第二巻	大臣官房総務課	一九五三年二月	一九五三年九月
05	A'・一・〇・〇・一五‐二	「執務報告」綴　アジア局の部　第三巻	大臣官房総務課	一九五三年一一月	一九五四年七月
06	A'・一・〇・〇・一五‐二	「執務報告」綴　アジア局の部　第四巻	大臣官房総務課	一九五四年八月	一九五五年四月

※本簿冊は一冊であるが、多数の文書を収録しているため、上下巻として分割した。

三、本書は原本を約八〇パーセントに縮小している。

四、原本は経年による劣化のため、文字のカスレ、汚れ、裏写り等が散見される。判読が著しく困難な箇所については「※」を表記し、翻刻を巻末に掲載した。また、外交史料館における史料公開の方針に基づき、不開示とした部分は予め黒く抹消されているが、そのままとしている。御諒解をいただきたい。

五、復刻にあたり、原則として原本の見開きと同様になるようにしたが、片面印刷の文書が連続している場合、文書裏面の白紙は省略した。

六、本シリーズ最終巻末に監修者による解説を附す。

〔附記〕原本をご所蔵の、外務省外交史料館には、出版のご許可をいただき、また、製作上種々のご便宜を図っていただきました。ここに記して謝意を表明します。

外務省戦後執務報告　アジア局編　01　目次

「執務報告」綴　（業務進捗状況を含む）

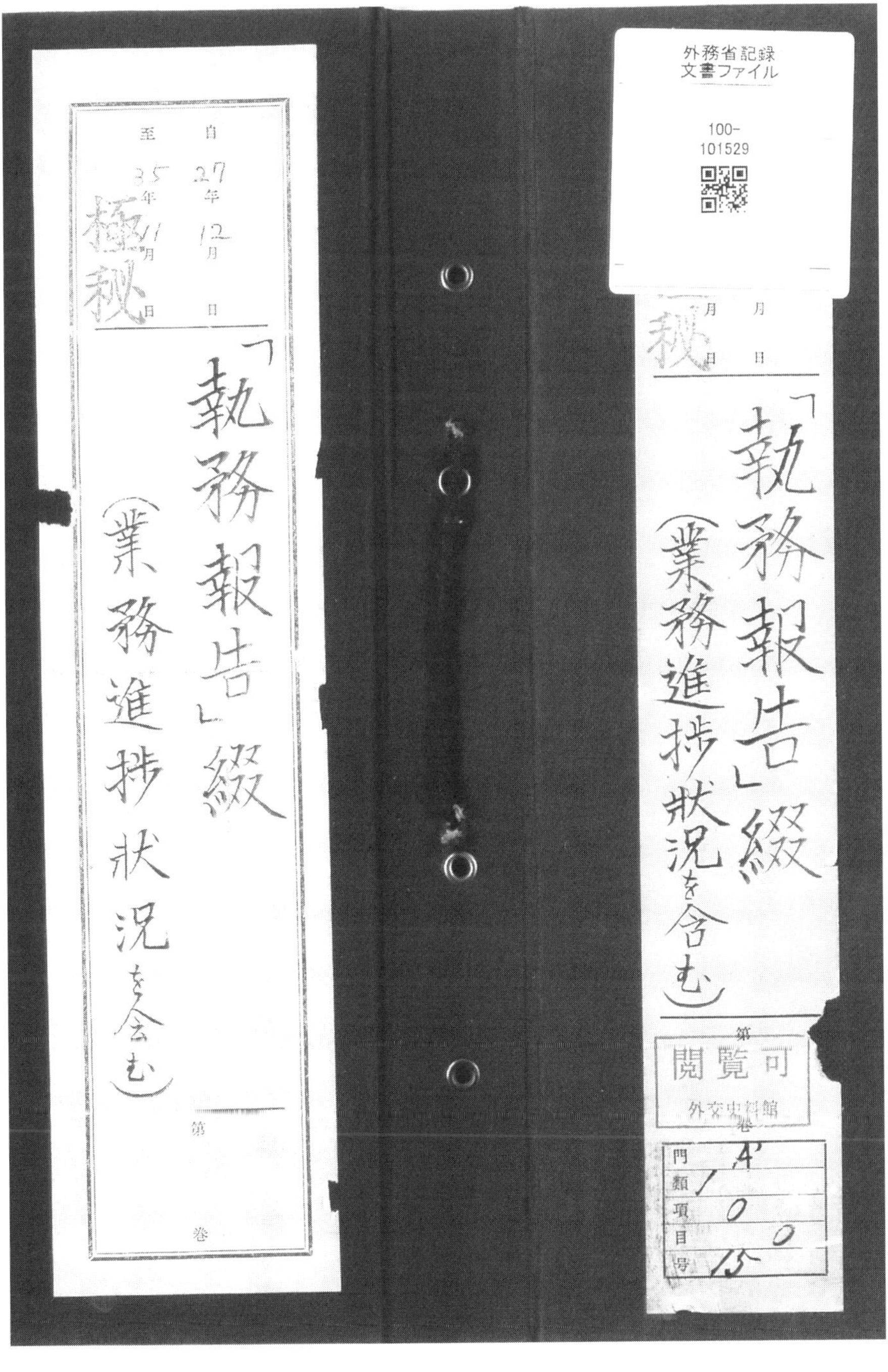
極秘
自 27年12月 日
至 35年11月 日
「執務報告」綴
（業務進捗状況を含む）
第 巻
外務省記録
文書ファイル
100-
101529
秘
月 日
「執務報告」綴
（業務進捗状況を含む）
第 巻
閲覧可
外交史料館
門 A'
類 1
項 0
目 0
号 15

（注記）

本ファイルに所収されている文書の秘密指定は、すべて解除されている。

外務省外交史料館

管理番号	A'.1.0.0.15
特定歴史公文書等の名称	「執務報告」綴(業務進渉状況を含む)
利用決定日	平成 27 年 11 月 17 日

1. この特定歴史公文書等に所収される文書のうち、次のリストに掲げるものは、外務省外交史料館利用等規則第 11 条第 1 項第 1 号の規定により、その一部分の利用が制限されています。

文書名	利用を制限する理由
「執務年報(昭和二十七年度)」	利用等規則第 11 条第 1 項第 1 号イ, ロ, ニ
「(追加)業務進捗状況」	利用等規則第 11 条第 1 項第 1 号ロ
「業務進捗状況　第一号」	利用等規則第 11 条第 1 項第 1 号イ
アジア局作成「業務進捗状況」	利用等規則第 11 条第 1 項第 1 号イ
「業務進捗状況(第二号)」	利用等規則第 11 条第 1 項第 1 号イ, ロ
「業務進ちょく状況(第三号)」	利用等規則第 11 条第 1 項第 1 号イ, ロ
1953 年 10 月 1 日付「業務進捗状況」	利用等規則第 11 条第 1 項第 1 号イ
1953 年 10 月 1 日付「業務進捗状況一覧表」	利用等規則第 11 条第 1 項第 1 号イ
「業務報告」	利用等規則第 11 条第 1 項第 1 号ハ
1954 年 1 月 25 日付「業務進捗状況一覧表」	利用等規則第 11 条第 1 項第 1 号イ

外務省大臣官房総務課
外交史料館長

執務年報　昭和二十七年度

昭和二十八年四月

執務年報

（昭和二十七年度）

部外秘

外務省

はしがき

講和条約発効後昭和二十七年度（会計年度）におけるわが外交諸施策とその現状につき、各局より提出されたものを集録印刷したものである。

目次

第一章　対アジア外交施策概観（アジア局）

第一章　対アジア外交施策概観（アジア局）

過去一ヶ年のアジア地域に対する外交施策は、地域内諸国と善隣友好関係樹立の目的をもつて各国との間の国交調整及び平和条約中の関係事項の実施を中心として推進されて来た。

国交調整に関しては、戦争関係になかつたタイは別にして、桑港平和条約に参加したパキスタン、セイロンとの間には、これらの国の右条約批准により、不参加の中国、インドとの間には日華・日印両国平和条約の締結により、何れも国交関係の正常化をみたが、韓国との間には未だ意見の一致をみない状況である。フィリピン、インドネシアは平和条約に調印してはいるが、まだ批准を行わず、批准を了したインドシナ三国及び別個に平和条約を締結すべきビルマと共に賠償問題の未解決が大きな障害となつており、いまだに国交の全面的回復をみるに至つていない。

然しながら、日韓会談については、彼我双方の主張が概ね明らかにせられその他の国の賠償問題については従来の公式又は非公式交渉の結果求償国の過大な賠償に対する期待感を減ぜしむる点において一応の効果を収めたと思はれる。

平和条約実施の面においては、パキスタンが在パ日本財産の一部返還を宣明した以外には、日華間の諸懸案は解決を見ず、タイの特別円処理問題も技術的検討の段階以上には進展しなかつた。

従つて講和発効後の過去一年間は日華・日印の両平和条約は別とし、国交調整及び平和条約実施の二点より見れば概ね準備期間であつたとも云い得るわけで、正常な国交を回復していないフィリピン、インドネシア及びビルマとは暫定的に在外使臣又は総領事の交換が行われ、他方わが代表の派遣されていない韓国とは日韓会談を通じ、又仏印三国についても同様であるが、彼我人士の往来によつて或る程度意思の疎通が行われて来た。

然しながら、今後の施策としては過去一ヶ年の準備期間中の経験を基礎とし、且つソ連の平和攻勢に基因する国際情勢の急激な発展を勘案して、国交調整と平和条約実施の二面を強力に推進すると共に、アジア諸国との政治、経済及び文化面における協力態勢を促進する必要があると思われる。

これがためには、韓国及び中国の国際的地位について慎重な考慮を払い、賠償問題については、求償諸国に対する賠償額についての腹案を決定すると共に経済提携の強化が必要であると思われる。

第一節　韓国関係

一、日韓会談

(一)　経緯

昨年二月より開かれた日韓会談は、妥結に至らずして講和条約の発効をみた。これが中絶の原因は、基本条約、在日韓人の国籍処遇、船舶、漁業、財産請求権の五案件のうち、後の二問題につき双方の見解が原則的に対立し、就中在韓日本財産に関するわが方の法律的主張に反対せる韓国側が、問題の個別的処理を拒んだからである。その後七月から九月にかけて、会談再開のための話合が行われたことがあつたが、先方の態度に変化が認められなかつたので、依然中絶のまま推移してきた。

(二)　再開の動き

本年初頭李韓国大統領がわが国を来訪し、総理、外務大臣と会見の際、両国の国交調整のためすみやかに会談を再開することに意見の一致をみた。その後大邦丸事件によるこの空気の冷却もあつたが、金公使より再開の希望が表明された結果、双方互譲の精神をもつてことを運ぶこと、大掛りな会議の方式をとらず、現実に即した話合を進めることを条件として交渉再開につき同意が成立し、久保田参与と金公使との間に四月十五日より会談が始められるに至つた。

(三) 今後の問題

会談再開にあたりわが方としては、前回の会談で大体妥結に近づいていた基本条約、国籍処遇、船舶の三問題の討議は後廻とし、また、請求権問題の交渉方針については国内的に高度の政治的決定を要するのでこれも先方の出方をさぐる程度にとどめ、まず漁業問題において暫定的にもせよ何らかの現実的措置につき合意点を見出すため、できれば民間代表を加えて話合うこととしていたが、会談第一回会合の席上で、先方は、会談促進のために五懸案毎のグループで討議を進めることを提案した。

一方国内関係各省においては、会談中絶以来の韓国側の態度、国際情勢の変化等にかんがみ、国籍処遇、船舶の両問題についても、前回会談の合意点にとらわれないとの見解を持しており、他方、現に朝鮮休戦会談の進展にともない韓国政府のスティクス自体にも微妙なものがあるこの際、一挙に韓国との関係をとり結ぶことを急ぐのは適当ならずと認められるので、差当り具体的討議にはいることなく、専ら先方の態度打診を主眼とし、根本的には新内閣の成立、国際情勢の明確化を待つて方針を決定する意向である。従つて、会談の全体としての妥結には相当の時日を要するものと認められるので、先方の出方次第では、とりあえず国交関係を樹立しておき、他の諸案件はその上で解決して行くことも一案であろう。

二、朝鮮人送還問題

入国管理令の退去強制事由に該当する朝鮮人送還問題については、終戦前より日本に居住しているものの送還受入れを昨年五月以降韓国側が拒否しているので、現在は終戦後の密入国者のみの強制送還を随時行つている。右拒否の理由として、表面韓国側は、日韓両国政府間に国籍処遇に関する取極めが成立するまでは、一九四五年八月九日以前から日本に居住する朝鮮人について日本側の一方的な退去強制措置に同意することは出来ないことを挙げているが、その狙いは日韓会談再開のための圧力手段とするにあることは想像に難くない。

三

これに対しわが方は、終戦後昨年四月まで七回にわたつてこの種韓国人の強制送還を円満に行つて来た経緯もあり、他方これら該当韓国人を長期に亘り大村収容所に収容しておくことは収容能力に限度があり、また昨年十一月の集団脱走未遂事件発生の直接的原因となつたことなどにもかんがみ、国内治安上極めて面白くないので、本件の至急解決方を要望して来た。

然しながら、今次日韓会談再開に当り、久保田代表から、本件韓国人の送還をすみやかに実現したい旨を要望したのに対し、金代表は、本件は日韓間五懸案の一部であり、懸案そのものと密接な関係を有するので、懸案の話合いを進めることによつて解決を計りたい、と応答したことからみても、本件の解決は国籍処遇協定の成立迄は困難ではないかと認められる。

三、在日朝鮮人問題

現在六〇万と称せられている在日朝鮮人は、戦後いわゆる民団系と朝連系に分れて互に抗争してきたが、特に北鮮政権の支持を標榜する後者は、彼らの生活一般が窮境に陥るにともない、日共と提携してしば／＼反政府的集団暴力行動に出ることを辞せず、北鮮からの働きかけに活潑な反応を示しており、戦後わが国治安の一障害となつてきた。

現に彼らは朝鮮休戦交渉の進展に元気づけられ、日韓会談の粉砕を唱え、日本の再軍備反対、強制送還の中止、子弟の民族教育の確立等を要求し、大衆的闘争の動きを示している。

わが方としては、かねて日韓の歴史的関係、その在留経緯等にかんがみ、在日鮮人が一挙に純然たる外国人となることにともなう不利を緩和するため、一定の経過措置を認め、継続在留の承認、貧困者に対する生活保護等によつて、善良、平穏な朝鮮人が生業を営み得るよう措置してきた。

今後の本件処理にあたつては、日韓会談の推移をも睨みあわせつつ、国内関係各省と緊密な連絡調整をはかり、従来からの安定措置をさらに進めて行く方針であるが、他面わが国の治安をみだす一部不良分子に対しては、厳重なる取締を励行し、もつて日韓国交調整、善隣友好関係の妨害要素を除去する必要がある。

四、漁船拿捕問題

昨年九月国連軍による防衛海域設定により、李ラインを繞る日韓漁業問題は頓に複雑化し韓国側は同海域の設定を奇貨とし、これに便乗するの態度をとり、従前以上に日本漁船に対し公然と圧迫を加えるに至つた。即ち、昨年八月から本年三月までに拿捕された日本漁船は十隻に達し、そのうち四隻は船員、船体とも帰還、三隻は船員のみ帰還し船体は没収せられ、残り三隻は抑留未帰還となつている。

防衛海域設定に関し、わが方は、在京米大使館を通じ、国連軍に対し、作戦に支障ない限り日本漁船の出漁を認められたい旨を要望するとともに、出漁証明の発給、認識票制を実施するなど極力国連軍作戦に協力する態度をとついてるが、国連軍は今日まで前記わが方要望に対し明確なる回答を与えていない。

従来、これら事件の発生に当り、わが方はその都度韓国側に厳重抗議するとともに、米国側に対し、拿捕船の釈放斡旋方を求めたが、韓国側は、誠意ある回答を与えざるのみならず、非は却つて李ラインを侵犯したわが方にあるかの如く逆抗議し、あるいはわが方抗議を無視してきた。

今後の処理方針としては、従来の諸案件については飽くまで韓国側の誠意ある回答をとりつけるよう努力すべきは言を俟たないが、将来この種事件の再発を根本的に防止するために、この際新しい角度から何らかの積極的措置を講ずることが緊要である。これがためには、日韓関係の禍根ともみられる李ライン問題を解決することが先決問題であるが、差当つては、この原則にふれずに漁族保護等の見地から暫定漁業取極の如きものを締結して、日韓双方が李ライン水域においても平等の立場において漁撈し得るよう実質的な解決を図る必要がある。

第二節　中国関係

一、日華平和条約

わが国は、ダレスあて吉田書簡の趣旨に従い、中華民国政府との間に平和条約を締結することとし、客年四月之に調印し、同年八月五日条約は効力を発生した。同条約は交換公文により中華民国政府の支配下に現にあり、又は今後入るべきすべての領域に適用されることとなつており、現在、中国大陸はその適用の範囲外であるとの建前をわが方はとつている。

これに対し、中華民国は中国の唯一の合法政権たることを主張し、平和条約上の権利を全中国にわたつて主張し、義務については現に支配する台湾ならびに澎湖島に局限しようとする希望を依然有していると認められる。

二、平和条約に関連して処理すべき事項

平和条約に関連して処理すべき事項は、左記の通りであるが、中国側は自国に有利なもののみを取上け、不利なものはむしろ回避せんとの態度をとつており、目下のところ処理されたものは一件もないので、近く当方より積極的に働きかけるべく目下準備中である。

(一) 通商航海条約（平和条約第七条）（省略）

(二) 航空協定（平和条約第八条）

昨年九月、中国側に本件交渉開始方を申入れ爾後随時督促したが、中国側は容易にこれに応ずる気配を示さなかつた。しかるに、本年二月頃に至り中国側は正式の航空協定でなく簡単な公文交換形式による取極めならば交渉に応じてもよいとの意向も出てきた模様である。

現在中国側は、日華条約交換公文二により、四年間連合国並の特権を一方的に享有しているのに反しわが方企業は協定ないし取極成立までは台湾路線を運航できない不利な立場にあるので、これを是正するためわが方としては取敢えず簡単な取極にても締結して台湾就航権を確保し、他面引続き正式協定締結に努力することが適当と認められる。

㈢ 漁業協定（平和条約第九条）

目下、日華間には漁業紛争等困難な問題が少いので、わが国業界のみならず中国側においても協定締結に熱意を示していない。併し、わが方としては他のアジア諸国特に韓国、インドネシア、フィリピン等今後交渉にあたつて困難を生ずることが予想される国に対する関係もあり、目下民間において進行中の合作ならびに中国側が希望しているわが方調査船の派遣等を通じ、中国側を啓蒙し、漁業の規制よりもその発展に重点をおくが如き協定のパターンを可及的速かに作るよう努力する考えである。

㈣ 請求権問題

日華条約第三条は日・台間の財産請求権問題の処理を日華間の特別取極に委ねているが、双方の請求権額を比較した場合、わが方取り分が著るしく大であることは明白であるため、中国側はなるべくこの交渉開始を遅延させることを希望している模様である。しかるにわが方としては国内における台湾残置財産返還に関する国民の強い要望にかんがみ何時までもこの問題を放置することは許されないので、近く私有財産尊重の原則に基く取極締結方中国側に申し入れたい意向である。

㈤ 協力政権在日財産問題

日華条約の合意された議事録二に定められた協力政権在日財産の移管問題については、台湾の中華民国にこれらの協力政権の承継者としての資格を認めるか否かの原則問題が絡んでいるため、わが方としては態度を決しかねている実情にある。中国側からは本年四月四日附在本邦中華大使より公文を以て日本政府の善処方を要望して来たが、右はサンフランシスコ条約第十五条を適用する意向で、同条の期限の関係で申入れた模様である。何れにしても、本件は、拿捕漁船返還請求と関連せしめられる可能性もあり、政治的考慮から処理方針を決定する必要があるものと思われる。

㈥　海底電線分割問題

昨年十月、中国側からサン・フランシスコ条約第四条(c)の規定を引用して、長崎淡水間海底電線（二本）を折半し、台湾側保有分を引揚処分したい旨の申入れがあつた。この海底電線は現在数ヶ所で破損しており、かつわが方としては差し迫つて修復使用の必要は感じていないが、将来にわたつても使用の必要が絶無であるともいい難いので、できる限り現状のまま存置することを希望している。しかし中国側が強いて分断を主張する場合は飽迄もこれに反対すべき強い理由もない。

三、拿捕漁船の返還請求問題

本件返還請求権に関しては、平和条約とは切離して別個に処理する旨の公文の交換が行われており、かつ、本件関係資料の整備が完了したので、近く台北において返還請求の交渉を開始したい意向である。尤も中国側は協力政権関係財産の処理に関する交渉に絡ませて来る公算が大であり、従つて、本件の解決にはかなりの時日を要するものと思われる。

四、日華漁業合作

客年初頭来、ＭＳＡの斡旋により取り上げられた日華漁業合作の構想については、わが国としては漁業協定を引出すための一方策として積極的援助の方針を建てたが、客年八月、中国側視察団の訪日に際し、国府側の希望とわが方業界の見解との間に懸隔のあることが判明したので、その後中国側では当初の大規模合作計画を一時棚上げし、小規模合作により始める方針に切替えた結果、本年三月国府側とわが国民間人との間に漁船二隻による鯖釣試験漁業契約が締結された。

今後もこの種合作から、更により規模の大なるものに発展せしめることが得策と思われる。

五、在日中国人の強制送還問題

本邦在留の中国人は韓国人と共に治安上のみならず、社会生活の面においても好ましからざるものが少くなく、わが国としては、これら中国人の本邦退去を希望しているが、国府側は従来、在外中国人一般に対する管轄権を主張しながら、退去強制の判決のあつた在留中国人ならびに密入国中国人の引取りを渋つている。しかるに、たまたま本邦在留の一部中国人の中共への帰国問題について国府側は華僑一般に対する反響を考慮して邦人の中共引揚げに使用した船舶による送還に反対を表明しているので、この際、悪質分子の引取り方につき更に交渉を進めたい意向である。

六、中共関係

㈠ 本邦漁船拿捕対策

中共による被拿捕漁船は累計一二〇隻、被抑留船員は累計一、四四八名に上るところ、内、帰還七隻、一、〇八七名（内遺骨が十二柱）、未帰還一一三隻、三六一名である。

本邦漁船に対する中共側の不法行為については、中共との間には直接交渉の途がないので、目下のところ、水産庁監視船、海上保安庁巡視船を派遣して本邦漁船の指導保護に当らせている状態である。

なお、中共側は本年四月に入り、相次いで漁船六隻、船員一八六名（内遺骨一柱）を釈放したが、右は中共今次の平和攻勢の一環として行われたものと認められる。

㈡ 在日中国人の帰国問題

中共からの邦人引揚問題の具体化に伴い、留学生出身の本邦在留中国人間に中共への引揚を希望する者が現われ、わが国の中共引揚代表団のメンバーを通じ、引揚船の利用方について政府の諒解を求めて来た。

　これら中国人が本邦を退去することを阻止すべき根拠なく、かつその多くが困窮者である実情にかんがみ、間接にその本邦退去を促進することも一策と考えられるが、国府側においては、これら中国人が引揚船を利用して大量に中共側へ引揚げることに異議を唱えているので、更に国府側と折衝の必要が認められる。

㈢ 中国人労務者の遺骨の送還問題

　前記㈠の中国人の中共への帰国問題と併行して、本邦在留の一部中国人は、日赤及び左翼系諸団体の支持により、戦時中本邦において労務に従事していた中国人労務者中の死亡者の遺骨の引揚船による送還を申入れて来ているが、国府側が戦時中のわが国における中国人労務者の使役問題を不問に付して来た経緯もあり、本件遺骨の送還に引揚船を利用することはこれを許可しない意向である。なお、華僑側はその協力団体の協力を得て、各地の中国人遺骨を収集しているおもむきである。

第三節　フィリピン関係

一、日・比相互外交機関設置承認

　平和条約の発効に当り、在日フィリピン代表部は文書をもつて、両国間に取極が締結されるまで臨時的に同代表部を外交機関及びその構成員に対すると同様の取扱いを受けたき旨申越した。これに対して、我が方よりは儀礼上の事項として、互恵主義に基いて従前通りの取扱いを行う旨を回答した。

　代表部においては、「儀礼上の事項として」の文言に異議があつて折衝を重ねたが五月十七日付を以つてわが方回答を修正したものを代表部に提出し、先方は五月十八日付をもつて日本在外事務所のマニラ設置の許可を通報し来つた。かくて在マニラ日本政府在外事務所は十月二十九日開設された。

二、賠償問題

客年一月のマニラにおける賠償会談は結論を得ぬまま終つたが、客年在マニラ在外事務所開設後十一月に至つて、先方は賠償についての話を持ち出し、十二月倭島局長より日本側の提供し得る役務のリストを提示し、先方の希望する役務とつき合せてかかる役務を積み上げて行くことにより自ら総額の観念に達し得るとの方式について考慮を求めた結果、先方においても一応右に賛成し超党派的な十九人委員会を組織して右提案を検討していたが、本年四月に至り正式回答が送付されてきた。それについてみるに結局先方はいわゆる積上方式を棚上げして総額、期間、方法及び役務に関する日比双方の経費負担区分についての我が方の見解明示を求める態度を再確認している。我方としては、賠償問題に関する従来の渋い考え方に基く交渉は先方の過大な賠償要求の期待を変更せしめる点で一応の成果を挙げたものと考え、この際は賠償総額に関する腹案を決定して先方と政治的会談を行いもつて問題の早期解決を計りたいと考えている。

在外事務所を通ずる話合いは右交渉と併行して行われ、先ずフィリピン近海にある沈船の引揚を実施することとし、一月十二日君島丸を派遣して調査を行うとともに、同二十四日マニラにおいて調査に関する了解事項確認のため公文を交換し、更に三月十二日沈船引揚に関する中間賠償協定に調印し、右協定の実施細目、スクラップ購入遺骨収容についての三公文を交換した。本中間協定は未だ効力発生に至つていないが具体的引揚計画についての話合いを行わしめるため各省よりなる技術顧問団を四月九日マニラに派遣し先方と協議している。

三、戦犯問題

モンテンルパに収容されている日本人戦犯者の内地服役については客年三月代表部に要請、又八月に更に減刑又は内地服役を要請し、八月の要請については十一月再び繰返し申入れた他、更に本年一月総理よりキリノ大統領あてメッセージをもつて善処方を要請した。これについては在ヴァティカン公使館を通じて法王庁の斡旋方をも依頼している。又被収容者に対する給与について、客年十二月より一人一日一ペソの割合で教誨師謝金の名儀で送金している。

第四節　インドネシア関係

一、総領事の交換

平和条約発効の際、在京インドネシア代表部に対しては取敢えず従来の待遇を与えていたが、客年八月十五日に至り暫定措置として特別待遇相互附与の了解の下に、日本インドネシア間に総領事交換の合意が成立し、同日、在ジャカルタ及び在スラバヤ在外事務所は、それぞれ総領事館及び領事館に昇格、在京インドネシア代表部は総領事館に変更された。

二、賠償問題

㈠　一九五一年十月より五二年一月に東京で開かれた日イ賠償会談において中間賠償協定案に仮署名が行われたが、五二年五月インドネシア側は内閣の更迭及び中間賠償協定案を不満とする国内の動きのため、同協定案を棚上げし、以来何んらの動きがなかつたが本年一月中旬、アジア局長がインドネシアを訪問した際、ムカルト外相は、同局長を介し、左記四点について具体的な回答をわが方に求めた。

(1)　桑港平和条約とは別に二国間の平和条約を締結する意向があるか、どうか。

(2)　二国間条約で賠償問題を決定する意志があるか、どうか。

(3)　賠償に関連し、資本材を入手し得るか、どうか。

(4)　賠償総額を承り得るや。

㈡　右四点の質問に対しては、アジア局長帰国後、二月二十一日、在京イ総領事に対し、それぞれ次のとおり回答した。

(1) インドネシアは桑港平和条約に調印している事実にかんがみ、当然これを批准するものと考え、そのつもりで準備をすすめている。よつて一日も早く批准を希望する。

(2) 二国間条約問題は(a)のとおりであるが、しかし賠償については二国間にて十分協議し解決したい。ただし、理論上は、結局、桑港平和条約との関連上、この効力発生を俟つて賠償も実施されるわけであるが、日本としては必ずしも、この点は固執しない。条約成立の見込みが十分なる場合は、その発効前といえどもある程度の賠償を実施して差支えない。

(3) 生産加工役務と他の経済協力と結合することにより資本材を入手し得る。

(4) 一応の考えとしては、役務の具体的種目、数量等が決まれば、これを総計して額が出ると考えている。

(三) 三月下旬、イ政府は甲斐総領事を介し、右四点中の資本材入手の点についての確認を求めてきたので、日本は桑港平和条約により拘束されているので、如何なる求償国に対する賠償支払も同条約第十四条の規定によらざるを得ないこと及び日本はインドネシアとの友好親善関係樹立を希望しており、経済の分野におけるかかる協力の方法の一つとしてインドネシアの希望する資本財は両国間の種々の取極によりインドネシアが入手し得るであろうとの回答を行い、且つ、イ側の欲する資本財については、賠償問題解決前においても経済協力の問題として研究を進めたいから、その種類、数量等を具体的に示されたい旨イ側に申入れている。

(四) インドネシアは、昨年中頃より、ゴム、錫など主要輸出品の国際市場価格下落により、貿易は逆調に転じ、国家財政は窮迫を告げ始めており、しかもこの傾向は、朝鮮休戦気運の濃化に伴いますます顕著となりつつある。かかる情勢下においてはイ政府としては、今後とも輸入抑制、中小企業の振興等の措置を強化するとともに、国内建設に拍車をかけ、右建設に必要とする資本材を日本から賠償として取得しようと欲していると思われる。

わが方としては、インドネシアとの国交調整の重要性にかんがみ従来の役務提供方針を再検討して、ゆとりのある態度をとり資本財入手に関する先方の強い希望を或る程度充してやることが賠償問題の解決上必要であると思われる。

第五節　インドシナ関係

一、外交関係樹立交渉

政府は、客年九月および十月の両度にわたり、在京仏国大使館を通じ、ヴィエトナム、カンボディアおよびラオスのいわゆる「インドシナ三国」に対し、外交関係樹立方を申入れていたところ、本年一月これら三国は右大使館を通じてこれを原則的に承認してきたが、そのうちヴィエトナムは在外使節の交換は賠償問題の解決を前提とする旨を主張している。なお三国の中、カンボディアは在タイ大使館を通じ在外使節の交換を申入れてきているので、本会計年度末までにプノンペンに公使館を開設すべく準備中である。

二、ヴィエトナム領海の沈船引揚

[redacted]はヴィエトナム領海における沈船引揚の競争入札に参加し、これを落札した。よつて同社は本年二月ヴィエトナムに作業団を派遣し、直ちに作業に着手せんとした処、ヴィエトナム政府が本件を対日賠償問題に利用せんとするの態度にでたため、本件は、暗礁に乗りあげるに至つた。政府は三月末在京仏国大使館を通じ、ヴィエトナム政府に本件の円満解決方を申入れているが、いまだ解決するに至つていない。

三、賠償問題

インドシナ三国中、ヴィエトナム及びカンボディアの二国は桑港会議において対日賠償要求を行つているが、わが国との間に正式の賠償交渉は行われていない。本年一月末アジア局長が現地を訪れた際、カンボディア、ヴィエトナム政府当局及びフランス側は賠償問題に関しては、インドシナ三国及びフランスが統一的に日本と交渉する意向を明かにし、また、フランスはインドシナ内戦に要する軍需品の製作を賠償の一部として実施するよう希望した。

わが方としては、フランスは桑港条約第十四条の解釈上役務賠償の求償国として認めないとの建前をとつているが、フランスがインドシナ三国を代表して、三国の賠償要求を提示して来る場合には、三国に対する賠償に関する限り交渉に応ずる必要があると思われる。然し三国自体に対する賠償の一部としての軍需品の製作要求は、インドシナ三国に対する他のアジア諸国の態度にもかんがみ、これを慎重に取扱う必要があると思われる。

第六節　ビルマ関係

一、国交関係

ビルマとは、未だ国交調整が行われていない。

その主要な原因である賠償問題については、在外事務所長、次いで総領事をして不断にビルマ側の意向を打診せしめているが、先方は積極的でなく、進捗を見ておらず、昨年末アジア局長とビルマ外務大臣、同次官との会談により一時進展が予想されたが、ビルマ側は再び従前の態度に戻つて現在に及んでいる。

しかし対日感情は概ね良好であり、その現れとして、ビルマは独立以来日本の国連加入を始め各種国際機関への復活又は加入を常に支持している。又一般邦人の居住は未だ許可されず、入国許可取付にも相当の日時を要するが、貿易は順調であり、昨年一年だけでも双方要人の往来は相当に多かつた。

二、戦争状態終結と総領事の交換

ビルマ政府の昨年四月三十日付告示によつて戦争状態は終結したが、賠償問題解決の見透がつかぬために、日緬平和条約は交渉の段階に達していない。従つて両国間には外交関係が樹立されていないが、客年八月八日総領事の交換に関し合意が成立し、わが方は在外事務所を総領事館とし、ビルマの総領事は近く来任する予定である。ビルマが桑港平和会議に参加しなかつた理由は、次の通りであると思われる。

(一) 桑港条約草案に定める役務賠償に反対であり、しかも右を修正する余地がなかつたこと。

(二) 中共の政治的、軍事的脅威を感じているビルマとしては、中共を排除した桑港会議に参加することは適当でないとの気兼があること。

(三) 平和回復後外国軍隊が日本に駐留することは不当であるとの見解をもつていること。

然しながら、わが方としては国際情勢の進展に応じ、賠償問題を解決し、全面的国交回復の方向に持つて行く必要があると思われる。

三、賠償問題

ビルマは賠償問題の解決を急いでおらず、フィリピンの賠償問題の成行を注視すると共に、インドネシアと密接な連絡をとつているものと思われる。日本が桑港条約第十四条及び第二十六条の範囲内で賠償問題を解決せんとする立場をとるかぎり、ビルマは日本と本件について交渉をなしえないとしている。

第七節 タイ関係

一、国交関係

タイは、日本と同盟国であつた関係から、国交回復と外交機関の設置に関する諒解は通常の外交手続(一九五二年四月二十八日付交換公文により)によつて行われたが、戦後の案件として戦前の非政治的諸条約の復活の問題及び特別円残高の問題がある。前者については連合国の諒解のもとに在タイ日本財産の処分に関し、タイがとる措置について日本がクレームを提起しないことを条件として通商航海条約の復活を昨年四月二十八日に申入れてきた。右に対し、わが方は在タイ日本財産に関し、桑港条約第十六条実施上問題があるのでわが方の立場を留保した経緯がある。

右のごとく、タイはわが国と同盟関係にあつただけに種々困難な懸案があるにもかかわらず日・タイ友好関係は右によつて影響をうけている訳ではなく、二国間貿易は一応順調であり、タイは昨年十一月より邦人の入国、居住も各国並の待遇を与えており、航空協定も近く成立のはこびになると思われる。

二、タイの特別円残高処理問題

戦時中の日・タイ同盟にもとずき、両国間に基本了解事項が成立し、日本銀行とタイ国大蔵省との間に特別円決済に関する協定が締結され日銀に特別円勘定が開設された。

右により、終戦後十五億円が日本側の債務となつている。（一九四七年七月一日現在）この残高十五億円の処理について、タイは米人補佐を起用し、本件を取上げ、東京においてわが方と数次の下交渉をしたが、右は打診的のものであつた。

わが方は、本件成立の政治的背景にかんがみ、本件を戦争遂行のために生じた他の諸般の対外財政問題と関連せしめて解決せんとしているのに対し、タイ側はわが方の態度をテーク・ノートはしたが、本件を技術的問題より取り上げんと試みている。

本件解決には

(一) 成立当時の政治的背景を検討して、本件をわが方の債務と認めるか否か
(二) わが方の債務と認める場合、右債務を円建、バーツ建の何れとするか
(三) 在タイ日本財産のうち、タイの取分により部分的に相殺させる可能性はないか等の問題点があり解決には相

当の時期を要するものと思われる。

三、在タイ日本財産の処理

政府の財産をも含め目下一億バーツの日本財産がタイ政府当局の管理下にあるが、日本は桑港条約第十六条により、同条の所謂例外財産を除き、右財産か又はそれと等価のものを国際赤十字に引渡す義務を有する。

本件について二月二十日ワシントンでタイ、米、英三国予備会談が行われたが、その際内定した点は

㈠ タイは右財産のうち約三千六百万バーツを国際赤十字に引渡すこと

㈡ タイはタイ緬鉄道の譲受代金約千四百二十万バーツを英国に支払うこと

㈢ 旧大使館財産等所謂例外財産を日本に返還すること

㈣ 右以外の財産をタイが取得すること

等である。

三月四日、ロンドンにおいて国際赤十字及び桑港条約第十六条の受益国が同条の実施について会議をした結果、在タイ日本財産の処理については、前述の三国間予備会談の内定通り決定を見た趣であり、右はそれぞれの本国政府の承認後国際赤十字がタイよりわが方に通知する筈である。

右日本財産の処理に関し、タイが日本財産を取得した法的根拠及び右取得分の評価方法が問題となり、わが方としては、右問題を特別円残高処理上有利に取扱いたい方針である。

四、航空協定締結交渉

日タイ航空協定締結交渉は三月上旬双方殆んど同時に申入れを行い、タイ側の希望によりバンコックで行うこととなつた。交渉開始は五月一日であり、わが方草案は大使館を通じ四月七日先方に提示した。

わが方としては来る特別国会において承認を取付けるよう、本協定を締結したい方針である。

第八節　インド関係

一、国交関係

インドが桑港平和会議に参加しなかつた理由は、右会議に中共が参加せしめられないこと、南西諸島及び南方諸島に対し米国が特殊権力を行使すること及び平和回復後日本に外国軍隊が駐留することにあつた。

しかし、インドは桑港条約発効の日（一九五二年四月二十八日）日本との戦争状態終結の宣言を行い、（同時に外交関係樹立）更に同年八月二十七日に発効した日印平和条約においては、賠償請求権の放棄、在印日本財産の返還A級戦犯に関する規定（桑港条約第十一条に相当）を設けなかつたこと等、戦後処理上桑港条約よりはるかに寛大な条件を認めた。

平和回復に際するインドの右措置と昨年十一月のA級戦犯釈放に対する同意等より見て、インドの対日態度は良好であると見られるが、これは権力主義を排し、中立を堅持せんとするインドの外交政策の基調より生じた結果に外ならないと認められる。

他方中共との友好関係に関心の深いインドとしては、日本の対中共政策には大きな不満を有している。

日印間の右の友好的関係は種々の具体的問題においては、必ずしも反映されず、中共よりの邦人引揚斡旋に関するわが方申出の拒否、日印協力による製鉄所建設交渉の不成立、通商航海条約及び租税協定締結のわが方申出に対する消極的態度等両国間の円滑に進まない案件は少くない。

二、在印日本財産の返還

日印平和条約第四条の規定により、インド政府はその管理中の在印日本財産を現状において返還することになつている。

インド政府のわが方に対する通知によれば、右財産の合計は二千百二十万ルピーであるが、わが方はインド政府に対し、右の所有権者名別及び財産種類別内訳の提示を申入れてあり、近くインド側より回答があるものと思われる。わが方としては返還手続案は一応研究ずみであり、インド側より右内訳の提示があり次第右手続案に基き、返還実施につきインド側と交渉する考えである。

三、インドの戦前の対日請求権

日印平和条約第八条にもとずく戦前の対日請求権について、インド政府は五月一日をもつて、インド人よりの申出を締切り、之をわが方に提示してくるものと思われる。

目下のところ、件数は約一三〇件と見られているが、他の連合国より桑港条約第十八条にもとづき提示された同種の請求権が相当あり、更に中立国よりの戦争前及び戦争中における請求権も多額に上り、インドの本件請求権は、これらを綜合検討の上、わが方支出限度を勘案して処理する方針であるが、さしあたつては、提出された案件につき事実調査を行う要がある。

四、航空協定締結交渉

日印間においては、わが方より二月十日日印平和条約第二条の実施という形で、航空協定締結交渉申入れを行つたところ、インド側より三月二日付をもつて、右に同意すると共に、近く草案を提示する旨回答があつた。

よつて、わが方よりも草案を提示すべく四月九日在印大使館に右を送付した。交渉の方法としては、当分文書の往復により彼我見解の相異点を調整し、署名は本年秋を目途としている。

五、漁業協定締結交渉

わが方は締結の意向はないが、インド側は右交渉申入れを考慮中なる旨三月二日わが方に通知して来た。

日印平和条約第三条によりわが方は交渉申入れに応ずる義務を有する。開始時期は不明である。

第九節　パキスタン関係

一、国交関係

一般にパキスタン国民の対日感情はかなり良好であるが、これは一昨年以来の両国間貿易の著しい進展によつて促されたものであり、アジアにおける先進国日本と接近しようとする空気がつよく、貿易、技術援助を通じて両国間の親善関係を増進することを希望している。

右の対日友好関係は、在パキスタン日本財産の一部返還、A級戦犯の赦免減刑及び仮出所に関する個別審査、国連及び各種国際機関への日本の復帰又は加入の支持、技術援助、通商の拡大等にあらわれている。

二、在パキスタン日本財産の処理

分離前のインドにあつた日本財産のうち、分離に際しその一七・五%に相当する四百三十八万六千ルピー（インド政府の調査）の価値の日本財産の一部はパキスタン政府の管理に移されたが、パキスタン政府は右移管財産のうち所謂例外財産を除き、桑港条約第十四条の項2により、之を取得することが出来る訳である。

しかるところ、本年三月三十一日、同国政府は右財産と別に、パキスタン独立以来パキスタン政府が管理していた日綿実業の綿綿工場三、工場敷地一を日本に無条件にて返還する旨わが方大使館に通知して来た。

右以外の財産についてもパ政府は返還を好意的に考えているやに察せられるが、右財産はインドより移管の際、他の財産（英国よりの引継財産等）と混同している分もあり、又インドより未引渡の分もあり（パキスタン政府の言分）パキスタン政府としては、何れが日本財産であるか判明困難である趣であるから、わが方が返還を申入れても、返還を具体的に考慮しうる段階にないと思われる。

三、航空協定交渉

パキスタンとの航空協定交渉は日印間の交渉と前後して行うことが適当であると思われるので、締結交渉に関する先方の意向を打診中であり、先方に提示すべき草案を四月九日在パキスタン大使館に送付した。交渉方法、署名時期等はインドの場合と同様にする方針である。

第十節　セイロン関係

一、国　交　関　係

セイロンの対日態度は良好であり、その現れの一つとして、桑港平和会議においてセイロン代表はソ連代表に反駁して、日本に対してより寛大であるべき旨を主張している。

両国間には、国交回復と同時に相互に外交機関の設置につき諒解が成立し、わが方は直ちに在外事務所を公使館に昇格し、先方の公使館の設置も近く実現すると思われる。しかし両国間には通商協定締結を除き、重要な外交上の交渉がない。

第二章　南方諸地域に関する諸問題（アジア局）

第二章　南方諸地域に関する諸問題（アジア局）

第一節　南西及び南方諸島関係

南西諸島（奄美大島、沖縄）及び南方諸島（小笠原諸島）は桑港平和条約発効後、同条約第三条の規定に基き、アメリカ合衆国の管轄下におかれているが、これら地域は、平和条約第二条の日本国から分離された地域とは異り依然として日本の領土であり、日本が残存主権を保存しているものと解釈されると同時に、その住民の国籍についても何等の変更措置がとられておらず、わが国としては、これら住民が日本国籍を保有するものと確信し法律上も実際上もそのように取扱つてきており、米側においてもこれを認めている次第である。

更に平和条約により、これら地域は、わが国から行政的に分離されると共に米国がこれら地域を米国唯一の施政権者とする国連の信託統治下に置くことを提案した場合、わが国としてはこれを受諾する義務を負つているが、これら地域と本土との緊密な関係及び現地住民の切実な本土への復帰要望にかんがみ、米国はこれら地域とわが国との関係を更に切断する結果となる措置をとることなく、むしろ軍事基地の確保に支障のない限り本土との旧来の関係を尊重する方針をとると考えられるので、わが方としては、将来究極において、これら地域が全面的に返還される可能性があるとの前提の下に、これら地域の住民又は出身者が特に熱望し、且つ米側の軍事目的に支障のない諸案件を個別的に取り上げ、逐次これを解決することによつて将来全面的返還の場合の円滑な行政移行に備えるとともに現地住民に対し将来に対する希望を与えることとを施策の基本方針としてきた。

平和条約発効以来右方針に基き、南西諸島に関しては、㈠那覇南方連絡事務所の設置、㈡渡航手続の問題、㈢貿易及び支払に関する覚書、㈣郵便為替の交換、㈤国旗の掲揚許可、㈥保安庁警備官の募集、㈦恩給、諸給与の支払準備、について米側との折衝を行い、南方諸島に関しては、戦時中より内地に疎開している旧小笠原住民約七千名の帰島実現について引続き折衝中である。

第二節　南洋群島関係

一、本邦人の事業活動再開問題

戦前南洋群島旧委任統治地域において事業活動を行つていたわが国商社は、その戦前の業務の復活を切望している。

本件については、客年六月以降在京米大使館と非公式に連絡していたが、七月二十一日、岡崎外務大臣はマーフィ米大使に対し、旧南洋群島委任統治領における戦前の事業状態と今後の事業計画案を手交し説明を行い、又本件の実現を促進するため、九月三日、吉田総理は米国太平洋艦隊司令官ラドフォード大将に私信を送りいかなる条件の下においても計画された事業の若干を先ず許可せられることを強く希望するものである旨を述べ、同大将の尽力を要請すると同時に何んらかの具体的措置が速かにとられることを切望する旨申入れた。

これに対し米側は、南洋群島の経済復興、開発の観点からは好意的に考慮する意向の模様であるが、軍事的考慮及び最恵国待遇の問題等の点より消極的態度を持している。

然しながら、今後朝鮮事変の解決その他極東一般の軍事情勢が好転する場合には、その機会をとられて更に強力に本件を推進することが必要であると思われる。

二、旧日本委任統治領に於ける財産及び請求権問題

平和条約第四条(a)に規定する南洋旧日本委任統治領に係る財産及び請求権問題の処理は、同地域の施政権者たるアメリカ合衆国政府と適当な時期を選んで特別取極を行うことになつている。

然しながら、右特別取極交渉を日韓会談の成否をまたず開始することは、現に日韓間で根本的に意見の対立を来

している第四条(b)項（平和条約発効前の処理の効力承認）の解釈に関する従来の米側態度から推して米側よりの対案はわが方に相当不利なものとならざるを得ないことが予想されるばかりでなく、右は反射的に日韓会談にも好ましくない影響を及ぼす虞れがある。従つて、本件交渉開始の時期としては、日韓交渉の成否をまつて、わが方の最終的な対策を決定して後、米側に交渉の開始を申入れる予定でいる。

南洋群島旧日本委任統治領におけるわが国及びわが国民の財産及び請求権の具体的内容については、現地調査等の方法が実施できないでいるため、戦災による被害の程度、終戦後合衆国当局がこれらについて行つた具体的な処理等は正確に把握し難いが、その殆んどは戦災を蒙り、たとえ、戦災を免れたものであつても管理者の不在と多年の風雨により著しくその価値を喪失している模様である。従つて財産として問題となるのは、主として土地に係る権利及び陸上のスクラップ、沈没船等の現在においてもなお経済的価値を有しているものに限られるものと思料され、又請求権についてはこれを立証するに足る十分な証憑書類が概ね戦災により失われていることは今後問題の解決に困難な問題を残すものと考えられる。

更に南洋旧委任統治住民がわが国において所有する財産については、(イ)わが国民と現地住民との間の貸借残額、(ロ)現地住民が所持する日本通貨、(ハ)郵便貯金、簡易生命保険等の未決済額、(ニ)未払地代、(ホ)未払供出代金、(ヘ)未払労務者労銀等であるが右に関しては金額も問題であるが、要償品目が妥当であるかどうか更に検討を要する。

第三章　引揚問題、その他（アジア局）

第三章　引揚問題、その他（アジア局）

第一節　邦人の引揚問題

㈠　経　緯

(1)　共産圏在留邦人の集団引揚は、昭和二十四年九月および十月、大連からの高砂丸、山澄丸による中共地区関係約二、五〇〇名を最後として杜絶え、講和発効迄のその後二年半に三〇〇名足らずの個別的引揚があつたにすぎない。政府は講和発効後に実現すべき集団引揚に備え、二十七年三月十八日閣議決定をもつてこれが受入れ体勢を整えるとともに、中共地区残留約五九、〇〇〇、ソ連地区残留約二二、〇〇〇合計八一、〇〇〇名の引揚促進のため、国際連合、国際赤十字、或いは第三国を通じ新たな努力を傾けることゝした。二十七年八月末より九月初のジュネーヴにおける国連捕虜特別委員会第三会期（但し、ソ連は招請に応ぜず）には、駐仏西村大使を首席代表とするわが方代表団を派遣して同委員会の協力を強く要請し、この結果同委員会は中共当局に対し残留者に関する情報の提供を求むる措置をとつた。他方八月、トロントに開催された第十八回赤十字国際会議（ソ連、中共の赤十字代表および政府代表出席）には、わが方は政府代表として駐加成田公使を出席せしめ、日赤代表として工藤部長が出席したが、本会議においては「抑留者の釈放」に関する決議が採択され、ソ連、中共の代表もこれに賛成した（但し、ソ連政府代表は決議に参加せず）。

(2)　その後三ヵ月何等の発展はなかつたが、十二月一日に至り、中共当局は突然北京放送をもつて、中国には約三〇、〇〇〇の「日本居留民」が平和裡に安定した生活をしているが日本側において船舶の問題を解決するならば「帰国希望」者を援助する旨、また帰国手続については日本の適当機関ないし民間団体が来て中国紅十字会と話合えばとりきめうる旨を声明した。政府は、右放送の重要性にかんがみ、まずインド政府を通じ、後には直接ラヂオ放送により、問題解決のため政府代表を派遣して中共当局と話合いたい意向を再三表明したが、インド政府に対する斡旋依頼は、同国々連代表メノン氏の朝鮮休戦提案がソ連ならびに中共により、拒絶された直後の中印関係にかんがみインド政府がこれを中共当局に取次がなかつたため（在印西山大使報告）徒労に帰し、またラヂオによる直接呼びかけは、「日本政府」を相手としない中共当局の態度により全く黙殺された。かくて中共側は、本件引揚のとりきめを北京において行う団体として、日赤、日中友好協会、日本平和連絡会の三団体（後二者は容共団体）を排他的に指定するに至つたが政府としては、引揚の人道的重要性と、当時の国民輿論が方法の如何を問わず引揚を実現すべしとの趣旨に圧倒的に傾いたのにかんがみ、中共側の呼びかけが対日平和攻勢の意図に出たものであり、本件を日共その他国内左翼勢力の伸張に利用せんとの企図は極めて明瞭であつたけれどもかゝる面は別途処理すべきこととするとの大乗的立場をとり、三団体が組織した打合代表団に公用旅券を発給し、旅費を国庫より支給し、関係事項を説明する等援助を与え、本年一月下旬代表団を北京に赴かしめたのである。右代表団は北京に月余滞在、中国紅十字会の組織せる慶承志（中共幹部）を団長とする代表団と数次にわたり会合、打合内容を「共同コミュニケ」の形式で発表するに至つたが右は、それに先立つ打合せの状況とともに、日本政府無視の立場に徹底したものであつて、遺憾とすべきものであつたが、同胞の一日も早き引揚が喫緊であるので、政府は右打合せの結果に従い、受入体勢に所要の変更を加え、三月二十日中国の指定三港に到着できるよう第一次配船（四隻）を行い、その後引続き配船中である。今日まで第一次配船により四、九三七名、第二次配船により四、九〇四名、計九、八四一名の引揚が完了した。

㈢ 見透し

(1) 上述の中共地区引揚は、中共当局が言明した通りに実現され、現在進行中であるが、今後もその言明通りに残留希望者を除き今夏をもつてほぼ引揚が完了するものと認められる。

而して右引揚の完了により、冒頭に記した外務省調査の残留者数字五九、〇〇〇名の実体が具体的に明らかにされることが期待される。

右に関連し、中共側の所謂日本人戦犯については、中共側従来の一貫した態度からみて日本政府から働きかけても無益であると考えられるが、共産陣営最近の平和攻勢からみて、あるいはこれが釈放ないし送還を先方から上述の三団体等に対し呼びかけてくる可能性なしとせず、考慮しおくべきものと考える。

(2) ソ連地区邦人については、ソ連側は従来、国連捕虜特別委員会の設置に反対し、従つてこれが各会期えの招請に応ぜずさらにトロントの赤十字国際会議においてもソ連政府代表は抑留者釈放決議を無視する態度にいで、他方昭和二十五年四月二十二日タス通信が、ソ連政府を代弁するとして、ソ連内には日本人戦犯捕虜一、四八七名を除き日本人は存在せずと発表している点よりして、今後も事態の改善を見ないであろうと一応考えられるが、スターリン死後のソ連の平和攻勢にてらし、とくにその最近の恩赦令の関係と、前述のトロント会議においてソ連政府代表の態度は別としてもその赤十字代表が抑留者釈放決議に賛成している含みある態度に鑑み、あるいはソ連がその赤十字等を通じこれが釈放送還を呼びかけてくるやも知れず、中共の場合と同様考慮しておくべきである。

(三) 処理方針

ソ連地区抑留邦人については、叙上の見透しはあるも、方針としては国連捕虜特別委員会その他の線を通ずる努力を今後も執拗に継続するものとし、さし当つては、ソ連側不協力のため今夏の第四会期を以し解散の噂ある右委員会の存続方を、わが国と立場を同じくする独伊両国と連携して要請したい所存である。

第二節　A級戦犯の赦免勧告

昨秋の立太子の礼に際し、A級戦犯の釈放同意方につき極東国際軍事裁判参加国各政府に要請したところ、インド政府は十一月十五日これに賛成の旨通告してきた。

しかるに、本年三月十一日在京パキスタン大使館よりエイド・メモアールを以て「平和条約第十一条はA級戦犯の赦免、減刑、仮出所が日本政府の勧告にもとずき、極東国際軍事裁判参加国政府の多数決によつてのみ決定されることを規定している。パキスタンが元英領インドの法的承継者であり、且つ平和条約を批准せる連合国の一員であるので、前記第十一条の権限を行使する資格を有することは日本政府において承知せられるところと考える」旨通告してきた。同日、在京米、英、加、濠、仏、蘭及びニュージーランドの各大公使館よりも類似の通告に接したので、A級戦犯の個別審査を促進する見地よりこれを受諾し、他方在京インド大使に対してはさきにインド側が示した好意を謝すると共に今回の本件経緯を説明し、その諒解を求めた。

なお、パキスタン政府に対しては在京大使館を通じ四月十五日付口上書を以て荒木貞夫、南次郎、畑俊六の赦免勧告を行つた。

第三節　米国管理下の太平洋八島に存する日本人戦没者遺骨の慰霊並びに内地送還

客年三月初旬旧連合国総司令部から本件に関する日本政府の計画を提出するよう要求があり、之に対しわが方は五月初旬玉砕した島々に対し遺骨送還団を派遣したい意向を回答した。

その後グァムその他の信託統治領の遺骨の存否につき米側と交渉の経緯はあつたが、十月八日米側はアンガウル島ほか九ヵ所につき遺骨送還派遣団の巡訪を承認する旨を回答越した。

これに対しわが方は、太平洋八島（南鳥島、ウェーキ、サイパン、テニヤン、グワム、アンガウル、ペリリュー、硫黄島）に十五名の政府派遣団と少数の労務者を船により派遣したい意向を回答し、米国側の意向により、十二月下旬現地米海軍係官の来日を得て具体的派遣計画の討議を開始し、本年一月上旬交換公文により右具体的取極を完了した。

第四節　米国関係以外の地域にある遺骨、墓地の処理

米国管理地域の遺骨については、前項において述べる如く、客年四月初旬より既に米国側との折衝が行われていたところ、外地にある遺骨、墓地の処理の全般に関しては平和条約に関する政府の附属宣言、第十三国会の決議或は輿論の動向等にもかんがみ、政府としての太平洋戦争戦域全般に亘る綜合的な処理方針、実施要領等を定める必要を認め、平和条約発効後その考究を始め先ず英、米、仏、伊等の各国における先例を調査すると共にわが国の国力、国民感情、慣習等を勘案し、一方厚生省側の計画もできる限り採り入れた草案により検討の結果客年十一月末に至り「外地にある遺骨、墓地の処理方針と実施要領に関する件」として先ず当省としての方針を確立した。

その後同年十二月上旬とりあえず右方針、要領を関係国にあるわが在外公館に通達し、現在は下準備としての情報の蒐集整理の段階にあり、今後は厚生省とも更に協議の上適時に関係国と所要の折衝を開始する予定である。

英、濠関係地域はすでに先方から本件に関する話合をしたい旨の意向の表明があつたが、ビルマ、フィリピン、及びインドネシア等の平和条約の未締結国との間には賠償問題等の関係もあり、交渉時期については先方の意向を充分考慮した上で決定する必要があると思料する。

なお、ソ連、中共地域については実施時期等は現在の処全く見込が立たない。

第四章　北米関係（欧米局）

第四章　北　米　関　係（欧米局）

第一節　外交再開の経緯

日米国交は対日平和条約発効の昭和二十七年四月二十八日を以て再開された。わが国は、ワシントンに大使館、ニューヨーク、シカゴ、サンフランシスコ、ロスアンゼルス及びホノルルに総領事館、シアトル、ポートランド、ニューオルリンズに領事館を設置し、米国は、東京に大使館、東京、福岡、神戸、名古屋、札幌及び横浜に領事館を設置した。

我が国は、初代駐米大使として新木大使を送り、米国は、マーフィ駐日大使を任命した。

他方日加間に於ても同日通常の外交関係を再開、大使館を相互に設置すると共に、我が国はバンクーヴァー領事館を設置した。

第二節　平和条約実施に伴う諸件

平和条約の発効に伴い、その規定するところに従つて早急に解決を要した重要案件は、漁業（第九条）、航空（第十三条）、戦犯問題（第十一条）等であり、既に協定の成立を見たものもあるが、その処理状況は、左の通りである。

一、日米加おつとせい共同調査（平和条約第九条）

㈠　おつとせいの海上猟獲に関する一九一一年の日・米・英・露四国間の条約は一九四二年わが国の廃棄により失効したが日本政府は、一九五一年四月の対米覚書において新条約締結の用意あることを述べるとともに、平和条約の発効後、新条約の締結まで日本人による猟獲を自発的に禁止することを明らかにした。

㈡　平和条約第九条の趣旨に基き、アメリカは客年一月新おつとせい保護条約締結の準備として同年二月から六月まで五ヵ月間北太平洋のおっとせいの分布、廻遊及び食餌慣習に関する共同調査を提案越したので（カナダ及びソ連にも提案、ソ連は拒否）、二月八日わが国はこれを受諾した。

(三) その結果、同年二月十九日から六月十九日まで、本州及び北海道沖合において、日・米・加三国政府による共同調査が行われ、同年八月右に関する報告書が作成された。この報告書は現在三国政府において検討中であり、意見一致を見た上で、各国政府が分担している他の諸問題に関する調査とともに、新条約の基礎資料とされている。

二、日米加三国漁業条約（平和条約第九条）

(一) 平和条約第九条の趣旨に基き、一九五一年十一月五日から十二月十四日までの間東京において、日米加三国漁業会議が開かれその最終日の本会議において「北太平洋の公海漁業に関する国際条約案」が採択され、三国政府に勧告された。

(二) この条約案は、日本の主張した公海自由の原則を確認するとともに、他方において米・加両国の主張を容れて、濫獲により資源の涸渇する恐れのあることが科学的調査により証明された特定の公海水域における特定の魚種については、同水域に領海の接続する締約国は保存措置を実施し、他の締約国は漁獲を抑止することを規定したものである。

現在までのところこの条件に合致するのはアメリカ及びカナダ沿岸沖合の特定水域に於けるサケ、オヒョウ及びニシンであるので、漁獲を抑止するのは日本のみ（サケについてはカナダ）となるので、わが国においては不平等条約であるとの非難もあつたが、今後わが領海沖合の負担のうちで条約に規定する条件に合致するものがある場合は、アメリカ及びカナダに対して漁獲抑止を要求できるわけである。

また本条約は、今後わが国が他の諸国と漁業条約を締結する際の先例となるものであり、現に行われているオーストラリアとの交渉も本条約の線に沿つて行われている。

(三) 本条約は、各締約国によりそれぞれの憲法上の手続に従つて批准された時には、東京における批准書の交換の日をもつて発効することとなつているが、客年七月四日にはアメリカの上院が、また翌五日には日本の国会がそれぞれ本条約を承認しており、カナダにおいても四月二日下院を通過して上院に廻付されているので、本条約の発効も間近いことと思われる。

(四) また、本条約により設置される三国政府代表については、米国政府が本条約の効力発生後なるべく速かにその第一回会議の開催のための措置を発議することとなつている。

三、日米航空協定の発効（平和条約第十三条）

(一) 日本は、平和条約第十三条(a)により、連合国との間に国際民間航空運送協定を交渉する義務を負つているが、アメリカは他の連合国に先立つて日本と航空協定を締結することを希望し、一昨年末協定草案を送付越し、わが方もこれに対する準備を整えた。客年六月アメリカ側は正式に交渉開始を申入れるとともに、交渉代表団を派遣越し、同月末から交渉を開始した結果、八月十一日日米協定の調印をみた。

(二) なお、日本においては航空協定の正式発効は国会の承認を要するので、調印と同時に取交された交換公文をもつて、同協定は同日から行政府の権限内において実施された。この協定の仮実施により、連合国にのみ国際民間航空に関する特権を与える平和条約第十三条(b)、(c)の片務的状態はアメリカとの関係において解消されて相互主義的なものとなつた。

(三) 本協定は客年十二月国会の承認を得たので、この旨を通知する交換公文により正式に発効する運びとなり、一月末これに関する閣議の承認を得たが、最後に至つてアメリカ側が、定期航空業務に関する本協定により、一定の範囲で不定期航空業務をも運営することを認める旨の了解を成立せしめたい旨を申越したので、前記の交換公文は延期されている。

然しながら、主管庁たる運輸省とも協議の結果、不定期業務に関する前記の了解も相互主義の条件で同意することに決定し、その手続の完了次第本協定も正式発効する見込である。

㈣ なお、現在実際業務を運営しているのはアメリカ側のみであるが、次期国会において新日本航空株式会社設立法案が可決され次第、日本側も業務を開始する見込である。

四、日加航空協定交渉（平和条約第十三条）

㈠ 平和条約第十三条の規定に基き、カナダは客年五月、日加航空協定の草案を送付越して交渉開始の時期の示唆を求めたが、アメリカ（六―八月）、イギリス（七―十二月）との交渉が行われたため、わが方は十二月末に至つて、本年一月より交渉開始の用意ある旨申入れた。その後カナダ側の都合で交渉開始はおくれ、四月十四日から外務、運輸事務当局と在カナダ大使館との間に非公式予備会談が開始された。

㈡ 二国間航空協定は、国際民間航空条約の附属書において大綱が定められていて、何れも大差ないのみならず、カナダ側が日本側草案を討議の基礎とすることに同意したので、今日までの二回の会談で、容積変更、運賃決定方法、紛争処理の三点に関する技術的な細目を除き協定本文の検討を終り、あとは路線の問題を残すのみとなつており、五月中には調印の運びに至る見込である。

㈢ 本協定締結の暁は、他の諸国との協定と同じく、平和条約における国際航空業務に関する片務的状態を解消して相互主義的なものとすることである。

五、戦犯問題（平和条約第十一条）

㈠ 連合国戦争犯罪法廷により、刑を宣告せられ巣鴨刑務所に拘禁されている者の刑の赦免、減刑、及び仮出所に関しては、四月二十八日法律第百三号「平和条約第十一条による刑の執行及び赦免などに関する法律」第三十九条に基き、原刑言渡国の同意を必要とする。

(二) アメリカ関係のB・C級戦犯に関しては、昨年六月十三日以降現在迄三十九回にわたつて法務省中央更生保護委員会の勧告決定に基き、赦免（七十九）及び仮出所（八十五）の申請を行つてきたが、米側においては、九月四日戦犯赦免及び仮出所委員会を任命して以来、これが審議進捗し既に四十八件の仮出所許可をみている。

(三) カナダについては、B・C級戦犯はいないのでこの問題はない。なお、又極東国際軍事裁判所が刑の宣告をしたA級戦犯に関しては、関係八ヶ国の過半数の同意を要することとなり、最近在監者十二名のうち第一次分として三名の赦免申請が行われた。

(四) 昨年十月立太子礼に際し、政府は戦犯の全面釈放を申入れたが、関係国の同意を得るに至らず個別審査主義によることとなつたが、米国に関する限りその審査状況は右の通り順調に進行している。

第三節　対日援助関係

一、日米船舶貸借協定

(一) 一九五二年四月二十四日、吉田外務大臣はリッヂウェイ最高司令官に対し、我が国の沿岸警備に使用するため、フリゲート及び大型上陸支援艇の貸与を申入れたが、この要請に応えて、米国議会は大統領にフリゲート十八隻及び上陸支援艇五十隻を五ヵ年間貸与する権限を与える法案を通過し、客年七月八日、米国公法第四六七号が成立した。この法律に基く日米船舶貸借協定草案は、同年七月二十五日在京米国大使館から提示され、この草案を基礎として交渉が行われた結果、客年十一月十二日本件協定の署名をみた。

(二) 本協定は、米国にとつては行政協定であるから議会との関係は生じないが、我が方に於ては本協定により或る種の債務を生ずる場合があるので国会の承認を得るため昨年十一月二十四日衆議院に提出された。国会においては憲法の戦争放棄に関する規定との関連から、フリゲートが戦力か否かの点に論議が集中したが、特に我が国の加入している海上人命安全条約の実施のため立法された船舶安全法の適用を、保安庁の使用する船舶については、保安庁法で除外している点は、政府が条約に違反しているか、或は、フリゲートが右条約の適用を除外されている軍艦であることを認めたものに他ならないとして鋭く攻撃された結果、遂に保安庁法を改正して、同庁の使用船舶も船舶安全法の適用を受けることとし、改進党が政府自由党に同調したため、本協定は十二月二十二日衆議院を、十二月二十四日参議院を通過し、協定締約国によつて承認されたことを通知する十二月二十七日付外交文書の交換によつて正式に発効をみた。

㈢ 協定発効により、船舶は、本年一月十二日以降引渡可能なものから逐次我が方に引渡されているが、四月三十日現在において、フリゲート十隻、上陸支援艇二十五隻、即ち貸与総数の半分が引渡された。全部の引渡しが完了するのは六月頃と予測されている。

二、日米余剰物資協定問題

㈠ 戦後米国から与えられた経済援助のうち、余剰物資の払下けは一九四六年十一月から一九四九年一月の間に、在京の国務省在外清算弁務官と貿易庁長官との間に締結された五つの売買契約によつて行われたが、一九四九年五月三日の日米余剰物資協定は、右の契約に定める代金支払条項を一本にまとめ、詳細な決済方法を定めた。この協定及び附属交換公文によれば、我が国は、米国政府の要求がある時は、一年三百万弗相当額を限度とし、円貨を支払うことになつているが、我が国は、その債務総額約五十億円のうち、一九四九年十一月から一九五二年三月までの間に約二十二億円支払つた。

㈡ 客年十月二十三日付書簡で在京米大使館は協定の修正を提議してきたが、その要点は、我が国の独立に伴う事態に促応するため

(1) 協定第一項中、「日本政府は合衆国政府の要請に基き、且つ占領当局の同意を得て、日本の支払うべき金額の中、未払残額の支払につき、関係官庁に指令する」とあるが、その中「占領当局の同意を得て」を削除すること。

(2) 同第七項中、「占領終了の際の未払残額は平和取極めの一部として定められる条件に従つて支払われる」とあるのを「未払残額は両国政府間の交渉によつて定められる条件によつて支払われる」と改めること、の二点であつた。

之等の点は、技術的なものであつたから我が方からも、提案に同意する旨本年一月二十一日付で回答し、協定は修正された。

(三) 右の修正によつて、我が方は、第七項に定める交渉が行われない限り、未払残額の支払を要求されることはないと考えていたところ、突然、三月二十六日付公文により、米国大使館は、三月末日迄に十億八千万円を支払うべきことを要求して来た。米国側の主張は、協定第一項によつて日本側に支払義務があり、協定第七項の修正は、余剰物資をも含んだ経済援助全体についての支払条件等を確定する旨の一般的規定であり、本項による新たな取極めができる迄は、余剰物資に関する従来の取極めが適用され、日本には、合衆国の要請があれば速刻支払うべき義務があるというのであり、日米の見解は全く対立するに至つた。本件支払は目下懸案となり政治的解決を待つている状態であるが、昭和二十七年度の平和回復善後処理費の二十八年度繰越分中から四月中ならば支払を行うことは可能であると思われる。

三、対日経済援助の性格の問題

(一) 終戦以来我が国がアメリカから与えられた経済援助は、ガリオア・エロア等約二十億弗に達するものと推定されているが、余剰物資協定修正に関する交換公文において、日米両国は経済援助から生ずる一切の事項につき速かに交渉する旨を了解事項として確認したから、将来、本件に関する日米交渉が開始されるものと思考される。

(二) 対日援助費の返済等にあてるため、政府は昭和二十七年度及び二十八年度予算中に平和回復善後処理費を計上したが、去る十五国会において、野党側から未だ我が国の債務として確定していない援助費の返済分を計上したことは違法であると攻撃され、政府は、対日援助は債務と心得ているが、援助費返済に関する協定が結ばれ、同協定が国会の承認を経た上で初めて右経費を支出しうる旨答弁している。

第四節　日米間懸案の諸問題

一、日米領事条約

(一) 戦前は、通商航海条約中に領事の職務に関する簡単な規定が設けられるのが通例であつたが、戦後は各国とも任地における領事の職務、及び特権等を詳細に、且つ具体的に規定する傾向にある。

(二) 客年八月在京米国大使館は、本件に関する米国側草案を送付し来たつたので、当方においてこれを検討中であつたが、更に去る三月二十三日、右草案の改訂案を送付越すと共に早急に交渉を開始したき旨申入れてきた。

よつて当方においても研究、打合せを行い、右米国案に対する質問事項を取りまとめ、これ等の点に関する先方の説明を求めた上で、当方の対策を出すことに方針を決定した。

(三) 質疑応答を中心とする第一回の日米予備会議は四月十七日開かれたが、以後、毎週二回を原則として続行されることになつた。

二、日米著作権関係調整問題

(一) 日米間の著作権関係については、一九〇五年の日米著作権条約があるが、この条約は複製権についてのみ相互に内国民待遇を規定し、翻訳権については自由であるので、アメリカは戦後この条約を存続せしめることを欲せず、客年四月十八日付口上書を以つて本条約については平和条約第七条に規定する存続通告を行わない意向である旨通報越した。従つて、本条約は、平和条約発効後一年目の来る四月二十八日をもつて廃棄されることとなりそれまでに新取極が成立しない限り、日米著作権関係については無体財産権に関する内国民待遇の相互許与を定める平和条約第十二条（(b)・(c)項）が適用されるわけであるが、この規定は平和条約発効後四年間の暫定的なものであるので、アメリカは本条の規定の発効を希望せず、前記客年四月の通報の際、実質的条件の比較を伴わない、いわゆる純粋内国民待遇に基く新取極の締結を提案越した。

(二) 然し、この案では方式、保護期間、保護の対象の範囲等につき我が国にとり不利であり、然も日本著作権法の改正が必要とされるところ、国内情勢上かかる改正は不可能であるので、この旨直ちに非公式にアメリカ側に伝えた。

(三) 他方八、九月のジュネーヴ会議で前記の不衡平を匡正する万国著作権条約が審議されたので、わが国はこれにより日米関係をも律することを期待したが、わが国の最大関心事たる翻訳権につき、日本の主張したベルヌ条約と同様の規定が敗れたので、わが国は万国条約の署名を差控えた。

(四) その結果、日米関係は万国条約と別個の二国間取極で律する方針に戻り、十二月一日口上書をもつて、四月のアメリカ提案の不衡平を指摘するとともに、双方にとり満足できる取極を交渉するための専門家を交えた会議を提案した。アメリカはこれに対し、昨年末及び本年二月、非公式に新たな試案を提示越したが、何れも客年四月の案と大差なく、よつて、わが方は要望事項を具体的に提出することとなり、文部当局と協議の上決定した案を近く先方に提示する予定である。

三、その他

右の外に近く交渉が開始されるものにおつとせい保護条約、工業所有権保護条約、行政協定の改正等があり、ガリオア、エロア等の対日援助に関する支払協定も早晩解決せられねばならないであろう。

第五章　中南米関係（欧米局）

第五章　中南米関係（欧米局）

第一節　わが公館設置経緯

一、独立公館

在アルゼンティン、ブラジル、メキシコの各大使館及び在サンパウロ総領事館は、対日平和条約の発効と同時に従来の在外事務所が廃止され発足したものであるが、既に在外事務所時代から逐次その権限拡大を認められつゝあつたため、実質的にはその権限に殆んど影響がなかつた。

かねて、在外事務所の設置には原則的に同意を与えつゝも実際上この認可を行わなかつたペルーとは、交換公文により相互に公使館の設置を認めることとなり、六月上旬わが公使館が新設された。

チリは、国内勢情の関係上平和条約批准の時期見透しが困難であつたため、十月七日両国の在米大使館において相互に外交領事関係の回復に関する交換公文を行い、十二月下旬わが方は公使館を設置した。

ウルグアイは、在外事務所の設置を中南米諸国中第一番目に承認した国であるが、平和条約批准の関係から条約発効後も久しく旧態のまゝであつたところ、十二月二日批准書寄託の完了と同時に公使館となるに至つた。

二、兼任関係

中米諸国は戦後わが国と通商関係の復活と国交回復を希望するもの多く、このためドミニカ共和国とは八月二十八日わが在メキシコ大使館の兼轄下に公使館を開設することを取極め、パナマについても本年二月二十日交換公文による国交回復を行うとともに、目下在メキシコ大使の兼任として公使館開設方手続中である。さらに中米五ヵ国とも出来うる限り早期に国交を回復するように考えている。

ボリヴィアとは十二月二十日在ペルー公使館において交換公文により外交関係の再開を行い同公使館の兼轄として公使館新設手続中である。

三、新設予定

二十八年度予算には在ヴェネズラ、在キューバの両公使館及び在ベレーン領事館の新設が予定されている。

備考

なお、コロンビア、パラグァイの両国はわが通商、移民関係に重要な地域でありこの両国との国交回復及び在外公館設置も現在計画中である。

四、中米諸国のわが独立公使館設置希望

中米諸国中、左の国はそれぞれわが独立の公使館設置方を希望している。
本件については、予算及び他国との振合い等種々問題はあるも、わが方としては出来るだけこれら諸国の希望にそうべく折角研究中である。

(一) ドミニカ共和国

ドミニカ共和国公使は、四月六日外務次官を来訪、本国政府の訓令による趣をもつて、ドミニカ国はさきに率先対日平和条約を批准し外交代表を派遣したものであること並びに日本国政府はさきに在米在外事務所を通じ、ドミニカ大使館に対し、日本国としては平和条約の発効に伴う国交の調整を行う上においてドミニカ共和国に対する公使館（独立）の設置を最高の優位に置くものである旨の申入れをした経緯もあり、この点につき日本政府の意向を承りたい旨の申出があつた。

(二) サルヴァドル

在メキシコ加瀬大使からの報告によれば、サルヴァドル政府は同国におけるわが独立公使館の設置を熱望している趣にて、同大使も右実現方を要望している。

㈢ グァテマラ

わが国とグァテマラ国との国交は再開していないが、在メキシコ大使の許で目下平和状態の回復に関する交換公文の措置を取計い中である。

先般千葉参事官が同国を往訪外務大臣と会見した際、同大臣は、グァテマラ国政府は相応の機関（公使館又は領事館）を日本に設置するため予算措置を講ずる必要があるから日本側で独立の公使館又は領事館等設置の有無を問合せた趣である。

第二節　外交関係推移

一、アルゼンチン関係

通商貿易に関する取極

総司令部時代ピッケル通商使節団により締結された暫定的取極の改訂に関し、昨年三月以来高本代理大使が努力していたが、昨年末大久保大使の着任後交渉は急速に解決の方向に進み、近く貿易取極、支払取極、長期払契約に関する取極の成立を見るはずである。

二、ブラジル関係

㈠ 旧枢軸国人所有財産の凍結解除問題

ブラジル政府は一九四二年三月十一日付同国法律第四一六六号を以て凍結された旧枢軸国人の財産は、一九五〇年十一月四日付同国法律第一二二四号以て、財産の所有者が凍結公布当時ブラジル国内に居住していた場合は、その財産を無条件で返還するが、所有者が外国にいた場合は、対日平和条約又は日伯間の特別条約に基き財産の処分を決定する旨を規定した。

この財産凍結措置は、ブラジルが戦争による損害を受けた場合、その補償に引き当てる目的を有している点に鑑み、わが方はブラジルに何等の実害を与えていないので即時無条件返還を要請している。然るところ、ブラジル政府は客年十二月二十九日政令第三一〇一三号を以て戦争による損害賠償の申立を百二十日以内（本年四月二十八日迄）に行うべきことを公示したので右措置による関係者の申請が出揃つた上、凍結財産の最終的処理を行うものと認められる。

ある種解除財産をめぐつて、すでに一部内外邦人間にいろいろの動きがあるところ、この種財産の返還前に伯国政府の感情を害うことなきよう善処する必要がある。

㈡ [redacted]失踪問題

昭和二十六年七月二十三日ブラジル政府の発注によるタンカー「ザルテ」五七号の[redacted]は途中シンガポールで行方不明となつたが、その後の情報資料及び証言等により、船上における他殺の嫌疑が濃厚となつたため、ブラジル政府に対し、本件の真相究明、犯人の処罰、弔慰金の支出方を申入れた。ブラジル側は査問会を開き、調査を行つているが、一方シンガポール警察当局に対しても[redacted]に関する情報の蒐集を依頼してある。政府としては人道上の見地から速に故人の遺骸を調査し、さらに伯国側においても好意的善後措置をとるよう強く要請する必要がある。

㈢ サンパウロ市建設四百年祭参加問題

日本政府はブラジル政府の招請に応じ、来年施行される予定の本件祭典に参加することゝした。

祭典の具体的内容及びこれに対するわが方の参加体制は、主催者側の具体的プラン未確定のため未だ決定していないが、移民及び在留邦人をめぐる対伯外交上の考慮から国際見本市及び各国政府主催の国情展示会には是非とも参加する方針の下に諸般の準備を進めることとしている。

㈣ 日伯文化協定の復活（情報文化局分に詳述）

㈤ 日伯司法共助に関する交換公文の復活（条約局分に詳述）

三、チリ関係

㈠ 在外資産の返還

チリ政府は対日友好感情の表現として、その対日平和条約批准前に、わが在外資産の返還を申し出でたので、わが方は目下所在財産の調査及び資料の整備に努めている。

㈡ 通商航海条約

チリ政府は対日通商航海条約の早期締結を希望しているので、わが方はその準備に着手した。

㈢ 大統領就任式に特派使節派遣

昨年十一月三日現イバニエス大統領の就任式に際し、わが方は在モンテヴイデオ臼井事務所長を特派使節として式典に参列せしめた。

四、ウルグアイ関係

㈠ 貿易協定

ウルグアイとは総司令部時代の貿易及び金融取極のシンプル・エクステンションを行つたが、これを改訂せんとする支払協定の交渉が目下行われており近く妥結を見る予定である。

㈡ 在外公館新設の準備工作

モンテヴィデオは在外事務所として中南米地域にできたわが国最初の足がかりであつたので、同地を通じブエノスアイレスに在外事務所新設の準備工作を行い、その実現を見た。

五、ペルー関係

邦人移民の出入国問題

ペルーには二世、三世を含む約四万人の邦人が在留し、その数において中南米中ブラジルに次いで第二位である。ペルーの対日感情は戦前から余り良好でなく、戦後も良好とは言えないが、邦人移民が特に排斥されているように見受けられなかつた。しかるに昨年四月ボリヴィア行邦人移民が途中リマにおいて不正入国を図つて以来、ペルー政府の邦人移民（ペルー国籍を有する二世を含む）のペルー出入国に対する取扱振りは他国移民に比べて差別的待遇と思われる程厳重になつた。よつてわが邦人の不正を厳に取締るとともに、右秘国の取扱緩和方について折角努力中である、

六、メキシコ関係

㈠ アレマン大統領に対するノーベル平和賞推せん

わが方は、メキシコのアレマン大統領の世界平和に対する貢献顕著であることを認め、メキシコ政府の希望に応じ、一九五二年度ノーベル平和賞候補者として同大統領を支持することを決定し、この旨メキシコ政府へ伝達した。

㈡ 大統領就任式に特派使節派遣

十二月一日コルテイネス新大統領就任式に際し、在メキシコ加瀬大使を特派大使として式典に参列せしめた。

㈢ 伊藤対キューバ答礼使節団の訪墨報告によると、メキシコ官民の対日友好感情は、他に類をみないものがあつた趣であるが、この雰囲気をわが対墨政策に大いに活用する必要がある。

七、キューバ関係

㈠ キューバ親善使節団の来朝とわが答礼使節団の派遣

昨年十一月下旬キューバからクラレット大使を団長とする親善使節団が来朝し、わが方は官民合同による歓迎を行つたが、この答礼として本年三月中旬伊藤忠兵衛氏を団長とする使節団をキューバ国に派遣した。

㈡ 通商交渉

キューバ政府は、在米大使を通じわが国との間に通商航海条約の締結を希望しており、わが方も関税その他不当待遇の是正を希望していたため、伊藤答礼使節団のキューバ訪問を機に、右交渉に当らしめることとし、同使節団はキューバ当局との会談の結果、原則的同意の取付に成功するとともに細目の交渉は後日公使館の開設を俟つて開始することを申し合わせた。

八、ドミニカ共和国関係

㈠ 大統領就任式に特派使節派遣

ドミニカ共和国新大統領エクトール・トルヒーリョの就任式は八月十六日挙行されたが、わが方は、在メキシコ千葉代理大使を特派使節として派遣した。

㈡ 通商条約

ドミニカ共和国はわが国との間に通商条約の早期締結を希望しているので、わが方は目下本件検討中である。

㈢ わが独立公使館設置の要望（第一節、四、㈠参照）

九、サルヴァドル関係

㈠ 通商航海条約

在メキシコ大使を通じ外交関係の復活と通商航海条約の締結希望を申し越し、わが方は外交関係再開後交渉に応ずべき旨回答した。

㈡ わが独立公使館設置の要望（第一節、四、㈡参照）

十、グァテマラ関係

(一) 通商協定

在メキシコ大使を通じ外交関係の復活と通商協定の締結方を申し越した。

同国は対日平和条約に関しては、これを批准する意志なく、単独の条約または協定の締結を希望しているが、わが方は同国の意向を尊重し、戦争状態の無条件終結を謳いこんだ公文の交換を行うよう申し入れ中である。

(二) わが独立公使館設置の要望（第一節、四、(三)参照）

第三節　移民関係

(一) 戦後、本格的な移民送出の途は絶たれ、僅かにアルゼンティン、ブラジル在留邦人による呼寄移民が行われているに過ぎなかつた。しかるところ、昭和二十六年十二月六日財法団人アマゾニア産業研究所上塚司氏は、アマゾン流域に日本人移民を五年間に五千家族（二万五千人）入植の許可を伯国政府から取り付け、昭和二十七年九月一日アマゾン移民送出に関する申請書を外務省に提出してきた。よつて、外務省においては、右申請書を検討すると共に、一方在伯大使館をして正式にブラジル側と交渉せしめ、また入植地事情調査に当らしめた。その結果、外務省としては上塚計画を実施することに決定し、平和条約発効後在伯駐在原代理大使をして、伯国側と移民送出及び受入に関する細目協定に当らしめた。

伯国側は、自国内輸送費、営農資金の融資及び学校、病院等の施設については同国で負担することを承認したが、日本からの渡航費の負担については、遂に承認しなかつた。そこで渡航費は日本政府が貸付けることとし、昭和二十七年度に入国を許可されている百五十家族分の渡航費を予備費から要求し、雨期開始前に入植させる必要上、十月中旬送出を目途として応急に一切の国内準備を進めて来た。

しかるところ、同年八月二日付原代理大使からの来電により、伯国銀行から貸付を受けることになつていた営農資金が、同銀行手持資金の都合及び手続上の理由で約三ヵ月後でなければ現実に融資できない趣であることが判明した。よつて昭和二十七年は右資金を必要とせず、現地農家が差当り自己資金で引受ける範囲の家族数に限り送出することとし、移民に貸し付ける渡航費等の予算措置（昭和二十七年度補正予算に計上）をとつた。

かくて、第一回計画移民としてアマゾン流域のジュート栽培のため十七家族五十四名を昨年十二月二十八日神戸出帆のサントス丸で送出し、本年三月十九日現地の各受託者に配耕を完了したが、入植後、日ならずして農耕作業の困難と将来に対する不安等を理由として耕地を離脱した家族があり、現在現地受入責任者において、配耕先に復帰するようあつ旋中である。

今回の退耕者は前記理由があるとしても、偶々本年はかねて予期されていた二十五年振りの増水期が早く到来し、急に困難な作業にとりかかる状勢になり、また、引受者との紛糾等もあつた模様であるが、今回のジュート移民の募集、選考が短期間であつたためその選考に無理があつた点も否めない。将来はあくまで純農家で困苦缺乏に堪えうる者を選考送出したい方針である。

(二) 右のほか、サンパウロ州の松原安太郎氏は昨年ブラジル政府から中部ブラジル地方に五年―八年間に四千家族の入植許可を取り付けた。また、パラグァイには百二十家族の入植が許可されており、これらの移民送出実施のため三月中旬より後三ヵ月間の予定をもつて、外務、農林、大蔵三省より成る現地調査団を派遣し、入植予定地の生活、営農条件、教育衛生施設等を調査するとともに現地移民取扱機関の設置その他移民に関する綜合的調査を実施中である。

現在具体化している移民送出計画はブラジル移民とパラグァイ移民であつて、ブラジル移民は将来五年乃至八年の間にアマゾン地域五、〇〇〇家族、中部ブラジル地域四、〇〇〇家族の計画移民を送出する計画であり、パラ

五一

グァイ移民はラ・コルメナ地区に一二〇家族が予定されており、いずれも相手国政府の許可を得ている。本年度計画移民の送出は、アマゾン地域三七〇家族、中部ブラジル地域二〇〇家族、パラグァイ一二〇家族であつて、五月中旬より七月下旬までに三八〇家族を送出する予定である。

最近右調査団の報告によれば、調査団は本年五月より七月までの移民入植計画を左のとおり予定し、調査を進めている。

順位	出帆月日	船名	送出予定数	入植地
第一船	五月十五日	ルイス号	六〇家族	ドラードス
第二船	六月十五日	チジマレンガ号	三〇家族 三〇家族	アマパ アカラ
第三船	六月廿五日	あめりか丸	五〇家族 五〇家族	マナカプール モンテアレグレ
第四船	七月十五日	ボイスヴェン号	三〇家族 三〇家族	ジュート移民 その他
第五船	七月廿五日	あふりか丸	六〇家族 四〇家族	モンチス・クラロス ウナ

㈢ 神戸移民あつ旋所の再開

神戸移民あつ旋所は戦後移民の送出が再開されることになつたので、昨年八月より改修工事を実施し、十月二十六日竣工毎月平均六〇名のブラジル、アルゼンティン行の呼寄移民を入所せしめ、現在まで呼寄移民約三六〇名、計画移民五十四名を同所より送出した。

同所においては入所者に対し、現地事情の説明、ブラジル語の講習、熱帯衛生の注意、農業問題、宗教と生活、その他渡航に必要な一般的教養を付与するとともに、身体検査、荷物の検査、旅券査証事務、出国手続等を実施している。

第六章　欧州及びその他地域（米州及びアジア地域を除く）（欧米局）

第六章　欧州及びその他地域（米州及びアジア地域を除く）（欧米局）

第一節　主要各国との外交関係の推移

一、イギリス

昭和二十七年三月二十六日平和条約発効を前にして、吉田首相と在日デニング大使との間に交換公文を以て「条約発効の日を以てイギリスは東京に、日本はロンドンに夫々大使館を設置する」ことに合意した。条約発効の日を以てイギリスは東京に大使館を設置したが、日本側は未だロンドンに大使の着任がなかつたのでイギリスの慣例に従い大使着任迄はディプロマティック・ミッションとしての名称を有し、六月九日大使着任の日を以て大使館となつた。

香港、シンガポールに日本総領事館を設置することについては、三月二十六日デニング大使より吉田総理に対し口頭で右の両領事館員は任命前に現地総督の許可を得られたい旨申入があり、我が方は右を諒承した。右に基き、二宮総領事は十月十八日シンガポールに、板垣総領事は十月十七日香港にそれぞれ着任した。

二、フランス

平和条約発効と同時に国交再開、萩原在外事務所所長が臨時代理大使となり、西村大使は六月十七日信任状を捧呈した。航空協定、文化協定、旧松方コレクション返還問題が懸案中

三、オランダ

平和条約発効と同時に国交再開、下田在外事務所所長が臨時代理大使となり、岡本大使は十二月三日信任状を捧呈した。昨年末航空協定の調印を見た、対日クレームは懸案中

四、ベルギー

平和条約発効と同時に国交再開、与謝野在外事務所所長が臨時代理大使となり、荒川大使は九月二十九日信任状を捧呈した。航空協定は未仮調印

五、ドイツ

平和条約発効と同時に国交再開、寺岡在外事務所所長が臨時代理大使となつた。査証相互取極めの交渉に近く入る筈、工業所有権につき交渉中

六、イタリア

平和条約発効と同時に国交再開、井上在外事務所所長が臨時代理大使となり、原田大使は十月十四日に信任状を捧呈した。対日クレーム、文化協定が懸案中

七、スペイン

平和条約発効と同時に国交再開、矢口在外事務所所長が臨時代理大使となり、渋沢大使は十一月二十七日信任状を捧呈した。在比島同国人殺害事件、文化協定、友好通商条約につき交渉中

八、ユーゴースラヴィア

ユーゴースラヴィアは、対日平和条約に参加せず、その対日態度が注目されていたところ、一九五一年十月十三日、在米同国大使館は、ワシントン在外事務所に対し、本国政府の訓令により日本との戦争状態終結及び両国国交回復の希望を申し入れた。よつてわが方は、ワシントン在外事務所をして右申し入れを歓迎し、左記の要領により、外交回復の書翰の交換を行いたい旨先方に伝えしめた。

(一) 書簡は、両国のワシントンの出先を通じ、ユーゴースラヴィア外務大臣から日本国外務大臣に宛てて送付し、これに対し、後者から前者宛に同意の趣旨を述べた返簡を送る形式をとること。

(二) 来簡は、ユーゴースラヴィア政府が対日平和条約の最初の効力の発生日に日本との間に法律上の戦争状態を終了するという趣旨の宣言を行うことに決定したことを通報し、戦争状態の終了と同時に通商航海条約及び附属議定書が自動的に実施を再開すると了解することを述べ、返簡は、これを確認することを趣旨とする。

(三) 書簡交換は平和条約の最初の効力発生前になるべく速かに行うが、両国間の戦争状態の終了は、同条約の最初の効力発生の時となるようにすること。

こえて一九五二年一月二十三日、在米ユーゴースラヴィア大使館は、ワシントン在外事務所に対し、上記書簡案についてユーゴースラヴィア側は、原則的に同意であるが、ただ戦前の通商航海条約については同国の現行法制に合致しないので、新たに条約を締結したい旨回答して来た。

これに対し、わが方は、ユーゴースラヴィア政府の意図を心から歓迎し、その了解を確認し、且つ、その希望を共にする旨回答した。そして本件は、一九五二年四月十二日午後十時（日本時間）、東京及びベルグラードにおいて同時に発表された。

なお、本件交渉と並行して、一月十二日ワシントン在外事務所をして国交回復後の公使交換につき先方の意向を照会したところ、ユーゴースラヴィア側は、一月二十三日在米同国大使館を通じ、外交関係再開後東京及びベルグラードに公使館を開設することに同意の旨通告し来つた。そして、わが方の在ユーゴースラヴィア公使館は、八月二十五日にベルグラードに到着した中村臨時代理公使によつて開設せられ、機能を開始し、又、ユーゴースラヴィア側は、ミミーシャ・レヴィ参事官が十一月七日に駐日ユーゴースラヴィア公使館開設のために到着した。新任駐日ユーゴー公使マックス・バーチェ氏は十二月二十三日に着任、同二十六日に信任状を捧呈した。

九、トルコ

トルコは、桑港平和条約の調印国で、一九五二年七月二十四日同条約の批准書を寄託した。

トルコとの国交を早急に回復するため、同国の批准書寄託を俟たず交換公文の措置によつて両国の外交関係を設定することになり、左記順序により、五二年六月十二日両国国交は回復された。

(一) 一九五一年九月トルコ政府は、連合軍最高司令部にたいし、テペレン公使を東京駐在外交代表として派遣した。

(二) 五二年一月十六日島欧州参事官よりトルコ外交代表にたいし、駐土日本大使館開設の申入れを行つた処直ちに右にたいしトルコ側の承認を得た。

(三) 五二年四月二十五日島参事官よりトルコ外交代表にたいし、外交関係回復のために交換すべき公文案を提示した。日本側としては、四月二十八日の平和条約発効に間に合うように右公文の交換を終え、条約発効と同時に国交を回復したいと考えていたが、トルコ側の回答が遅延したため、予定より相当おくれる結果となつた。

(四) 五月十二日トルコ議会は対日平和条約を批准した。

(五) 六月六日テペレン・トルコ外交代表は、渋沢次官にたいし、前記交換公文案とは別個の様式にて、即ち、「同条約が五月十二日トルコ議会において批准され、日本とトルコの正常な外交関係がここに再開された結果、トルコ政府は、六月六日付をもつて東京に大使館を再び設置することを決定し、大使が任命されるまでの間自分を公使の個人的資格をもつ臨時代理大使に任命した旨並びにトルコ政府は、日本政府が適当の機会にアンカラに大使館を再開することを希望する」旨の六月六日付書簡を手交した。

(六) よつて岡崎大臣は、六月十二日付にて在本邦トルコ大使館が六月六日付をもつて正式に再開されたことを確認するとともに、近い将来アンカラに日本大使館を再開する意向なる旨の書簡をもつてトルコ側に回答した。

(七) ついで十一月二十七日新任トルコ特命全権大使イゼット・アクサル大将が着任した。

(八) 駐土日本大使館開設のため角脇二等書記官外一名は三月十四日アンカラ着、同十六日大使館事務所を開設した。

(九) 三月二十日付にて上村駐土特命全権大使が正式に発令された。同大使は四月二十三日米国より帰朝、近くトルコへ赴任の予定である。

十、南 阿 連 邦

南阿連邦にたいしてはわが方は、当初公使館を設置する希望を以て接衝したが、南阿側では日本との関係は主として商業関係であるので総領事館設置を希望したのでわが方は方針を変更し、プレトリアに総領事館、ケープタウンに分館を置くこととして南阿側の同意を得た。

南阿連邦は、九月十日平和条約を批准し、また、プレトリア総領事館設置についての同意は在京英大使館を通じて九月十六日日本側に通知された。右に応じ十一月二十一日に吉岡総領事代理のプレトリア着任を以て総領事館の開設を見た。

なお、南阿連邦が東京に何時公館を設けるかは不明であり、現在在京イギリス大使が南阿連邦の利益を代表している。

十一、オーストラリア

平和条約発効に伴い、占領中より存在した在京オーストラリア使節団に代えて大使館を設置したい旨、昭和二十七年五月一日付を以て濠側より要請があつたので、五月六日付を以て日本大使館をオーストラリアに設置することに同意が与えられることを条件として右に同意する旨回答し、外交関係再開に関する合意が成立した。

なおオーストラリア側では平和条約発効時には大使が未着任であつたのでディプロマティック・ミッションの地位をもつことになり六月十三日大使の着任と共に大使館となつた。

日本側では一月七日西大使のキャンベラ着任を以て在濠大使館を開設した。

十二、ニュー・ジーランド

ニュー・ジーランドと日本の間に相互に公使館の資格を有する外交使節団を交換することについては、昭和二十七年一月十六日合意を見、平和条約発効と共にニュー・ジーランドは東京に公使館を設置した。日本側はおくれて昭和二十八年三月二十四日ウェリントンに公使館を設置した。

第二節　現継続中の国交再開交渉

一、中近東諸国関係

中近東地域の政治的、経済的重要性に鑑み、エジプトに公使館、トルコに大使館を既に開設したが、更にその他の主要アラブ諸国とも国交を再開、外交使節を交換することとし、先づイラン、イラクとの交渉を開始するよう二月十二日在エジプト与謝野公使に訓令した。在同地両国大使はわが方申入を歓迎し直ちに本国政府に伝達すべき旨約した。

二、オーストリア関係

一月三十一日付を以て公文を交換し、わが方は「オーストリアと従前通り平常且つ友好的関係にあると考えており、更に外交使節の交換を希望する」旨表明し、先方は右をテーク・ノートし管理理事会の同意を得次第使節公換を行いたい旨回答した。

三、ポルトガル関係

昭和二十六年平和条約調印と同時に東京においてわが方と在日ポルトガル代表との間に両国国交回復に関する交渉が行われた結果、わが方から同代表あて、交換公文の一案を送り問題となつていた旧日本軍の葡領チモール占領による損害については「諸懸案を対日平和条約の趣旨によつて解決する」旨述べた。右わが方の交換公文案についてはその後先方から何等回答がなかつた。

昭和二十七年三月十八日に至りノゲイラ在京葡使節団長は初めてポルトガル政府の交換公文案を提示して来たが、その趣旨は、わが方との国交回復の条件としてないし国交回復に先だつて、わが方が在葡日本資産を対葡賠償の引当として放棄することを要求したものであつた。

右に対しわが方としては、一先ず国交を回復して然る後に損害補償の問題全体を両国間で協議する方針である旨を強調したが、先方は当初の主張を変えず、爾後今日迄屡次にわたつて双方の交換公文を提示しあつたが、文言に多少の相違はあり乍らもポルトガル政府は在葡日本資産に関する態度を変えるに至らなかつた。

他方客年十二月初頭在マドリッド渋沢大使より本省に対し、同国駐在パシエコ葡国大使は元文部大臣でポルトガル政府内に相当の発言権を有するものと思われるから、東京における本件交渉が進捗せぬ場合はマドリッドにおいて両大使間に話合を試みては如何との意見具申があつたので、本省においても渋沢大使の進言に従い、一応マドリッドに交渉を移した。十二月下旬、パシエコ大使との交渉の模様を伝えた渋沢大使の報告によれば、㈠葡政府としては日本の在葡資産に対して採つた措置は絶対に撤回し得ないが、チモールの損害賠償として取得した日本財産の価額を再評価する用意がある、㈡日本側が対葡損害を惹起したことに関し自発的に遺憾の意を表することは極めて有効と考えられる、㈢本件交渉は再び東京に戻したい意向であるとのことであつた。

その後本年三月二十七日付渋沢大使より現地で非公式に得た内報として、㈠葡政府は近く日本政府に対し新な文書をおくるが、日本資産に対して同国の執つた措置は変更しない　㈡チモール島における葡側損害は米貨約二億七千万ドルと見積られている　㈢日本政府が同島に与えた損害を認める意向を明白にすれば葡政府としては別途考慮の余地があるの三点を報告越した。

爾後本件に関して今日迄何等の発展を見ず、両国国交は今なお再開されていない。わが方としては交渉の当初より、衛政府が在衛日本財産に対して執つた措置の内容を報告するよう再三要求したが、今日まで在衛ドイツ財産に関する法文以外何等わが方に提示して来ない。

第三節　戦犯問題

昨年平和条約第十一条に基き、法律第一〇三号が制定せられ、未決通算、善行特典を規定した同法律第九条、第十一条の適用承認方を英、濠、仏、蘭に申入れると共に、右法律により資格を取得したものに付き仮出所ないし個別赦免勧告を行つている。

昨年七月十四日の仏国革命記念日に際して、仏国関係戦犯三十九名の全面釈放を要請し、同八月上旬には国内世論に応えてB、C級全戦犯の赦免を英、濠、仏及び蘭に、また、立太子礼を機としてA級戦犯をも含め全戦犯の赦免を英、濠、ニュー・ジーランド、仏及び蘭に対し勧告した。

英側よりは昨年十二月未決通算善行特典の適用に異存ない旨並びに仮出所及び赦免勧告については、個々の案件について審査すべきことを回答して来た。

濠州よりは赦免勧告及び未決通算、善行特典の適用につき回答がない。

オランダは、本年一月未決通算、善行特典の適用に同意すると共に、仮出所について審査委員会を設け個別的に審査する旨回答してきたが、具体的決定は未だ行われていない。右審査委員会が既に設置されたが、又設置されているとすればその活動状況等に関し先方に問合せているが、更に右審査に当りオランダ側に判決書写しがなく決定に困難を感じている趣きなので、わが方からインドネシア政府に対して、右判決書写しの入手方につき申入れを行つた。

フランスは未決通算、善行特典の適用につき未だ回答がないので督促中であり、B、C級につき、本年二月大統領は西村大使に対し日本戦犯をフランス犯罪者以上に寛大に取扱うことは出来ないが、司法最高評議会の意見を徴し決定すべき旨述べた。

Ａ級戦犯については本年三月十一日に英から、三月九日に濠から、三月十日にニュー・ジーランド、仏及蘭からそれぞれ他の関係国からと同様赦免、減刑等につき勧告あり次第個別審査を行う意向である旨通知があつたので荒木、南、畑、三名の赦免方今般右各国にも申入れた。

第四節　欧州諸国との航空協定

一、英国との間の航空協定

(一) 経　緯

平和条約第十三条に基き、国際民間航空運送に関する条約を締結すべきことを昨年三月イギリスより提議あり、右に応じ、七月より東京において交渉を開始し八月末一応会議を終つたが、その後沖縄の地位に関する諒解事項についての交渉が長びいたため十二月二十九日漸く調印を見るに至つた。

日本では本条約につき国会の承認を得たが、未だ批准を終つていないので効力を発生していない。

(二) 問　題　点

本協定は相互に相手国の指定航空企業に対し、国際定期航空の目的を以て自国内に着陸、通過する権限を与えることを目的とするものであり、右に伴う関税、入出国、飛行料金、搭載量等に関する規定を含んでいる。国際民間航空に関する協定は世界各国とも大体類似の内容を有しているので、日本側はそれらを研究の上日本側原案を作成、交渉に当つたが、戦後の飛躍的に発展した国際民間航空の実情については日本側は、知識を欠くため討議を行い乍ら事情を学ぶとかいう状況になり、そのため多くの日時を費さざるを得なかつた。またアメリカとの航空協定と併行して交渉を始めたため日米間の交渉によつて結論のでるのを待つため討議がおくれた面もあつた。

結局、国際航空についてアメリカがより多い自由を主張するに対し、イギリスは極めて制限的な観念を有しており、従つて日英航空協定の方が規定の仕方としてはより綿密であり、又資本力の弱い日本の航空企業にとつてはより適していたと考えられる。

また、日本が沖縄に於て残存主権を有することを交換公文により確認したことは政治的意味をもつものとして見逃せない。

二、その他の欧州諸国との航空協定

客年四月以降北欧三国、オランダ、フランス、ベルギーの諸国はわが方に対し航空協定の締結ない至日本向定期航空路の開設、延長等に関し申入れ、もしくはわが方の意向を打診して来たので、わが方としては、この際右諸国と正式に航空協定を締結して将来におけるわが方航空機のヨーロッパ向飛行に備えることに決し、当時すでに成立に近づいていた日英航空協定にもとづいてわが方草案を作成し、同十月下旬右草案を前記諸国の在日公館に送付して各本国政府の意向を照会せしめた。

右に対しベルギーを除き、各国ともわが方草案にもとづいて正式交渉を開始する用意がある旨回答越したので、前記諸国駐在のわが方大公使を代表とし、東京より派遣した交渉補助員（本省一名、運輸省二名）を巡回せしめて現地交渉を開始した。

先づ十二月九日よりヘーグにおいて、オランダ政府との交渉を行い、数日の後に仮調印を行つてからストックホルムにおいて北欧三国と一括交渉に入り右も又比較的短時日をもつて交渉妥結した。右双方とも略々わが方原案通りに成立したので、わが方は引続いて本年初頭より対仏交渉に入つたところ、わが航空路線中サイゴン着陸権をめぐつてヴィエトナム政府とも独立の協定を締結する必要を生じた。しかるところ、フランス政府は、サイゴン・パリ間の通し運送の権利はフランス・ヴィエトナム両国の航空機のみに留保する旨を強硬に主張し、他方ヴィエトナム政府は右と同様の主張の他、ヴィエトナム近隣の一定の諸点とヴィエトナム領土とを結ぶ通し運送の権利はヴィエトナムの「地方的営業権」に属するものとして自国航空企業による排他的権利なることを強硬に主張して譲らず交渉は遷延を重ねた。しかもフランス政府は、日・ヴィエトナム交渉が妥結しない限り日・仏協定の仮調印も行わない旨主張したので、わが方は東京より派遣した交渉補助員を帰国せしめた。

その後ベルギーとも短時日の交渉を行つたが、難点があるため終局的妥結は日仏交渉の成立にかゝらしめて一応打切つた。

わが方にて対仏、対ヴィエトナム両協定を再検討したところ、わが方が短時日に交渉を成立せしめようとした結果わが方に不利な譲歩を行つたと考えられる点なしとせず、その後の交渉によつてもフランス・ヴィエトナム両国とも当初の主張を撤回する見込がないので、わが方はこの際右両協定を根本的に再検討するに決し、先方に対してその主張に対するわが方根本態度を説明するとともに、対仏交渉は東京に移し、対ヴィエトナム交渉はわが方公館開設後サイゴンにおいて行うべき旨示唆した。

この交渉がかくも難行したのは、前述両国の主張はわが方にとつて単に不利なるのみならず、今後の同種対外交渉の悪例となると考えられるからであるが、右の他、フランスとヴィエトナムの政治的勢力関係の現状から、ヴィエトナムがフランスのかいらいに過ぎず、わが方に不当な妨害を加えようとする傾向が見られたからである。

なお現地において仮調印を経た北欧三国との協定およびオランダとの協定はその後両国代表の手によつて正式に調印され、国会手続を待つ段階にいたつている。

なおわが方は航空機のヨーロッパ向運営は二十九年度に実現する予定であるが、右に先だちわが方本年度中にドイツ、スイス、エジプトおよびイタリアと航空協定を締結したい意向である。

(今日迄に成立した各国との協定において沖縄は等しく両当事国の路線中に含まれているが、他日わが方が同地に対する完全な主権を回復した場合は、営業着陸に関し、両国間で協議を行う旨の交換公文が常に行われて来た)

第五節　ク　レ　ー　ム　　　　六四

各国からのクレームの内容は複雑多岐にわたり、その大部分が戦時中、日本軍の軍事行動に伴い生じた人的、物的被害であるので、これが事実の調査は関係諸官庁並びに民間諸機関の充分な連絡協力によらなければ事務の円滑と実効を期し得ない。

よつて部内決議により本省関係係官の外、大蔵省、厚生省（復員局）、通商産業省（特許庁）および運輸省の係官を構成員とする請求権調査連絡協議会を設け、クレームの調査に右諸官庁の協力を得ることゝした。

一、イギリス関係

イギリスのクレームは昭和二十七年十月二十一日から同年十一月十一日までに三回にわたつてなされたものであるが、（これでクレームを打切つた訳ではない趣である）、全部が個人のクレームで、その総額は五億八、〇〇〇万円に及んでいる。

二、オランダ関係

サンランシスコの平和会議の際及びその後オランダ外相と吉田首相との間に書簡の往復があり、わが方はオランダ側の強い希望により旧蘭印において抑留されたオランダ人の被害（certain types of frivate claims）に対し好意的考慮を払うことあるべき旨回答した。昨年一月オランダ外相から本件促進方申入れがあり、これに対し、同二月吉田首相から先方希望に副う様考慮すべきも他の関係国からのクレームが出揃い、平和条約との義務としての財政負担の見通しが判つきりするまでは特定国に対し今直ちにコミットし難い旨回答した。同三月在京オランダ大使からエード・メモアールをもつて、早い時期に東京において本件交渉を開始したく、日本側において右に同意の場合はデータを提供する為使節団を東京に派遣する用意ある旨申入れると共に、旧蘭印オランダ人収容所の一般状況に関する資料を提出した。同八月在京オランダ大使から本件の具体的措置進行方につき要望があり、同十一月オランダ政府の要望するのは同政府が抑留者救済のために支出した相当の金額に対して日本側から応分の寄与を為すことであると述べた。

同日わが方はエード・メモアールをもつて各ケースの中その根拠あるものにつき、執るべき実際的方法を考慮する用意があること、その為に先にオランダ側の提出した資料を検討する非公式会談を行うこととしたい旨申入れた。

右に対し、本年一月先方はエード・メモアールをもつて、タイプとは個別的ケースに関係なく、クレームのグループにのみ関するものなること、又問題としているのは物的損害ではなく、民間抑留者の被害に対する補償というタイプである旨申し越した。

補償請求金額については、先方は正式に申入れたことはないが、ヘーグ係官は二千万乃至三千万ドルなる旨内話したことがある。

三、スペイン関係

スペインはマニラにおける同国総領事館に対する日本軍の襲撃事件を理由としてわが国との国交を断絶したが、戦後国交を再開するに当り、わが方は交換公文において国交回復後在比島スペイン人の被害に関し交渉に応ずる旨述べ、特に在マニラ総領事館に対する事件に関しては、先方の強い希望により深甚なる遺憾の意を表した。その後本件に関し、スペイン側より申出でがなかつたが、早晩申入れ来るものと予想されたので、同じくマニラにおける中国外交官殺害事件に対する弔慰金の問題が取上げられることとなつた機会に、スペイン外交官関係を優先処理することとし一名当り五千ドル、三名分計一万五千ドルを弔慰金として贈ることゝした。之に対しその後先方は外交官関係を他と切離して処理することに反対し、本年二月口上書をもつて人的損害二百五十人、物的損害六百四十八件、右に対する賠償請求額三千九百二十七万四千八百六ドルと申入れてきた、わが方は具体的資料の提出方を申入れていたが、先方は最近に至り両国専門家より成る合同委員会をスペインに設け検討すべき旨提案してきた。

四、スウェーデン関係

客年九月スウェーデン外相からわが方結城公使に対して、同国の対日請求処理のためすみやかにストックホルムにおいて交渉を開始したい旨の申入れがあり、これに対し、わが方としては未だその時期でないので単なるファクト・ファインディングを目的とする準備交渉に応ずべき旨回答した。十二月末にいたりスウェーデン側は再び結城公使に対し、右準備交渉員三名を任命した旨通報越したが、その後右三名は結城公使を来訪してスウェーデン側の対日請求の大要を記した覚書を手交したが、その際右三名は本件正式交渉開始に先立ち、わが方の特別な配慮を要請したい問題として左の二点を挙げた。

すなわち右覚書中

㈠　スウェーデン国民の保有する米貨又は英貨、日本国債および公債計百四十四万二千二百クローノル（一クローノルは邦貨約七十円）およびこれに対する利子の支払について昨年九月二十六日付日米協定と同様な協定を締結したい。

㈡　日本軍が占領地域において徴発したスウェーデン国民財産約千七百五十万のクローノル中約三十件（約百五十万クローノル）は被徴発者困窮の現状にかんがみ特に切離して早急に処理したい。右処理に当つては終戦当時スウェーデン政府が凍結した日本側資産約六、七百万クローノルの中から必要額を充当したい。

これに対し、わが方より右の中　㈠については一九五二年九月二十六日ニューヨークで締結された二つの協定覚書 Memorandum of Agreement on the Settlement of the Japanese Prewar External Bonded Debts (Sterling Bonds and Dollar Bonds) がそのまゝスウェーデン国民にも適用されるものであり、特にスウェーデンと別個の協定を締結して有利な取扱を為すことは不可能なる、および前述㈡については、略々同様の要求がスウェーデン以外の各国より提出されることが予想される現在わが方としては、スウェーデンのみを特別に取扱うことは相当困難であるが、同国がわが方の利益代表国として戦時中変らぬ好意を示し続けた経緯にもかんがみ、特別な考慮を払いたい旨を回答した。

本年二月に至り在京スウェーデン公使はわが方に対し、本国政府の訓令に基くとして再び前述の約三十件に言及し、両国の友好関係を促進する見地よりも右三十件の早期解決が望ましい旨を述べ、更に右に充当すべき財源として元在スウェーデン日本公使館員某名義の一五〇万クローノルを指摘した。右にもとづいて、わが方で慎重に検討した結果スウェーデン側の要求にこたえることに決し、皇太子殿下スウェーデン御訪問の時期までに本件を解決する目的をもつてわが方結城公使をしてその旨先方に申入れしめた。なお本件が右条件にしたがつて措置される場合は、当然本件に関する請求は従来のスウェーデン側の対日請求よりドロップされる建前でありわが方はその点も同時に申入れた。

右三十件以外の各種請求については、今日迄正式に書面をもつて申入れて来たものはないが、早晩何等かの形をもつて具体的申入れが行われるものと予想される。

五、デンマーク関係

本年二月島参事官がデンマークを往訪の際、同国外務省政務局長より口頭で、近くデンマーク政府は太平洋戦争に基く同国および同国民の対日請求権を提起すべき旨述べたが、同参事官帰朝後在京デンマーク公使よりわが方に対し二月二十四日付書簡をもつて本件に関する詳細な調書を正式に送付越した。

右によるとデンマークの対日請求内容は

(1) 各種事由による個人の日本政府に対するもの

(2) デンマーク政府の日本政府に対するもの

(3)　デンマーク所有大北無電会社の請求にかゝるもの

の三に大別され、右の(2)は更にデンマーク外務省、商工海運省、社会省の三に別けられている。以上の請求額は、公債、予金、特許権に関するものを除いて邦貨約四十億円乃至四十五億円（件数のみにて請求額が明示されていないものがある）に達するが、在京デンマーク公使が右調書を提出するに際して申述べたごとく、右の中には直接戦争行為に基く損害に対するものも含まれている可能性が多く、しかも個々の申立に不当と思われるもの無しとしないので、わが方で十分検討する余地がある。しかも同調書を送付越した書簡には日本政府が右請求に as widely as Possible に応ずることを期待すると述べられている点にかんがみるも、先方としても今回の請求がわが方にて十分検討されることを予期しているものと思われる。

前述(3)の大北無電会社に関するものはわが方が戦時中接収した施設に関するもの、施設復旧に要する費用、海底電線のわが方による使用料等よりなり、その総額は全請求額の半ばを超える（邦貨二十二億―二十五億円）ものであるが、同会社側としては太平洋戦争以来の極東における事業活動の不振に痛心しているため、若し東亜において再び十分な活動の余地が与えられるならば右請求金額を放棄する旨を付記しており、近く同会社とわが方電気通信関係当局との間に右に関する折衝が行われる予定である。

わが方としては、デンマークは具体的請求内容を正式に提出して来た最初の国であり、而もその内容に検討すべき点が多いので右に関する調書は早急に行うこととしている。

六、イタリア関係

客年七月以来イタリア政府はわが方に対して、第二次大戦中バドリオ政権樹立後における駐日イタリア外交官およびその家族等計四十三名の受けた取扱は国際慣例に反し、不当であつたとして日本国政府の遺憾の意思表示方を要望していたが、わが方としても右取扱については国際慣例上不当ないし行過ぎと認められる点無しとしないので、自発的に口上書をもつて遺憾の意を表することとし、昨年九月二十五日付をもつて右要旨の口上書をイタリア側に送付した。右に関し、予てよりイタリア側は本件に関する見舞金の支出方を強く要請していたが、その具体的金額に関してわが方との間に話合がつかぬまゝ、わが方としては先方の希望を容れて右口上書の中に「抑留外交官の損害、補償のため、日本政府は将来両国政府間で決定さるべき一定金額をイタリア政府に支払うことで本件を妥結する用意がある」旨を記し、イタリア側より右口上書に関する謝意表明の口上書を受領した。

なお、前記見舞金としてイタリア側の要望する具体的金額については、従来非公式な数字がわが方に示されたのみであつて、しかもその数字も或は米貨十二万弗と云い或は四十万弗乃至五十万弗と云ふ如く判然としたものではなかつた。然るところ、本年一月中旬にいたり在京伊大使館はエード・メモアールを送付越して初めて正式に先方の希望する金額を明示して来た。

右によれば、先方の主張する損害の種類および金額は

(1) 各種物質的損害　一〇万米弗
(2) 外部との連絡不能による損害　二五万米弗
(3) 肉体的、精神的損害　一五万米弗

であつて、総計五〇万米弗である。右エード・メモアールの内容は極めて大雑把なものであり、個々の具体的損害は殆んど明示されていないがその理由としてイタリア側は予てより過去の不愉快な記憶を一々喚起することは好ましくないから本件を大局的且つ政治的に処理したい次第であると述べていた。

二月中旬在京イタリア大使はわが方に対し、最近本国政府より本件の速かな解決方を訓令し来たので、日本政府の一層の努力を要請したいと申入れて来た。

目下見舞金の具体的金額について双方係官の間で折衝が行われているが、わが方としては、以前にマニラで殺害、

された中国外交官一名に対し米貨五千弗を見舞金として贈つた例にかんがみるも、到底本件に関するイタリア側の希望額をそのまゝ支出することは不可能である。

且つ、当時わが方の駐伊外交官も等しく不愉快な境遇におかれていたのみならずわが方の大使館付陸軍武官光延少将がイタリア国内を旅行中暴徒によつて殺害された経緯もあり（右に関しては先方は人道的立場より適当な措置をとる旨正式に意思表示して来た）彼此相補つて考えれば、イタリア側の要求する前記金額は極めて一方的且つ不当に過大であるので、わが方は、目下大蔵省とも連絡しつゝイタリア側と折衝中である。

第六節　神戸英水兵事件

(一) 経緯

昭和二十七年六月二十九日偶々神戸に親善目的を以て入港中の英軍艦ベルファスト号乗組の英水兵二名が自動車運転手の首をしめ所持金千七百円を奪つた事件が発生した。神戸地検は至急起訴せよとの最高検の指示に基いて外務省に連絡なく七月二日強盗容疑で起訴し、八月五日懲役二年の判決があつた。右起訴後在京英、米両大使より両名の釈放の要求があり、判決後英外相より強い釈放の要求があつたので日英間の重大な外交問題となるに至つた。結局第二審に於て十一月五日懲役二年六ヶ月執行猶予三年の判決があり両名の身柄は英領事に引渡され問題は解決を見た。

(二) 問題点

問題点の根本はかゝる事件の裁判管轄権が何れにあるかにある。また一旦事件が起訴された後に於ては、かゝる問題についての明確な国際法、慣習のない以上裁判手続はそれ自体として進行するものであるので英側の要求する身柄の釈放を如何にして実現するかの実際的方法が問題であつた。

㈢ 内外に与えた影響

本件は日英両国に於て大きな反響をよび、日本に於ては独立後の国民的感情を大いに刺戟し、特に日米行政協定に於て米軍軍人に与へられた属人的裁判管轄権に対する反感がこの事件を借りて強く表明せられた。

イギリスに於ては大衆紙が日本の戦時中の暴虐行為と結びつけ対日反感を大いにあふつた。日本側の輿論はその後第二審に於て東大横田教授が本件は裁判管轄権よりはむしろ国際礼譲の問題であることを証言してよりは冷静となり、又右証言が第二審判決に対しても大きな影響を与えた。

本件は、結局平和条約発効後の国連軍の地位について協定ができていなかつたこと、又右協定成立までの暫定的な裁判管轄権についての日本側方針をのべた吉田総理の書簡の実施について当初日本側関係当局及び日英当局間の連絡が不円滑であつたこと等の理由により事態が重大化したものであり、又その後問題の実際的解決の為に日本側より提案した種々の方法に対して英側の協力が不十分であつたため問題の解決をおくらせたものである。

第七節　濠州との間の諸案件

一、日濠漁業交渉

㈠ 経緯

桑港平和会議の直前濠側より日本漁船が戦前濫獲したことを根拠に「濠州北方水域に対する日本側の出漁は漁業協定成立後にして貰いたくその為平和条約発効後一ヵ年間は日本側は出漁を抑止する」べきことを要求し、右に関する交換公文を行いたい旨提議したが、日本側は右は同意できない旨のべて拒絶した。

平和条約発効と共に日本漁船は公海に於てはどこえでも出漁することができることになり、濠北水域についてはアラフラ海の真珠貝採取を再び復活したいとの業界の要望が強くなつて来た。

外務省としては、本件の取扱は慎重であるを要するとの判断の下に水産庁と連絡の上国内的には漁業資源保存のための必要な措置をとらせる一方、濠側に対しアラフラ海への日本漁船出漁について事前の諒解をとりつけ摩擦の種を出来るだけ事前に取除くための努力をつゞけた。一方業者の出漁準備は着々と進み本年の出漁態勢がととのつたので濠側より出漁についての諒解を得べく最終的努力が行はれていた際濠政府は本年四月キャンベラに於て漁業協定交渉を開始すべきことを提案して来るに至つた。我が方は協定交渉の開始に応諾すると共に、本年の出漁はこれと切離して当初の予定通り交渉成立を待たず行う方針であつたが、濠側よりの強い要望に応じ特に濠政界の事情をも考慮し、協定開始後一ヵ月間は出漁を抑制することとした。協定交渉は四月十三日より開始されている。

㈡ 問題点

濠側はアラフラ海を含む濠北水域は大陸棚であるので、真珠貝採取を主とする定着漁業の管轄権は沿岸国である濠州に在ることを主張し、右に基き、アラフラ海を大体大陸棚の線に沿つて南北に二分し日濠夫々北及南の水域にのみ出漁するとの漁場分割案を主張している。我が方は科学的根拠に基いた保存措置以外には公海漁業に対する制限を認めないとの方針をとつているため、主張が根本的に対立しているが日韓、日台等の漁業問題に対する影響を考えると日本側としては右の基本的方針は譲れないので交渉は相当永びくと思はれる。

二、マヌス島戦犯の内地送還

㈠ 経緯

濠州軍事法廷により刑の宣告をうけた戦犯者二〇六名（中台湾人六六名）はマヌス島に於て服役中であるが、右は熱帯地であり、長期に亘つて重労働に従事している等の悪条件にあるので全員送還の上内地に於て服役を継続せしめられるよう日本側より濠政府に対し要請しているが、濠側は現在尚考慮中の由であつて内地送還はまだ実現を見ていない。条約発効後、病気及び満刑により帰還したものは十一名で現在百九十五名なお服役中である。

昨秋マクマホン海空相来日の際、岡崎大臣よりも直接本件実現方要請したが、その際同海空相は本年夏までに約六十名の戦犯者が送還される旨語つた。

三、英連邦軍基地に関する協定

(一) 経　緯

横浜市保土ヶ谷にある市公園は占領中接収せられ英連邦軍基地として使用されていたが、平和条約発効後も永久的に右を基地として使用したく、その為基地協定を締結したい旨関係英連邦諸国を代表し濠州側から申出があり、右に関する交渉を本年三月より開始しているが未だ協定成立に至つていない。なお協定成立までの期間暫定的に右基地の継続使用を許す旨の合意が昨年五月二十八日に結ばれた。但し暫定使用期間は最大限平和条約発効後一ヵ年と定められており本年四月二十七日に期限が切れるので更にこれを半年間延長する予定である。

(二) 問　題　点

英連邦側では、右土地を日本政府が買入れ英連邦側に無償提供することを希望しており、英連邦が他の諸国に於て有する戦死者墓地も同様、関係国から土地の無償提供をうけているので日本側もこの原則をみとめる意向であるが、土地の所有者である横浜市から如何程の面積をどれだけの価格により国が購入するかについての話がまとまつていないので、協定の成立を見ない。

第八節　在スイス日本資産

在ベルン旧日本公使館事務所建物は終戦後その備品及び手持資金とともに連合国側に引渡し、爾来同地英公使館が米・英・中・ソの四国を代表して管理に当つて来た。わが方は平和条約第十四条の除外例に基き、公使館建物及び備品の返還を要求することになつたが、四ヵ国の同意を得ての返還は現在の対中・ソの関係から到底見込薄のため管理者である英側が一存にてわが方に右建物及び備品を返還し、その旨米・中・ソ三国に事後通告する方法が最も実現の見込があつたのでこの線で英・米・スイスの好意と協力を求めた結果右の方法により昭和二十七年十一月四日返還を受けたが、次の諸件はなお懸案のまゝとなつている。

(一) 連合国保管の公金返還（約千五百万スイス法）

右公金は終戦時連合国に引渡されたものであるが、平和条約第十六条に基き、わが国はこれを赤十字国際委員会に引渡す義務を負つているものである。この連合国側よりの返還に当つては米・英・中・ソ四国の事前の同意を必要とするため現在は積極的な申出を差控えている。

(二) 個人の凍結資金解除（約二百三十三万スイス法）

本件資金は、終戦前スイス銀行に凍結された個人預金であつてスイス側もこれが全面解除については左程難色を示していないが、この資金中には平和条約第十六条の適用を受ける民間人の資産も含まれており、他方スイス銀行側は預金の秘密を厳守し、各人の預金額の明示を拒否しつゝ、若干宛預け主に払戻している模様である。政府としては現在の処銀行側と民間人の間の問題には触れない方針をとつているが、第十六条の除外例の適用を受ける元外交官の預金解除についてはスイス側も善処を約しておるので先づこれが解除を求めることとし既に関係者の委任状を取り揃え在スイス公使に送付済である。

(三) 法人の凍結資産解除（約五千五百五十万スイス法）

この資産は旧横浜正金銀行の資産であり、第十六条により赤十字国際委員会に引渡すべき性質のものであるが、他の中立国及び旧枢軸国における同種の問題との関係もあり、また国内関係官庁の意向も具体化しておらないので解除の要請についても特に積極的な態度を採つていないが、わが方はスイス側が解除について対日クレーム充足を前提条件としておることには反対で、原則的に両者は別個の問題であることを説得中であり、かつスイス側がクレームの引当として本件資金中より三千五百万スイス法を差押えた措置は不当の措置であるとしてその解除をも要求している。

第九節　旧ドイツ大使館敷地

千代田区麹町永田町所在旧ドイツ大使館敷地（五千五百坪余）は、元来日本国政府の所有に属するもので、明治十九年の契約にもとづいてドイツ政府に永久貸与されたものであるが、第二次大戦中地上建物の大半は焼失し、残余の地上物件とともに終戦後GHQにより枢軸国資産として管理された。

昭和二十四年GHQは同地を日本国政府に返還することとなり、残余の地上物件は評価委員会の決定する価格をもつて売却されることとなつた。

当時当省においては同地の性質にかんがみ、他日日独国交再開の暁は再びドイツ政府の用に供することを妥当と考え、右目的をもつて当省による同地の管理方を大蔵省に申請してその内諾を得た。

しかるところ、同地は予て国会図書館建設用地として使用したい旨同館経理部長を通じて強い要求があつたので、当省は当時の内外の情勢にかんがみ、前記方針をひるがえして同地を国会側に譲渡すべき旨大蔵省および国会図書館に通告し、右通告にもとづいて国会図書館側は地方物件の対価をGHQに納入し、実質的に同地を管理して現在にいたつた。日独国交の再開されるにおよび、ドイツ側は客年十二月卅日付をもつてわが方に対し、旧大使館敷地を引続いて使用したい意向を表明したので、わが方は同地に関する経緯を説明の上原契約第三条にしたがつて都内に適当な代替地を提供することをもつて納得せしめることとした。

よつて当省は大蔵省管財局長に対し本年一月廿八日付書翰をもつて適当な代替地の斡旋方を依頼したところ、大蔵省は同四月十四日付をもつて、ドイツ政府を満足せしめるごとき代替地の斡旋は既に不可能なる旨回答越した。

わが方としては、同地の性質ならびに日独友好関係促進の見地より、この際国会側の再考慮を要請し、旧敷地を再びドイツ政府の用に供することを最善と考うるにいたつたので、先づ四月上旬非公式に国会側にその申入れたところ国会側も同地に関する原契約の趣旨およびわが方の本件に関する説明を了解し、再考慮を約したので四月十八日付当省事務次官発衆議院事務総長宛書翰をもつて、正式に本件の再考慮方申入れた。

第十節　対ソ連問題

一、現段階における対ソ方針

(一)　ソ連は、サンフランシスコにおいて対日平和条約に署名することを拒否したばかりでなく、その後も引続き日本との間に戦争状態が存在するとの見解を持しているにもかゝわらず、日本問題に関するスターリン声明、モスクワ国際経済会議への招請、日ソ貿易提案、文化交流申入れなど一連の動きにみられる如く、対日平和攻勢は条約発効の前後を通じて益々活潑化する傾向にあつた。その狙いは、政府間の協定によつて日ソ間の法律関係を明確化することを避け、かつ諸懸案の解決を有耶無耶にしておきながら、他面、日本国民に媚態を呈することによつて、あたかもソ連が日本との平和関係樹立を望んでいるかの如き錯覚を起させ、それによつて国内における親ソ勢力の増大を計るかたわら、駐日ソ連代表部の温存に口実を得ようとする一方、日米の離間ないしは、政府と国民の疎隔を計ることにあるものと判断された。

(二)　従つて、日本政府としては、平和条約発効以来、ソ連がサンフランシスコ条約の線による国交回復の意思を示し、かつ引揚問題をはじめ日ソ間の諸懸案の解決に誠意をみせない限り、平和攻勢に眩惑されることなく、ソ連に対し毅然たる態度をもつて臨むべきであるとの方針を堅持してきた。

すなわち、

(1) 対日理事会ソ連代表部を条約発効後駐日ソ連外交代表ないし通商代表にきりかえ、一方的に出先機関を確保しようとする企図には、あくまで反対し、そのため、次項二、「元ソ連代表部に関する問題」に記述されている通り、その公的地位を否認した。（但し、諸般の考慮から元代表部員に対し差当り強制退去などの実力行使に訴えることはしない）

(2) ソ連への渡航ならびにソ連人の入国は、一方においてはソ連の対日平和攻勢を封じるため、他方においては引揚問題など諸懸案の解決に関するソ連側の不誠意な態度に対する一種のサイレント・プロテストの意味で、原則としてこれを禁止する方針をとつた。

(3) 要するに、現段階においては、ソ連に対しわが方より進んで宥和的態度に出る必要はなく、平和攻勢を封じることによつて、むしろソ連側から日本政府に直接アプローチするよう仕向けてゆくべきであると考えてきた次第である。

二、元ソ連代表部に関する問題

(一) 平和条約の効力発生に伴い、対日理事会のメンバーとしてそのソ連代表部の地位は、当然消滅するが、元来対日理事会は、連合国間の問題なので、ソ連代表部の地位に関しても、条約発効前に総司令部の方で適宜な措置をとることが期待された。

しかるに本件に関する米国側の態度は極めて慎重であり、客年四月七日わが方より総司令部外交局の意見を求めたのに対し、先方係官は、単に対日理事会は消滅したとの通告を送るだけのことしか考えていない旨述べた。

然しながらわが方としては、諸般の事情により、ソ連代表部の地位を否認する方針を明示することを必要と認め、しかも一方的声明のみでは先方に対する意思表示とならないので、ソ連政府に対し第三国のうち最も適当と思われるスウェーデンを通じて在京ソ連代表部の地位が失われた旨の通告を行うこととした。

五月十四日、在ストックホルム結城公使に対し、右通告伝達の件に関し、スウェーデン政府の内意を確めるよう電訓し、同公使は五月十六日訓令の趣旨を申入れたが、スウェーデン政府はこれに対し、折角の申出なるも本件は引受けかねる旨の回答を行つた。

㈡ よつて、わが方としては別個の方法による措置を考慮するのやむなきに至つたが、米国政府にも通告伝達の意思がないことが非公式に明らかにされたので、在京ソ連代表部に直接申入れることに決定し、五月三十日往電合第一〇四号の通告を行い、同日その旨を情報文化局より発表した。

㈢ 六月十一日に至り、元ソ連代表部員コテリニコフ（領事部長）は、部員一名を伴い、なんらの予告もなく田村儀典課長を来訪し、パヴルイチェフ政治顧問発岡崎大臣あて書簡を手交し、これを大臣に伝達依頼して辞去した。

右書簡の趣旨は、「対日理事会の解散は、現行国際諸協定に違反し締結された日本との不法な単独平和条約に関連し、米国政府により一方的に行われたもので、この単独平和条約の効力発生についての日本政府の引用は、在日ソ連代表部に関する日本側言明の法的根拠とはなりえないと考える」との点にあつた。

本件に関し、六月十二日外務省情報文化局は発表を行い、平和条約発効の結果対日理事会が消滅したことは事実であつて、これに派遣されたソ連代表部も当然存在せざるに至つたもので、ソ連側の主張が根拠なき旨を声明した。

㈣ ところで六月二十六日、前記コテリニコフは部員一名を同伴して来訪し、「キスレンコ少将が六月二十七日帰国し、同少将にかわつてパヴルイチェフ政治顧問が残る」旨記載した岡崎大臣あて書簡を儀典課長代理に手交して辞去した。

キ少将には、同妻及びヴォロチーリン中尉が同行して一行は同二十七日横浜より帰国した。

(五) 七月二十三日、元ソ連代表部員が外務省儀典課あて封書を玄関守衛に手交し辞去したが、その内容は七月二十一日現在の代表部職員のリストで、それによれば職員数はゲ・イ・パヴルイチェフ以下六十名（ほかに妻子十九名）で、当方がさきに総司令部外交局より引継いだリストと対比したところ、新聞、通信、映画関係六名（タス通信[redacted]及び妻子、プラウダ特派員[redacted]並びにソヴエクスポルトフイルム[redacted]）が落ちていることが判明した。

(六) 八月十九日及び二十日の二回、元ソ連代表部員二名が田村儀典課長を来訪し、今般帰国することになつた代表部員のリストを持参したとてこれを手交して辞去したが、リストに記載されてあつたものは妻子を含め二十四名で、一行は同二十四日横浜より帰国した。その結果残留元ソ連代表部員数は五十五名（うち家族十五名）となつた。

(七) 前記(五)末段の[redacted]等は、これより先七月、出入国管理庁に対し在留資格取得申請を行つたが、十月二十三日法務省入国管理局長名の通告をもつて、本邦在留資格を否認され、一行は十一月二十八日横浜より帰国した。

(八) 本年二月二十四日、元ソ連代表部員二名が外務省表玄関文書課受付に来り、同部職員ならびに家族合計十二名が近く帰国する旨の儀典課宛の文書を右リストと共に届けた。その内訳は、同部軍事顧問代理ミハイロフ陸軍中佐以下部員九名、家族三名であるが、[redacted]もその中に含まれている。

なお、一行十二名は四月二日横浜より帰国した。その結果残存部員と家族の合計は四十三名となつた。

第七章　経済外交政策問題その他（経済局）

第七章　経済外交政策問題その他（経済局）

第一節　経済外交政策の樹立

一、通商航海条約関係の確立

(一)　連　合　国

桑港条約発効後、連合国との間の通商関係は暫定的に同条約第十二条によつて律されることとなつたが、諸外国との間に短時日で正常の通商航海条約を新規に締結することは、実際上困難であるので、取りあえず、桑港条約を批准した連合国に対し、同条約第十二条に掲げられた事項に関し、可能な限り広汎な内国民待遇及び最恵国待遇を許与すべきことを要請するとともに、新条約締結まで、戦前の通商条約を復活する用意があるかどうかを照会した。

これに対し、米国は、本年四月二日調印された日米友好通商航海条約の発効までの間、原則として内国民待遇及び最恵国待遇を許与する旨を表明し、カナダ、メキシコ、キューバ、エル・サルバドル及びノールウェーは新条約の交渉開始の用意がある旨を通告越し、フランスは、戦前条約の一部を復活し、トルコは、戦前の条約をそのまま復活し、ギリシャは、戦前の条約を復活した上新条約交渉を行いたい旨をそれぞれ通告越した。

(二)　連合国以外の国

連合国以外の諸国に関しては、スイス、スウェーデン、デンマーク、ユーゴースラヴィア、フィンランド、タイの各国との間には、戦前の条約の適用が再開されるべき旨相互に確認し、インド及び中華民国との間には、各々の平和条約中の通商条項によつて規律し、スペイン及びイタリアとの間には新条約の締結につき交渉中である。

(三) 入港保障

なお、通商航海条約の復活又は新条約締結までの間の諸外国における海運活動に支障を来さないよう独立回復とともに、日本船に対する包括入港許可が与えられるよう関係国に交渉して待遇保障を確保した。

(四) 暫定的な事実上の待遇保障

通商条約関係の確立前においても経常貿易の振興発展のためには、通商上の待遇保障が確保されることが望ましいので、諸外国との貿易又は支払に関する取極めの附属文書で、事実上相互に最少限の待遇を保障している場合がある。

例えば、ビルマ、セイロン、オランダ、パキスタン、フィリピン等については、関税上の待遇が事実上第三国に比し不利とならないよう措置し、また西独との間には事実上戦前の条約が適用されるよう措置している。

二、通商経済政策の企劃立案

戦後のわが国経済の自立達成のためには、国内産業金融労働関係の施策に対応して、諸外国との間の通商貿易の伸張及び資本技術の提携協力を促進することが必要である。このために、国際決済通貨の不足する諸外国との貿易及び支払に関する取極を締結し、その運用の改善を図り、不断の貿易量の拡大に努めつつ、国内的には関係審議会幹事会を通じて外貨予算の作成及び運用を通商政策上の短期、長期の必要に合致させるよう関係主務官庁の協力を求めている。また、資本蓄積の不充分を補足し、立遅れた技術の刷新改良を図るため、重要産業に対する海外からの投資の促進及び選択に関し外資審議会の構成員として適宜の施策に誤なきを期し、更にアジア諸国に対する開発協力及び技術の提供を中心とした本邦からの海外投資の実現促進について、関係官庁、輸出入銀行等との間に海外投資促進協議会を通じて施策の実現に努力している。

右のごとき経常的対外施策の外、長期的貿易振興及び市場拡大を図るため、在外公館をして全国市場の動向を調査報告せしめるとともに、世界の主要市場に対し、業界指導層を含めた通商使節団を組織派遣し、失われた戦前市場の回復と新市場獲得のための交渉を行わしめている。昭和二十五、六両年度に実施された商品展示室の成果にかんがみ、本年度は北米に貿易あつ旋所の設置を計画している外、トロント、メキシコ、バンコックその他主要中心市場における博覧会に参加し、又は独立の日本博、日本品見本市の開催を企画している。

これらの諸施策の遂行にあたり、国内業界の指導、関係庁との連絡のため定期的に業界代表及び関係庁幹部との連絡会議を開催して国内歩調の統一を図り、また、外廓団体たる海外市場調査会の業務の指導監督を通じて民間貿易の振興に努めている。

三、対共産圏貿易政策の企画遂行

昨年八月のワシントン五ヵ国会議の結果に基き、西欧諸国の対共産圏輸出統制機構の一員としての、またその中の支那委員会の構成員としての、共産圏各国に対するわが国の輸出統制政策の企画立案を行い、西欧各国、米国政府等との対外政策の調整、国内関係庁との連絡、業界の指導、非共産圏地域向輸出品の最終用途調査、尨大な統制関係品目の統計資料の作成整備、パリ機構会議々事録の整理その他の関係事務を処理している。特に対中共貿易については、政治情勢、国内市況等を常時勘案しつつ、慎重な対処方針をとり、わが国と自由諸国間の協力体制との調整に遺憾なきを期している。

四、外貨債関係事務処理

昨年七月から九月までのニューヨーク外債会議の処理に引き続き、同年末仏国外務省官房長との打合せに基き、本年二月からパリにおいて未解決の仏貨国債処理交渉を再開したが、三月中旬の衆議院の解散のため、中断の止むなきに至り、六月中旬再開の予定で、従来の交渉経緯につき日仏双方による単独声明が行われた。

米英貨の処理は、ニューヨーク協定の実施に必要な申請手続、証券の書換、有効化措置に関し、関係在外公館を通じて促進を図つている。

スイス人所有英貨債の支払方法に関しては、スイス政府から日・スイス間財政金融関係問題との関連において、スイス・フランによる受取りを可能ならしめるよう申出があつたが、本件は、英貨債処理上スイス人のみを優遇する訳に行かず他方、仏貨債交渉におけるフランス・フラン貨の価値下落の補償問題も未解決の状態であるので、先方の申出に応ずる措置は未だ決定的にとりえぬ段階にあり、また経常貿易及び貿易外収支と関連せしめて解決を図ることもその影響が日・スイス間のみの問題に止らないので困難と考えられている。

第二節　多数国間経済協定、国際会議及び国際機関との協力

一、ガット加入問題

ガットは自由な通商の発展を目的として一九四七年締結された多数国間通商条約（三十四ヶ国）である。

わが国は昨年七月加入申請したが、十月の総会及び本年二月の中間委員会の結果、加入に関する原則的問題は解決した。即ち、日本の競争力を恐れる諸国に対するセーフガードとして中間委員会は、総会が「一国の輸出が異常に増大し、輸入国産業が危害を蒙る場合当該輸入国は対抗措置を執り得る」旨の宣言を行うことを勧告することとした。然し、右宣言は日本のみを対象とせず全加盟国に均しく適用されるものであるから、日本として満足すべきものである。加入に必要な関税交渉の開始時期と形式については、中間委員会は、米国の関税引下根拠法たる互恵通商協定法が本年六月失効するので、その延長情況をみた上で決定することを勧告しているが、最近米国は現行法のまま一年暫定的に延長し、大掛りな交渉は行わぬ方針と伝えられるので、政府は㈠速かに臨時総会で関係交渉を決議せしめること㈡従来のガット関税交渉の如き多角的交渉が不可能なら少くとも日本との二国間交渉を行い速かに日本を加入せしめること

につき、在外公館を通じ米政府及びガット事務局と接衝中である。なお、関税交渉に備え、目下関税引下要求品目及び関税譲許品目を検討中で五月末までに第一次案を得る予定である。

二、複関税制度

ガット加入又は通商条約締結（復活）によつて最恵国待遇の享有に努力中であるが、わが国は、わが貿易を差別待遇している国たると否とを問わず均しく無差別待遇しているので、他国はわが国と最恵国条約を締結する必要性を認めず反つてわが貿易を差別待遇する自由を留保せんとしている。然るところ平和条約第十二条は、わが貿易を差別待遇する国に対しては差別待遇し得るとしているので、公平の見地からも、また、ガット加入や通商条約締結促進の見地からも、複関税制度を設け、わが国を差別待遇する国に均しく一般税率を適用することの可能性を本省を中心として検討中であつたが、最近大蔵省及び関係省間で、わが国の産業及び国民生活に影響少く相手国に利害多い品目について、政令をもつて現行関税定率法第四条（わが貿易を差別する国の輸入品に附加税を課すことを得との規定）を発動するとの結論に達した。

三、国際小麦協定

現行小麦協定は本年七月末で失効するので昨年春協定更新のための会議が行われたが、価格の点で輸出国側と輸入国側の意見が対立したため一旦閉会となり再び本年二月二日よりワシントンで会議を開催した。議題の中心は依然価格問題であつたが、結局最高価格一ブッシェル当り二弗五仙、最低価格一弗五五仙（それ〴〵のカナダ・ドル）となつた。保証数量についてはわが国は年間百万トンになり、旧協定による場合に比し五十万トンの増量となつた。

新協定が発効しその後も現行市場価格が維持されるものとすれば、わが国の小麦要輸入量の六割以上が市場価格以下の協定価格で輸入されるので、それだけ外貨節約が可能となる。

尤も英国は最高価格を二弗以上とすることに強硬に反対し、新協定にも署名しておらず、英国が加入しない場合には、印度、濠州も加入しない可能性があると伝えられているので、この場合は、協定が発効するや否やに付ても問題がある。

四、商品協定関係（小麦協定を除く）

わが国は、一次的産品の消費、生産及び取引の安定と発展を目的とした国際棉花諮問委員会、国際砂糖理事会、国際ゴム研究会、国際羊毛研究会に加入し、更に、近く国際錫研究会に加入の予定である。就中前三者の機関では、国際商品協定締結の可能性及び必要性につき研究中でわが国も討議に参加してきたが、これ等の協定は主として現在の当該産品の過剰生産傾向に対処して輸出国の利益保護を目的としている如くであるので、輸入国たるわが国としては㈠現在又は近き将来においてかかる協定を必要とするか否かを検討しつつ㈡若し協定の必要ある場合にも当該産品の自由な取引の統制を極力排除することを方針としている。なお、これ等の協定締結については、輸入国側において反対強く、その可能性は極めて少いと思われる。

五、船舶所得に対する二重課税相互免除協定問題

戦前わが国は、米国、英国、カナダ、フランス、ノールウェー、オランダ、デンマーク、ブラジル及び独逸の九ヵ国との間に夫々公文を交換し、相互主義に基き、船舶の所得及び純益に対し、所得税、法人税及び営業税を免除していたが、戦争のため、この二重課税の相互免除協定を一時中止している国もあり、また、全々廃止されたとの見解を有する国もある。

右の国々のうち平和条約第七条に基き、右交換公文を引き続き有効とする旨通知してきた国は現在迄、英国、カナダ、米国及びフランスの四ヵ国である。又デンマークとは戦前の協定が有効であるとの文書を交換し、ノールウェー及びオランダとは目下復活に関し交渉中である。スウェーデンよりは新たに本件に関する協定締結方申し出

でがあつたが未だ正式の協定には達していない。

本件に関しては、戦前免税の対象となつていた営業税が昭和二十二年の税制改革によつて廃止され、事業税として地方税に移されたけれども旧営業税を事業税として地方税に移す旨の読み替えの規定がないので現在のまゝでは事業税は外国船舶に対して賦課されることになつている。

右に対し大蔵省では法的措置を講ずることになつているので、結論を得次第、戦前協定を有していた国の外、日本との貿易上密接な関係にあるインド、パキスタン、フィリピン等戦前は協定国の一部であつたが戦後独立した諸国との間にも、この種の協定を新に締結したいと考えている。

六、海運同盟問題

戦前日本海運は貿易外収入として年平均二億円内外の収入を得て、商品貿易の入超をカバーしてきた事実にかんがみ、海運が独立後の自立経済の支柱として期待され、日本政府も、戦後疲弊した経済から現在迄一、五〇〇億円以上を費してその増強に努力し、昭和二十七年十二月現在において合計一、〇九四隻二八五万総屯の船腹を有するに至つた。

平和回復後一年間日本海運はこの船腹をもつて、戦前活躍した海外定期航路界に進出したが、海運同盟の加入その他運営上の問題のためその進出が阻まれる状態である。

即ち、欧州航路においては郵船、商船は同航路の運賃同盟への加盟が認められたが三井船舶は拒否され、濠州航路においても同様郵、商の二社は認められたが山下汽船は拒否された。

印度―パキスタン―ペルシヤ湾運賃同盟では、郵、商、三井、山下の四社の加盟を認めたが、従来共同配船していた新日本汽船及び国際海運の二社は排除された。商社は目下公正取引委員会に、海上運送法・独禁法の違反として提訴し四月末日から審判が開始されることとなつている。又北米航路においては、前記の加盟拒否とは異り、加盟の拒否は米国シツピンク・アクトの違反となるので、自由に認められたが、その結果日本船は独立後八社が月十二航海配船することゝなり、猛烈な集荷競争をまき起し、わが方の不正集荷が問題とされ、この解決を見るや更に盟外社の運賃競争の関係から同盟側では外国船主が主張して遂に運賃率を停止して、自由にしたため、目下激しい運賃競争を展開している。その結果、日本の主要対米輸出品は平均四割の運賃下落を見た。

この事態は基礎脆弱な日本船主に取つて非常な打撃であるのみならず、運賃不安定のため対米貿易に与える支障も深刻である。

この運賃自由制は他の航路にも波及する傾向にあつて、海運同盟の動向は復雑且つ深刻な様相を示し独立後一年にして早くも日本海運は暗礁に乗り上げた感が深い。

海運同盟問題は政府が直接関与することは避けるべきものとされているが、最も深刻な北米航路の問題と関連し目下運輸、公取、通産、外務の関係各省で対策考究中である。

七、国際通貨基金及び国際復興開発銀行関係

(一) 両機関への加盟

わが国は五一年八月両機関に加盟を申請したが、五二年五月二十九日両機関から正式に加盟招請状を受け、右招請状に示された加盟条件（基金割当額及び銀行応募額夫々二億五千万弗）に基く払込義務その他の手続一切を履行し、同年八月十三日両機関への正式加盟を認められた。（右と同時に国際復興開発銀行よりの借入能力発生、基金よりの受信能力発生は平価決定後三十日経過後）

(二) 平価の決定

基金加盟と共にわが国は平価を協議決定すべき義務を負つた訳であるが、本年二月二十日付書簡をもつて基金よりわが国と平価協議の用意ある旨正式に通知越した。右に対し、わが方より三月十日付書簡をもつて一米弗三

六〇円を平価とすべき旨正式に回答し、且つ、昨年十月既に所要の資料を提出しておいたので五月半頃には正式に平価決定を見る筈である。

㈢ 為替制限存続に関する協議

右の平価に関する回答と同時にわが国は現行の為替制限制度の存続に関し、国際通貨基金協定第十四条の過度的取極を採用すべき旨基金に申し入れた。本取極の採用については昨年三月一日以降は毎年基金と協議すべきこととなつており、目下の予定では、本年六月以降基金より副専務理事を長とする使節団が来日の上本件協議が行われる筈である。

なお、本件に関し、問題となるべき点としては昨年九月の第七回総務会における優先外貨制度廃止に関するベルギー代表の提案があるが、基金理事会の空気では、各加盟国と協議の上その存廃修正を決定するとの意向が有力の模様であるので、この線で近く基金の方針が決定を見れば、わが国の現行輸出振興外貨資金制度の存廃についても右使節団来日の際同時に協議されることとなる。

八、技術援助関係

㈠ 技術者の派遣

国連関係においては、講和発効当初はその募集は主として国連職員を通じての個人的交渉によつて決定し、東南アジアに派遣された邦人国連技術職員は八名であつた。二十七年九月国連は日本においても技術専門家の一般公募を行うようになり、わが国から一六〇名がこれに応募しているが、未だ決定した者を見ない。

今後この理由を明にし邦人の採用を促進することが必要で、さもなくばわが国技術者の技術協力の熱意は低下する惧れがある。

（二）受　入

外国人技術者留学生等にして経済局で受入の斡旋を行つた者は約一六〇名（内四名は国際学友会で便宜供与—情報文化局分参照）である。この中には集団的視察者が含まれその主催者は、国連関係、各国政府関係、フォード財団関係、私人等である。近く来日する者として、インドネシア留学生五九名、国連奨学生六名、米国政府主催の集団視察者一五〇名がある。

（三）受入施設の整備

東南アジア留学生、技術者の来日の増加が予想される為、これが受入整備が必要なので国際学友会に昭和二十七年度七七〇万円の補助を与え、約一〇〇名の留学生の受入準備を完了した。昭和二十八年度においては五千万円の補助を見込み、新に収容宿舎の新築を予定している。

九、エカフェ関係

（一）わが国は国際連合アジア極東経済委員会（エカフェ）に対し、昭和二十七年一月二十三日付事務局長あて書簡をもつて準構成国となることを申請したが、一月二十九日より二月九日までラングーンにて開催されたエカフェ第八回総会の決議に基き、同年六月十日国際連合経済社会理事会十四回総会で準構成国として加盟を承認された。

爾来我が国はエカフェ関係諸会議に代表を送ると共にエカフェ事務局職員として昭和二十七年四月大来佐武郎を貿易財政部員として推薦就任せしめたのを初めとし目下貿易振興課長、調査統計部員、中小企業部員、住宅部門職員等を推薦し積極的に協力している。

（二）昨年エカフェ鉄鋼視察団及び鉄道視察団の来日に際しては、これら受入につき種々便宜を供与しその目的達成に協力し好評を博したが、更に本年においてはエカフェ鉱物資源会議を四月二十日より同月三十日にわたつて東京において開催したほか中小企業作業部会、水利開発会議、電力分科委員会等を招請する依頼を受けている。

㈢ なお、昭和二十八年中に開催予定のエカフェ関係会議は左の通りである。

会議名	開催期日	場所
(1) 鉱物資源開発地域会議	四月二十日 四月三十日	東京
(2) FAOアジア極東地域会議	七月二十七日	インド
(3) 熟練者の不足が障害となつている経済開発部門に関するECAFE・ILO・UNESCO合同作業部会	八月	バンコック
(4) 鉄鋼分科委員会	八月三十一日 九月五日	バンコック
(5) 経済開発金融作業部会	九月七日 九月十二日	バンコック
(6) 公路分科委員会	九月十四日 九月十八日	バンコック
(7) 中小企業作業部会	九月二十一日 九月二十八日	バンコック
(8) 電力分科委員会	十月五日 十月十日	バンコック
(9) 鉄道分科委員会	十月五日 十月十七日	パリ

第三節 アメリカ合衆国及びカナダ関係

一、日米友好通商航海条約の調印

日米友好通商航海条約は、昭和二十六年七月から交渉を開始し、一年有半に亘る折衝の結果、本年三月末に至りすべての点につき意見の一致を見、四月二日調印された。本条約の調印により、米国の新移民法施行に伴い、本邦商社員の米国入国手続が厳格となつていたのを簡易化することとなり、その他日米通商関係の促進改善に資することとなつた。更に両国の批准を経て発効した暁には、在米邦人の事業活動及び自由職業への従事、財産権の取得等につき従来認められなかつた権利を取得できることになり、他方米国の対日民間投資は一層促進されることになろう。

二、綿　花　借　款

昨年度産米綿輸入のために設定されたワシントン輸出入銀行の四千万弗の第一回綿花借款は、政府が直接交渉して実現した戦後最初の借款であり約十七万俵余の米綿輸入に当てられたが、本年度産米綿についても引続き同種の借款を受けるべく昨年末より交渉中のところ四月十五日決定をみ、近く契約締結を俟つて運営が開始される運びとなつており、綿花輸入の円滑化に資するところ大なるのみならず資金繰を緩和することにより経済一般に寄与するところ少くなく日米経済協力の具現としても有意義なものとされている。

三、電力三社の火力発電設備輸入借款

関西、九州、中部の三電力会社は、火力発電設備の輸入資金に当てるためワシントン輸出入銀行に約四千万弗の長期借款を申請しており、本省においても在米大使館を通じこれを斡旋していたが近く決定をみる運びとなつた。本借款は戦後最初の長期借款であり、経済自立の基本問題とされている電力拡充に資するところが大きい。

四、電源開発のため世界銀行に対する融資要請

昨年の世界銀行への加盟に伴い、同行の対日融資が期待されていたが、昨秋同行ガーナー副総裁一行の調査団を招請し、基本的検討を行つた結果、本年三月末一億二千万弗の電源開発に関する融資を要請することに決定した。

本借款の具体的交渉は今後の問題であるがこれが実現を見れば懸案の大規模電源開発の促進に資するところ大なるものがある。

五、リバティー船の借入

朝鮮事変の勃発に伴う船腹不足に対処し、船腹増強対策の一環として二十六年初来リバティー船約五十隻の借入を米政府に要請し、貸与法案が検討されるまでに至つていたが、その後の船腹事情の緩和、海上運賃市場の軟化に伴い採算上問題が生じたため、将来急激な船腹不足が生じたときは何時にても借入れ得る態勢を要請するに止め貸与法案等の早急な実現を促進することは見合せることになつた。

六、加州米の長期輸入契約交渉

昨年度産加州米は約十五万トン程度輸入しているが、日本側輸入業者の買付競争等のため価格が相当引上げられており、又輸入数量についても安定した見込がないため、長期契約を締結し、輸入価格及び数量の安定を図るべく目下在米大使館を通じ加州米業者代表と交渉中である。

七、機械設備等の対米輸入要請

機械設備、重要原材料等は対米輸入に依存しているものが少くないが、これら物資は米国においても国防生産等の関係上需給の逼迫しているものが少くないため、政府として輸入要請をなし又は優先援助申請の裏書をしている。

右の結果、重要原材料の輸入も概ね順調に行われており、又機械設備についても米国の諸外国に対する優先援助にも例がないような鉄鋼合理化機械に対する優先援助等が行われている。

八、関税引上問題

現在米国において関税引上げが問題となつているわが重要対米輸出品として、まぐろ、絹スカーフ、陶磁器、ガラス製品等がある。わが方としては、各品目につき、その状況に応じ、わが立場を説明すると共に、関税引上阻止方米国側に申入れている。その結果、すでに冷凍まぐろのように、昨年六月米上院において関税法案が否決され、内外に大きい影響を与えたものもある。併し、冷凍まぐろについては再び関税法案が上程されており、絹スカーフ、陶磁器、ガラス製品についても関税委員会の大統領に対する勧告は、わが方に不利であると思われるものがあるので今後も楽観を許さない。重要品目別の状況左のとおり。

㈠ 冷凍まぐろ

昭和二十六年十一月一ポンド当り三仙の関税賦課法案が米議会に提出され、昨年六月上院で否決された。この間わが方は対米輸出量を年間一万二千トンに制限し、輸出価格の事前審査制を採用する等自粛措置をとると共に、累次わが方の立場を理解して貰うよう米側に申し入れて来た。（ただし、対米輸出制限量は、米国側がその後引続き不漁であるため、注文が殺到したので、これに応え、昨年九月及び本年一月の二回に亘り夫々六、〇〇〇トン及び三、〇〇〇トンの増量を行ない、二一、〇〇〇トンに改められた。）

しかるに本年一月三日加州選出下院議員スカッダー氏により一ポンド当り五仙の関税賦課法案が提出されたので、目下わが方としてもその成行を注意している。

㈡ 絹スカーフ

最近関税委員会は、絹スカーフの税率引上の勧告をなす模様なので、わが方としては、米側にかゝる引上が行われないよう厳重申し入れる予定である（この点極秘）。絹スカーフは、対米輸出としては、生糸、まぐろ、陶磁器につゞく重要なドル稼ぎ手で、これに関する労務者は数万に達するので、わが方として本件には重大関心をよせている。

㈢ 陶磁器

高級品については、本年二月六日関税委員会は税率引上の要なしと公表したが、低級品については、関税委員会の調査がなお続行中であるから、注意を要する。

(四) その他については、木ねぢ、時計バンドは税率引上の必要なしとの関税委員会公表があつたが、ガラス製品についてはなお同委員会において調査中である。

九、アラスカ国有林開発問題

(一) 政府は一昨年五月森林資源綜合対策協議会よりの要請に基き、わが国森林資源の保全並びに木材需給の緩和に資するためアラスカ国有林を伐採して原木を輸入したい旨、米国側に懇請していたが昨年六月在京米大使館より外務省に対しアラスカにおいて木材加工のため日本の設立する会社に対し、伐採権を与える用意があるから至急具体案作成の上提出するよう好意ある回答に接した。

(二) よつて政府は問題の重要性にかんがみ東京及び華府において米国側と下打合せを行つているが、

(1) 現在米国法令によりアラスカからの原木の輸出は原則として禁止されている。

(2) 又日本人特に未熟練労働者を送ることは米国移民法上困難な点などもあり実現までになお相当の努力を要する状態である。

(三) 其の後本件につき、米側各省と打合せのため昨年九月中旬資源調査会及び森林資源綜合対策協議会より代表三名を渡米せしめ在米大使館員と共に協議せしめた結果、昨年十二月二十八日現地に技術調査団を派遣したが二月二十七日調査を終え帰朝した。目下調査の結果に基き、森林綜合対策協議会において事業計画案を作成中である。

十、本邦輸出品に対する米国の外国資産管理令の適用

(一) 一九五二年夏以来、米国財務省は外国資産管理令をもつて中共又は北鮮の原産と規定される商品については中

共又は北鮮の原産であると否とに拘らず米国への輸入を禁止する措置をとり、わが国豚毛及び醤油等の食料品は右規則の適用を受けその後数ヶ月間対米輸出は事実上停止の状態にあつた。

(二) わが方は在日米国大使館とこれら商品の対米輸出に関し交渉を続けて来たが、先頃これらの商品が日本政府の証明手続によつて日本原産のものであること、すなわち中共もしくは北鮮の原産のものでないことが証明されるものについては米国が輸入を許可することに意見の一致をみた。

よつて一月二十三日に米国大使館との間に右趣旨の一般的同意の成立に関する口上書を交換するとともに、さしあたり豚毛の輸出証明手続に関する覚書を交換して一月三十日両国政府から同時に発表して豚毛の輸出を再開した。

(三) この他醤油、豆腐などを含む「支那風食料品」「しようが」及び「くるみ」の輸出証明制度については目下在日米国大使館に対し、又在米日本大使館を通じて米国政府と折衝中である。豚毛を始めこれら品目の関係業者の大多数は中小企業者であり、わが国としては速かにこれが対米輸出手続を確立することが、これら産業の保護と育成の点よりして極めて重要と思われる。

十一、日加通商暫定交渉

現在カナダはわが国の産品に最高税率を課しているので、わが対加輸出が阻害されている。しかるにカナダはわが国と関税に関する協定を締結する用意があることが明かとなつた。そこで昭和二十七年十一月から引続きオタワにおいてわが大使館とカナダ政府との間で話し合いを行つている。

現在左の二点を残し、彼我の意見が一致しているが、妥結迄にはなお若干の日数を要する。

(一) カナダは、外国品の進出によりその産業が危殆に陥いるおそれある場合、関税上の評価をし、意的に決定することが出来るという国内法の規定があるので、この趣旨を協定の条文に挿入することを主張している。これに対しわが方は、ガットの評価原則に反するのでこれを避けたいと主張している。

(三) カナダは、外貨割当について最恵国待遇を得たいと主張しているが、これはわが外貨予算制度の運用を困難ならしめるおそれがあるので、これを削除し、国際収支擁護のため、制限をなし得るとの例外規定を挿入することを主張している。

第四節　ラテン・アメリカ関係

一、日伯貿易及び支払取極の締結

日伯間には従来総司令部とブラジル銀行間に締結されたオープン勘定制の支払取極があつたのみで、貿易取極がなく、又支払取極もわが方の輸出先行主義を規定した頗る不利不便なものであつたので、両国間貿易の拡大振興を目的として両国間に片道約三千五百万ドルの貿易計画を含む貿易取極及びスイング百万ドルを許与するオープン勘定制の支払取極を締結した。

右の取極は昨年九月十二日に成立したが、遡つて七月一日から効力を発生した。その後の日伯間貿易は主として伯国側の経済情勢の悪化によつて不振の状態にあるが、これは必ずしも取極自体の缺陥によるものとは認められない。

二、日亜貿易及び支払取極の締結交渉

日亜間の現行貿易及び金融協定も総司令部と亜国政府との間に締結されたもので、日亜間貿易の現状の要請に添わないものであるので、日亜両国は客年来ブエノス・アイレスにおいて新貿易及び支払取極の締結交渉を行つて来たが、近く妥結成立の見込みである。

この取極が成立すれば、片道八千万ドルの貿易計画が策定され、貿易額は従来の倍額に増加されることとなる。

支払取極については、引続きオープン勘定制を採用し、スイングは従来の倍額たる二千万ドルに引上げられ、わが方からのプラント輸出について特別の規定を設ける等今後両国間の貿易の発展を目的とした諸規定を設けた。

この取極の発効を契機として日亜間貿易は飛躍的に発展することが期待される。

三、日本ウルグァイ支払取極

ウルグァイとの間にも現在総司令部時代の取極がそのまま延長適用されているが、この取極は単に米ドル建取引を規定するのみで実質的に両国間貿易を促進する規定がない。

ウルグァイは近年羊毛の輸出不振等で国際収支事情が悪く、従つてわが国のような自由ドル建地域からの輸入を抑制する政策をとつて来たことにかんがみ、現在わが国はウ国との間にオープン勘定制の支払取極締結の交渉を進めている。この取極が妥結成立すれば、同国はわが国産品の輸入抑制を緩和するものと思われ、両国間貿易は可成り拡大されるものと期待される。

第五節　スターリング地域関係

一、日英支払協定の延長とその運用

一九五一年八月三十一日調印せられた日英支払協定は、その有効期間は一ヶ年、従つて客年八月末日をもつて失効することとなつていたが、客年八月一日附書簡をもつて同協定を客年末迄四ヶ月間延長し、更に客年十二月二十七日付書簡をもつて本年末迄一ヶ年間その有効期間を延長した。

この間において、わが国のポンド貿易は一昨年後半から昨年第一・四半期にかけて異常な出超を示し、しかもこれに引続く時期即ち昨年第二・四半期特に昨年下半期からは、スターリング地域側における対日輸入制限措置のため趨勢は逆転し、わが方の甚だしい入超に転じた。

かゝるわが国ポンド貿易の厳しい消長の背後には、英国政府の更迭に伴う基本的ポンド政策の変遷、ポンド自由相場の低下と回復、世界景気の上昇と下降等の諸事由があり、日英支払協定の運用に関する日英両国の技術的措置はかゝる基本的流れを左右し得る性質のものでは無かつた、わが国のポンド貿易の伸縮及びポンド保有高の増減を背景に本協定の更新及び運用に関し、日英間に討議せられた問題点及びその処理状況概ね左の通りである。

㈠ 一昨年下半期以来わが国のポンド累積傾向は著しいものがあり、当方としては極力ポンド輸入の増大を図つたが、ポンド価格はドル価格に比し高く、所期の通りの輸入増大は実現されなかつた。かくて当方としてはポンド実勢相場の低下が基本的原因であるとの見解をとり、右ラインに沿つて各種ポンド輸入促進措置の他更にポンド為替相場を一部改訂してドル為替相場との開きをつけ、又貿易面ではスターリング地域に対する鉄鋼、繊維製品の輸出調整を実施して来た。これに対し英国側は支払協定違反なりとして抗議越し、当方としては、右措置こそ拡大均衡を図る所以なりとて応酬したが、客年三月に至り日英間会談が行われた。

㈡ 右会談後、英国側はわが国のポンド累積を異常なりとして、スターリング地域における対日輸入制限を強化して来た。しかし乍らわが国のポンド受取超過は昨年七月に至る迄依然継続し、その間支払協定の失効期も近づいたので、わが方としては一応昨年末迄四ヶ月間協定の延長に同意するとともに、わが方のポンド輸入不振の根本的理由として、ポンド物資価格の対ドル割高、ポンド実勢相場の低下等を指摘する口上書を送付し、英国側との意見の調整を図らんとした。

㈢ これに対し、英国側は十月三十日付口上書をもつて英国側の見解を回答越し、日本側の意見に同じ得ない旨を表明したが、一方スターリング地域側における対日輸入制限は、客年下半期に至り漸くその効果を表わし、七月以降、日本側におけるポンド輸入の進展と相俟つてわが方のポンド支払超過に転ずるに至つた。

当方としては、新事態に対処するため早急に英側との会談開催を要望したが、当時英連邦経済会議を目前に控え、英国側では会談に応じ得ずとの立場であつたので、当方としては十一月二十三日、今後ポンド問題につき英国側と協議する際の基礎として、日本側は今後わが国のポンド保有額に関する所謂標準限度には固執しない旨公式に口上書をもつて英側に申し入れ、又国内的には従来の対スターリング地域輸出調整措置の大幅修正を行うに至つた。

(四) しかるところ、昨年末と予定せられた支払協定失効期の接近に伴い、十二月二十七日同協定を更に一九五三年十二月末日迄一ヵ年間延長する旨の合意を行い、同時に今後におけるわが国のポンド貿易を円滑ならしめるため英側との正式会談を至急開催したい旨書簡をもつて申し入れた。

(五) 右会談は、本年一月末より二月末にかけ東京にて開催された。会談に当つては、日本側としては、従来の如くわが国のポンド貿易の著しい動揺を避けるべく、少くともわが国のポンド受払が略々均衡するまでは、スターリング地域側にて対日輸入制限を緩和するよう強く要望し、一方英側は日本側がスターリング地域外からのポンド受取を更に大幅に拡大するよう希望したが、今日迄に日英間に合意を見た点は、左の通りである。

(1) 英領植民地の対日輸入につき、昨年下半期実績の二〇%程度上廻るようこれを緩和し、且つ英国としては他のスターリング地域独立諸国に対しても同様の措置をとるよう勧励する。

(2) 英領植民地を通ずる仲継貿易は自由とする。

(3) 日本はドル地域、オープン勘定地域及びその他若干の例外を除き、その他の国と日本との間のポンド決済による輸出入を原則として自由に認める。

目下のところ当方としては、英領植民地につき、その対日輸入制限緩和の実行状況を照会するとともに、自治領諸国中、主なものとは個別的に貿易拡大の具体的方法につき折衝する方針である。

二、日英間の貿易上の競争と協調

わが国と英国とが世界市場において貿易上の競争関係に立つことは両国の経済構造上宿命的なところであるが、二国が商業的に競争すること自体は何も日英間のみに限られた問題ではない。

しかし乍ら、一方両国業界が相互に理解し合い夫々の立場について充分の同情と認識とをもつのは最も望ましいことであり、更に商業上の不公正行為については、わが方としても誠意を持つてその防止と是正とに努めねばならぬところである。

かゝる見地より当方としては昨年九月英国にて開催された国際綿業会談に当つては、元来民間業界代表の会談であつたが、密接に業界側と協力してこれが成功を期し、又主として陶器関係に見られる意匠盗用等の不正手段については適当な措置を講ずべく国内官庁及び業界との連絡に当つた。

(一) 綿業会談

本件会談は、元来昨年九月英国コトン・ボード会長より日本側紡績代表に対し来英方の招請があつたことに端を発するが、当時日本側は、日英二国のみの会談は避け米国及び印度を加え四国間の会談としたい旨を申し入れた。蓋し、日英両国のみの会談にては両者の利害があまりに鋭く対立し、英側は事実上市場協定、数量協定等を結ぶべく日本側に対し強く主張するものと予想されたのに反し、米国及び印度を加えれば、前者は棉花の対日輸出、又後者については英国綿業との競争関係から夫々日本の立場を支持し、世界における綿製品貿易の自由競争原則に同ずるものと思われたからである。

然るところ、英国側はこれに対し、前記二ヶ国の参加を認めるとともに更に西欧諸国(仏・独・白・蘭及び伊の五ヶ国、但し共同のスポークスマンを通じて発言)をも招請したい旨提案越し、ここに本会談は計九ヶ国を含む広範囲のものとなつた。

九月十七日本会談は英国において開催せられ

(1) 今後数年間における全世界綿製品貿易量及びその中に占める会議参加各国の綿製品貿易量の見透し

(2) 全世界における綿製品消費量及び貿易量を増加せしめる具体的方法の検討

の二項目を議題として同月二十五日迄討議が行われたが、当初の英国側意図に反し多数国会談となつたため、特に具体的な結論ないし申合せは成立せず、専ら各国綿業代表間の討議に終止した。

しかし乍ら本会談により夫々の国の当面している問題につき相互の理解を深めたことは、自由貿易を原則としつゝしかも各国の経済的協調関係を樹立する上にすくなからず貢献したことは明らかである。

なお、本会談の討議を通じ、大観して米国を中心に、日本及び西欧が一団となり一方英国と印度とが別のグループを構成し、その間に意見の対立を見たことは、会議前、日、米、印対英、西欧の対立が予想されただけに興味ある事柄であつた。

(二) 意匠盗用問題

英国のわが国商品特に陶磁器に対する意匠盗用の非難は戦後感情的にも特に激しさを加えてきたが、一昨年十一月英国下院において対日平和条約が審議せられた際、日本窯業界の英国の意匠盗用問題が討議せられた。これに対し当方としては、非難が一部は事実を過大に伝えるものであり、又他面わが国としても明らかに不正行為に亘るものは誠意を以て取締つている旨を明らかにするため、従来本問題に関連して日本政府が採つて来た措置の概要について調書を作成して在英大使館に送付し、英国政府及び関係方面の啓蒙資料とした。

然るところ昨年二月英国陶業連盟は日本陶業連盟に対し、ヴァンクーヴァーにて、日英陶業会談を開催したい旨提案越したが、日陶連としては、ヴァンクーヴァーにて開くことは、日英両国業界が相互の実情を認識し合う目的からすれば余り意味なく、むしろ英国代表の来朝方を望む旨の回答を行つたが、先方よりはそれ以上何等の意思表示が得られなかつた。

しかし乍ら、意匠盗用問題を繞つて日英両国の感情的対立を徒らに放置するのは望ましくなく何とか英国側業界と日本側業界との相互接触を密接にする必要が感ぜられたので、この見地より昨年春以来英人陶磁器デザイナーを日本に招聘することとし在英大使館を通じその人選を進めた。同大使館では英政府商務省とも協議の上、[redacted]を内々選定したが、英国側業界は同教授と業界との結び付きは密接ならずとの理由で反対し、こゝに英陶連理事長ウェントワース・シールド氏が来日することとなつた。同氏は第一次大戦中ニューギニアにて対日戦闘に従事した経歴を有し、対日強硬派の一人と目されているが来朝の上は、本邦各地を視察すると共に日英陶業会談開催の方途についても協議することとなつている。なお同氏は当初本年二月来朝の筈であつたが、諸般の事情により目下のところ七月末ないし八月上旬の予定である。

三、日印合弁製鉄所建設計画―所謂高碕計画失敗の経緯

わが国の長期投資による東南アジア諸国との経済提携は、屡々口にせられ乍らゴア鉄鉱開発等極めて小規模のものを除き、実現を見たものは全く存在しない現状であるが、昨年春以来高碕達之助氏と印度政府との間に、世界的富鉱たる印度鉄鉱を日印資本の合併（ワールドバンクよりの借款を期待す）により開発するとのラインにて、予備的交渉が開始せられた。当時高碕氏としては鉄鉱開発の他、銑鋼一貫施設、これに附帯する鉄道、港湾の建設等大規模な綜合企業を構想し、これによる鉄鉱石及び銑鉄の対日供給を企図したのであるが、実際に日本側の資金を調達する日本鉄鋼関係業界にあつては、高炉メーカーはむしろ廉価な印度銑鉄の競争を惧れて専ら鉄鉱石の対日輸出についてのみ興味を有し、これに対し平炉メーカーは銑鉄の輸入を希望し、かくて日本内部においても見解は一致していなかつた。又一方印度側では差当り高炉建設のみに関心を示し、こゝに先づ日印合弁事業の具体的構想について関係者間の意見の調整が必要となつた。

かくて当事者間に具体的交渉が進捗する間に在京印度大使は外務大臣に対し、日本政府として本件計画をどこ迄

援助する用意ありや否やをもつて照会越したので、当方としては計画の細目が決定され、それを見た上でなければ、その態度を最終的に表明出来ないが、「原則として本計画を資金的又はその他の方法で援助することを好意的に考慮するにやぶさかでない」旨を回答した経緯があつたが、昨年九月西山駐印大使の赴任に当り本件を推進するため日本側鉄鋼関係業者の意向を取りまとめるべく努力した結果、日本側としては差当り高炉のみの建設及びそれに伴う印度銑鉄の輸入を基本方針として本件を取り進めるべく意見の一致を見た。

かくてわが方としては、右ラインにて本件交渉の具体化を企図し、印度政府代表の来朝を待つたが、偶々昨年十一月印度鉄鋼民間事業に対するワールド・バンクの借款供与に関連してデサイ工業次官を団長とする印度政府代表が米国ワシントンに赴いたのを機会に高碕氏も渡米し、こゝに米国において日印両当事者間の直接交渉が開始され、その結果大綱左の如き覚書を作成した。

㈠ 資本金は五千万ドルとし、五一％は印度側、四九％は日本側とする。
㈡ ワールド・バンクより五千万ドルの借款を受けることを予想する。
㈢ 会長は印度側、常務取締役は日本側、又は取締役は日印双方にて夫々半数づゝ指名する。
㈣ 印度側は日本に対し、一定量の銑鉄を十二年間供給する

なお、日印間で意見の一致を見なかつた点は、右銑鉄の対日供給価格、ワールド・バンクからの借款に対する日本政府の保証等の点であり、又覚書自体が日印両国政府の承認を条件としていた。

右覚書は最終的のものではなかつたが、一応当事者間に関する限り大綱については意見の一致を見たので、日本側では事業の細目を技術的に検討するため現地調査団を印度に派遣すべく準備を整えていたが、本年一月末、印度政府は突然高碕デサイ覚書を承認せざることと決定せる旨通告越した。

印度政府がかく突如その態度を変更した理由は、表面的には本件計画の所要資金は一億ドルを超え、ワール

ド・バンクより借款を得ても資金的に成立し得ずと言うことであるが、その真意はむしろ企業の経営権を日本人の手中に収められるのを認めなかつたことにあるものと推測される。しかも日本側投資家の立場よりすれば、長期投資なればなるだけ、少くとも当分の間は経営面、技術面の枢要ポストには日本人を据えることを希望するのは当然なるべく、本件の経緯に鑑みても、今後所謂経済提携が本格化する場合、現地国民の民族主義的動向との調和は大きな問題となると思われる。

四、昭和二十七年度及び本年上半期分のビルマ米輸入

(一) 買付状況

昭和二十七年度上半期分は、政府貿易分三万トン、民間貿易分一万五千トン合計四万五千トンを割当てられ政府貿易分の価格はトン当り五一ないし五四ポンドであつた。民間貿易は入札の結果(価格は五八ないし七〇ポンド)二万トンを落札し上半期の輸入実績は合計五万一千トンであつた。

下半期分は、政府貿易分二万トン、民間貿易分一万トン、合計三万トンの割当で、価格は上半期分の一割増で五五ないし五八ポンド民間貿易分は二回の入札で合計二万二千トン(平均価格は七五ポンド及び八〇ポンド)を落札し輸入実績は四万二千トンとなり、上半期分との合計は九万三千トンとなつた。その後十月に至り政府貿易分の追加割当として四万トンがあり(価格は上半期政府貿易分と同じ)更に特別割当による分が二万七千トン(価格八三ないし八五ポンド)があつたので二十七年度の輸入総量は一六万トンに達した。

本年度の上半期分は政府貿易分六万トン(価格六二ないし六五ポンド)、民間貿易分三万トン合計九万トンであつたが民間貿易は既に二万九千五百トン(価格七九ないし八三ポンド)を落札した。

(二) 買付に関する問題の経緯

(1) 昨年度上半期分の割当量が意外に少なかつたので増加方を交渉したがビルマ側に輸出余力のない

こと及びキャリー・オーバーの不足のために当時は希望を実現し得なかつたが十月に至つて国内集荷の好転等から追加割当があつて結局十六万トンを輸入し得た。

(2) 社会党勝間田代議士は指定三社以外のビルマ商社を通じてビルマ米を買付ける交渉をビルマ側と進めていたが、ビルマ米輸入は代行三社を通じて行うとの建前に反するのでその取扱につき考慮した結果、今回に限り許可することとして下半期分に一万五千トンを入札させたが結果落札出来ず問題は解決した。

(3) 本年度上半期政府貿易分の契約についてビルマ側は支払条件の改訂を申入れて来たが、先方の提案はわが方の会計法規上実施がむづかしい点を説明して結局上半期は前年通りの契約とした。

(4) 昨年下半期分の輸入米中に約一万トンの黄変米等の発生を見たので在ラングーン総領事に対し、三月下旬昨年七月の下半期分政府貿易米契約書及び付属書翰の趣旨に基いて公正にビルマ政府に申し入れをすることを訓令すると共に、変色粒に関する先方の啓発資料を送付した。今後における黄変米発生を予防するためには、品質検査を厳重にするのは当然であるが、可及的に、雨期明け前迄に米を積取る他無いと思われる。

(三) ビルマ米の買付については、わが方の目標は何んとかして、ビルマ政府との間に長期契約を締結して、ビルマ米の対日供給を確保するにあるが、当面のところ食米については売手市場であり、ビルマ側でも、目下印度に対してかゝる協定を有するのみで、他国に対しては一切かゝる交渉に応じて来ない実情である。殊に、ビルマに対し、わが国として食米の長期供給の代償として何等かのバーゲンの手段を有していないので、差当り従来の方式を継続する他無いと思われる。

五、日本とパキスタンとの間の貿易協定

わが国とパキスタンとの間の貿易は元来、日英支払協定に従いポンド現金にて決済されているので、オープン勘定国の場合の如く厳密な貿易計画を必要とするものでは無いが、わが国とパキスタンとは相互にその重要輸出市場であり、両国が夫々どの程度の輸入を行うかを予かじめ明らかにすることは両国貿易政策の運営上望ましい次第である。

かくて一昨末から昨年春にかけて昨年度貿易計画案が日パ間に討議せられたが、遂に妥結に至らず、かくて昨年度は貿易計画なしで貿易が行われた。然るところ、パキスタン側は当時外貨事情が比較的潤沢であつたために、その輸入については大幅の自由許可制を採用し、一方その輸出の大宗たる棉花及びジュートについては世界市場価格の下落にも拘わらず高率の輸出税を維持する等その貿易政策に伸縮性を欠いた結果、パキスタンは異常な外貨流出に悩み昨年下半期に至り自由輸入許可制度を停止するに至つた。

わが国とパキスタンとの間の貿易もかゝる基本的動向に左右され昨年一月ないし十一月を通じ、わが国は一千六百萬ポンドの出超を示すとともに、下半期には、わが国の対パ輸出、特に綿糸布の輸出は急激に縮少するに至つた。

かくて本年初頭以来パキスタン側では、わが国の更に積極的なるパ棉買付を、一方わが方としてはパ側にて対日輸入の再開を夫々要望するに至り、こゝに本年三月上旬より日パ貿易交渉が東京において開かれるに至つた。

本交渉に当り、(イ)日本で買付ける棉花の量　(ロ)パキスタンで買付ける綿糸布の量及び　(ハ)両国間の綜合的国際収支バランス（パ側は対日出超を主張し、日本側は均衡を主張す）の三点が主として問題となつたが、交渉を決裂せしむることは双方にとり不利なので互譲の結果、四月十日概ね左のラインにて貿易取極の成立を見た。

(イ)　日本側は、本年四月ないし明年三月の間にパ棉六十五萬俵の買付資金を割当て、且つ機械類の対パ輸出につき長期繰延払の便宜を供与する。

(ロ)　パキスタン側では同じ期間中に綿糸百万ポンド、綿花五百五十万ポンドを含む総額一千四百五十万ポンドの対日ライセンスを発給し、更にその他一般通貨地域向ライセンスを全面的に日本にも適用する。

(ハ)　両国間の貿易は三千万ポンド程度にて略々均衡せしむ。

両国間の貿易はすべてコマーシャル・ベースにて行われるので、今後実際の貿易量のいかなる水準に達するかは、暫く事態の発展を見る外は無いが、本取極の運用に当つては、あらゆる問題についてすべて両国間にて密接に協議することとなつており、両国間に意見の疎隔がないよう期している。

六、日本とスターリング地域各国との間の通商航海条約締結

わが国とスターリング地域各国との間の通商航海条約については、当方としては早急にこれが実現を図る方針であるが、英国、南阿、オーストラリア、ニュー・ジーランド及びビルマ等については、未だその機は熟していないものと思料されるので、差当り印度、パキスタン及びセイロンに対し、本件条約の交渉開始に関する当方希望を申し入れた。

これに対し、各国とも、わが国との経済関係を安定せしめるような基本的協定の必要は認めつつも建国後日浅いため、かゝる通商航海条約を締結した前例少く、又国内的法制等も未だ必ずしも整備されていないので、直ちに当方希望に応ずる意向を示さず、未だ交渉の開始された国は無いが、支店設置、それに伴う入国居住、事業活動、投資等に関しては、早晩なんらかの取極を行う必要が現実に生じて来るので、もし全面的な通商航海条約の交渉が時期尚早とすれば、差当つて必要な範囲の事項についての暫定的協定のみにても締結致したい方針である。

第六節　アジア地域関係（スターリング地域を除く）

一、インドネシア

(一)　日イ貿易支払取極

日イ貿易のアンバランスは、一九五一年東京会談が不調に終つて以后益々著しく、昨年六月には我が方の入超六、〇〇〇万ドルを超えるに至つたので、昨年六月末開かれたジャカルタにおける貿易会談の焦点もこの我が方

貸越六、〇〇〇万ドルの返済及び不均衡の性格のある両国間の貿易計画を如何に見積るかであつたが、前者に対しては、先方のボンド払の希望にかゝわらず我が方はドル現金払を固執したため、六〇〇万ドルを別勘定とし、五、四〇〇万ドルを一年据置後四ヵ年間の分割払とすることとし又貿易計画については、我が方の輸入四、〇〇〇万ドル、輸出五、五〇〇万ドルとし、この他一、五〇〇万ドルのスイッチ・トレードを行うこととした。

三月三十一日現在輸出四、七二五万ドル、輸入二、九二七万ドル、スイッチ輸入七八九万ドルで輸出入差額一〇〇万ドルである。

イ側が、当初の予想に反して極度に輸入を抑制しているから、このまゝならば差額が極めて小さく、残高決済についての問題は余り残らない。

この際には、支払取極めにより毎年一、五〇〇万ドルのスイッチ輸入をやることになつているので、スイッチ未達成をどうするかの問題が残るが、(行き悩みの原因はコミッション・レートを九%に上げることをイ側が提案したから)入超になることを予見しながら強いてやる程のこともないと云う意見が強い。

若し、イ側が貿易計画通り五、五〇〇万ドルまで対日輸入を行うならば、対日輸出は割合順調に行つているから計画額四、〇〇〇万ドルをオーバーして四、一〇〇万ドル位行われる見込であるから差額が約六〇〇万ドルとなり、これが決済をどうするかの問題がある。ここに又スイッチ未達成分を履行することと、イ側から要求される可能性が多いので、品目の選定、コミッション・レートにつき研究中である。

(二) 日イ合同委員会

日イ間貿易不振打開のため、四月十四日から三日間ジャカルタに於て開催され、日本商社の入国、対日輸出増進、対日輸入増進の問題等につき討議したが基本的問題は、通商会談に持ち越されて効果は余り上つていない。

(三) 日イ通商会談

現行取極は事実上無期限であるが、イ側が日本からの輸入を極度に制限して従来の貿易計画の線でおさえているからこの際貿易計画を改訂する必要があり来年度決済、スイッチ問題等の外、ブランケット・クリアランス、日本商社の入国問題等につき、イ側と会談するため、来る六月東京において通商会談を開催する予定である。

(四) 日本商品展示会開催

本年三月ジャカルタに於て開催する予定で、昨年来イ側と交渉していたが、三月になつて突然イ国政府から拒絶されたので開催不能となり、八月十七日から同地にて開催予定のイ側主催国際博覧会に合流することとなつた。

二、タ　イ

(一) 通商航海条約

昨年四月我が方の一九三八年の「日本国暹羅国間友好通商航海条約」の復活に対し、タイ側は、在タイ日本資産の放棄を交換条件とせんとしたが結局これを切り離して復活することとなつた。

本条約により、現在顕著な不便はないが、十五年前のものであり必しも現状に適しない個所もあるので時機を見て改訂に関する話合いを行う予定である。

(二) 日タイ貿易金融取極

講和発効以後一九五〇年の旧貿易金融協定を延長していたが、昨年八月バンコックにおける日タイ貿易会談において、オープン・アカウントを廃止し米をドル売せんとするタイ側の態度に対し、我が方はオープン・アカウント制により米の輸入確保（大体我が国輸入米総額の三割弱）とこれに見合う我が方の輸出を伸張するための討議が行われ、八月末日妥結九月一日より発効した。これによれば、ドル建オープン勘定（スイング二百万ドル）下に、総額各五千六百万ドル（年間）の貿易計画を目標とし、我が方は米二〇万トン（四千二百万ドル）塩一〇万トン（八〇万ドル）等を輸入し、繊維製品（二千万ドル）、機械（九百万ドル）等を輸出することとなつた。

我が方の輸出は順調に進み又米もすでに五万トン買付済で、又最近八月末までに二一万五千トンを輸入する話合いが出来たので計画目標達成は困難でないとの見透しである。

目下のオープン・アカウントの残高は二千万ドルの貸越となつているが、近く旧協定の借越五百七十万ドルを相殺する予定である。なおオープン・アカウント・レートはほぼ自由ドル・レートに等しくなる様タイ政府によつて運用されており、又ボンドの実勢も回復したから香港経由の輸出も現状においては問題はない。

(三) 経済協力

塩は、昨年四月派遣した塩業調査団の調査結果に基き、日タイ合弁の塩田開発計画進捗の気運あり、完成の暁には輸入量の増大が予想される。又車輛については、タイ国国鉄の五ヵ年計画に基き、目下国際入札が行われているが、総額六千五百万ドルといわれ、我が国商社も入札に参加しており輸出入銀行も五年の延払いを認める方針である。

三、中国

(一) 貿易支払取極

貿易支払取極めは、一九五〇年九月締結されたものを延長中であり、昨年一月より東京において新取極締結のための会談が行われたが、遂に妥結に至らず本年二月より再び交渉を行つている。

日華経済関係は相互補充の関係にあるが、その物資は市場転換が容易なるため両国政府の政策に影響されること大きく又台湾貿易の五割四分が対日貿易にあり、台湾経済を支える砂糖の輸出の六割が日本向である点より中国及び米国は日華貿易の成行に著しく敏感である。

現会談の焦点は、砂糖輸入及び日華海運の平等であり、以上の点については未だ妥協点に達していない。

なお、昨年度の貿易実績は輸出入各約五一、〇〇〇、〇〇〇ドルであつた。

㈢ 通商航海条約

通商航海条約に関しては、日華平和条約議定書により定められており、その期限は一年であるが、中国側にも通商航海条約締結の気運なく我が方も著しい不便を感じないので必要な改正を加えた上再延長する方針である。

四、韓国

㈠ 貿易金融協定

一九五〇年六月二日に締結された日韓貿易金融協定が新協定の締結まで延長されている。

㈡ 日韓暫定海運協定

現延長中の日韓暫定海運協定を今後一年間或は通商航海条約締結まで再延長することにつき両国の意見が一致し、近く正式手続をとることになつている。

㈢ 日韓運賃問題

日韓間運賃に関しては、支払取極めに基き、日韓オープン・アカウントで決済し得ることになつているが、実際には韓国円払のものは日本に送金出来ず、又昨年十一月貿易手続の改正により我が方の韓国向輸出契約はFOB建に限定され、事実上日本船を締出すが如き形となつていたが、我が方累次の要求により最近に至り緩和した。

㈣ 韓国海産物輸入問題

最近の韓国側の態度に対する我が方の報復策として、韓国よりの海産物輸入を一時停止したが、其の後先方は軟化しきたり、なお海苔については、在日韓国代表部より対日輸出方強い要望もあり、これも解除したが、その他は未だ差止め中である。

日韓貿易は、常に日本側の出超であり、スイング超過分の支払状況も良好で、韓国は日本の顧客というべく、余りこれに制限を加えて貿易を阻害することは結果的に日本側にとり得策でないと認められる。

(五) 韓国旧オープン・アカウントの日本側受取バランス問題

戦後の日韓貿易は、一九四五年十月以降一九四九年初めまで、総司令部と在鮮米軍政部間のオープン・アカウント（右は、一九五〇年四月以降の日韓貿易金融協定に基くオープン・アカウントとは、全く別箇のものである。）により行われ、一九四九年十月末現在の最終残高は、日本側が、約四、七〇〇万ドルの貸越しとなつており、昨年四月総司令部の権限委譲に伴い、右勘定が総司令部よりそのまゝ日本政府（外国為替管理委員会）に引継がれたため、同月十八日日本政府より総司令部宛右貸越しの決済方要請したところ、在米適当機関に取次ぐべき旨回答越した。米側としては、本件は将来日本の対米ガリオア債務との関係において清算する意向である。

又、右の経緯は、在米新木大使宛通知してある。

五、フィリピン

(一) 貿易金融協定

現行の貿易金融協定は、一九五〇年五月締結され、四回に亘る単純延長後来る五月三十一日まで有効となつている。比国政府が対日平和条約批准に関し野党を牽制するため新協定を締結せず、旧協定の短期延長を繰返してきた経緯に鑑み、六月一日以後も従来の如く延長することになる見込である。

(二) 日比貿易の不均衡改善

一九五二年における日本側の入超額は、一、五〇七万八千ドルに達し、昨年十一月二十日までにスイング超過分として一、三二〇万四、二〇八ドル三四セントを支払い、更に近く二月十日現在スイング超過分二七九万七、〇九五ドル八二セントを支払うことになつている。斯る入超の原因としては、日本政府の輸入許可額に対し、比国政府の日本品輸入許可額が少いためと考えられるので、昨年十一月及び本年二月口上書をもつて在本邦フィリピン代表部に対し、対日輸入促進の具体的措置を講ずるよう申入れ、更にマニラ在外事務所を通じて比国政府にも同趣旨を申入れたが、未だ何らの回答にも接せず依然として入超傾向は改善される模様はない。

六、インドシナ

日本の対インドシナ貿易は、一九四九年六月締結された貿易協定及び一九四八年七月締結された金融協定に基いて行われフランス連合貿易中に包含されている。一九五二年の実績は我が方の輸出八三七万ドル輸入四六八万ドルであつた。

第七節　欧州・中近東地域関係（スターリング地域を除く）

一、欧州諸国との通商航海条約

欧州、中近東及びアフリカの諸国（スターリング地域に属するものを除く）との間における通商航海条約関係確立の現状及び今後の見透し、左の通り。

(一) スウェーデン、フィンランド、デンマーク、スイス及びユーゴースラヴィアの各国とは戦前の条約が有効である旨の確認を了し、又ドイツとは戦前の条約を事実上適用する旨の了解が成立している。

(二) 旧連合国中、トルコは旧条約の全面的復活を通告してきたが、フランスは旧条約中の居住及び船舶に関する最恵国待遇の規定を復活したのみで、関税に関する最恵国待遇の規定の復活を除外した。ノールウェーは新条約の締結を希望するが、それまでは平和条約第十二条に基き相互主義の下に内国民待遇又は最恵国待遇を与える旨申越した。またギリシャはとりあえず旧条約を復活し、将来然るべき時期に新条約の締結交渉を開始したい方針で、日本政府の意向を事前に問合せてきたので、当方としても右に異存ない旨近く回答の予定である。

㈢　フランス及びノールウェーとは本年中に新条約の締結交渉を開始したい意向であるが、フランスは日本産品一般に対し関税上の最恵国待遇を認めることに依然として難色を示しているので、同国との交渉には相当の困難が予想される。

㈣　現在イタリア及びスペインと新条約の締結を交渉中であるが、今日までの交渉状況は、大要左の通り。

(1)　イタリアとは、先方からの申出でにより、正式の条約締結までの暫定措置として、両国間の通商航海に関する基本原則を定めた暫定取極を締結することとし、昨年四月以来在京イタリア大使館との間で折衝中である。本暫定取極は入国、居住(事業活動を含む)、関税及び船舶に関する基本事項について内国民待遇又は最恵国待遇を認めようとするものであり、取極本文についてはほぼ成案を得たが、議定書中に規定すべき留保事項の若干のものについてなお双方の意見の一致をみないため交渉が長引いているが、本年六月乃至七月頃までには署名の運びに至る見透しである。

(2)　スペインとは昨年十一月渋沢大使赴任以来マドリッドにおいて折衝を続けているが、スペイン政府としては戦後最恵国待遇を基幹として所謂通商航海条約と称すべきものはいずれの国とも締結しておらず、まず基本的な友好条約を締結し、その中において通商航海に関する事項についても相互主義に基き一定の待遇を規定することとし、然る後必要に応じ各部門別に個別的な条約を締結したいとの意向を表明してきた。わが方も右方式によることについては必ずしも反対でないが、居住及び通商に関してはスペインが他の諸国との友好条約中に規定している事項はなるべく網羅的に包含せしめたく、少くとも　(イ)入国、滞在、旅行、居住　(ロ)財産の取得及び処分　(ハ)事業活動　(ニ)訴権行使　(ホ)内国課税　(ヘ)関税　(ト)船舶の入港等の諸項目は含ましめたい意向なので、この旨スペイン政府に申入れ、目下先方の出方を待つている段階である。

二、欧州諸国との貿易及び支払協定

(一) ドイツ、スウェーデン、フィンランド及びイタリアとは、平和条約発効後適用すべき貿易及び支払協定を新たに締結ずみであるが、ドイツ及スウェーデンとの貿易計画は有効期間が終了又は近く終了するので、新貿易計画を作成する必要があり、スウェーデンとは昨年末以来東京において交渉の結果輸出入各一千万弗の計画案についてほぼ妥結をみたので、五月初旬中には締結の見込みであり、又ドイツとは五月上旬ボンにおいて交渉開始の予定で、そのため当方から牛場通産省通商局長を交渉員として派遣した。

(二) フランス、オランダ、ベルギー及びスペインについては、とりあえず連合国最高司令官が占領下の日本政府に代つて締結した協定の規定を平和条約発効後も事実上適用しているが、これら諸国ともなるべく早い機会に新協定を締結する方針で、現にスペインについてはマドリッドにおいて交渉中の外、オランダとも牛場通商局長がドイツとの交渉の帰途交渉を行う予定である。フランスとは五、六月頃新協定の交渉を開始したい方針であるところ、仏側は仏印の賠償問題と関連せしめてくる公算が大であるので、目下わが方の対策を研究中である。

(三) 右の外、これまで無協定であつた国とも協定の締結を促進したい方針で、エジプトとはカイロにおいて、またトルコ、シリア、レバノン、イラクの諸国とは目下派遣中のわが通商使節団を通じてそれぞれ交渉中である。その外最近ギリシャ、オーストリア、リベリア等からも協定締結を希望する旨の申入れがあり、その可能性について研究中である。

三、欧州諸国に対する貸越の清算

欧州諸国、特にオープン勘定協定国に対するバランスは、米を輸入しているイタリア及びスペインを除いてはわが方の出超傾向が続いているところ、特にオープン勘定協定国については、そのため相手国が日本商品の輸入制限措置をとり貿易の縮少均衡の事態を招来せしめることは好ましくないので、日本の入超を見越した不均衡な貿易計画の採択、スウイング超過分の支払猶予、スウイッチ取引の採用等の方法により、わが方としてはできる限りバランスの改善に努めている。

四、中近東諸国に対する通商使節団の派遣

中近東諸国は、戦前わが国の輸出市場として東亜及びインドに比肩する重要な地域であつたが、戦後は輸出が振わず、著しい片貿易となつている。右はこれら諸国が日本品に対し最高関税率を適用していること及び戦後著しく変貌した現地の経済事情についてのわが方の認識が充分でないこと等の事情に基くものと考えられるので、これら諸国と貿易支払協定の締結及び最高税率の撤廃問題等に関し予備的折衝を行うと共に、一般経済事情の視察をも兼ね、浅尾日本郵船社長を団長とする通商使節団をエジプト経由シリア、レバノン、イラク、イラン、トルコ、ヨルダン及びサウディアラビアに派遣した。一行は二月十日東京を出発し、浅尾団長はシリア、レバノン、イラク、イラン及びトルコを一巡の後三月十七日帰国したが、使節団は在エジプト与謝野公使を新団長として、交渉継続のためシリア、レバノン及びイラクを再訪の後更にヨルダン及びサウディアラビアを歴訪中であり、四月末帰国の予定である。右使節団派遣の結果、シリア及びトルコとは貿易及び支払協定については今後引続き具体的交渉を続けることに了解がついたので、目下準備中である。

五、ユーゴースラヴィアとの通商交渉

ユーゴースラヴィア政府は同国の建設に必要な各種資本財を大量に日本から買付けることを希望し、本件に関し、具体的細目打合せのため、同国連邦議会経済委員会幹事ボーヤ・レコヴィッチ外二名よりなる経済使節団を日本に派遣し、一行は三月十六日来朝、約三ヵ月の予定で滞在中である。

先方の買付希望品目は相当大量に上り、且つ日本政府からの信用供与の額を明示方要求しているが、わが方としてはアウトライトの信用供与は不可能であり、プラント機械の輸出に際し法律の範囲内で延べ払いを認めることのみが可能であり、従つてその額も民間ベースによる個々の契約の累積によつて定まるべき旨を明らかにしてある。一行は目下各地主要工場視察のため旅行中であるが、見透しとしては先方の希望量を容れることは困難であり、妥結をみるとしてもその極く一部に終るのではないかと考えられる。

六、ソ連邦との貿易

平和条約発効後における日ソ通商問題については、対ソ一般方針の線に従い政府は表向き商談には干与しない方針で、業者より具体的取引について輸出入許可の申請があつた場合個別的に考慮する態度をとつている。平和条約発効後今日までに具体的に問題となつた事項左の通り。

(一) 昨年二月頃より大倉商事と進展公司の二商社により樺太炭輸入の商談が進められていたが、決済方式についてソ連側は、ソ連船舶修理のバーターを主張したため条件が折合わず時日を要していたところ、結局大倉商事扱い一万八千トンをボンド払い、進展公司扱い一万四千三百トンを人絹とのバーターとすることで計三万二千三百トンの商談成立し（トン当りＦＯＢ10＄）、十月中に積取を完了した。

(二) 本年に入り大倉商事及び新陽商事はソ連船舶の修理（大体三千トン乃至七千トン級のもの三隻程度とみられる）及び鋼鉄製漁船建造の受注について商談を進めているが、本件は、ソ連船舶及びソ連人の入国及び滞在（一隻の修理に大体四、五十日を要する見込み）の問題を含み、その取扱には慎重を要するので、未決定のまま留保中である。

なお四月に至りソ連側は前記両社に対し船舶修理及び漁船とのバーターとして樺太炭四十五万トン（大倉二十五万トン、進展二十万トン）の輸出を申し出ている。

なお、占領期間中日ソ間の貿易のため日ソ間オープン勘定が設けられ、同勘定の残高は占領終了時において六万八千五十七弗十三仙のわが方貸越しとなつており、ソ連側も一九五二年二月二十八日付駐日通商代表より総司令部外交部あて書簡をもつて右残高を確認している。わが方としては、右残高をなるべく平和条約発効前にソ連からの輸入により清算したい方針で、総司令部も右実現に尽力したが、結局輸入品目についてソ連側と話合いがつかず、遂に未清算のまま日本政府に引継がれ今日に至つている。

第八章　国連軍協定等諸条約の締結及び戦犯者の訴訟事件（条約局）

第一節　国連軍協定等諸条約の締結

一、国連軍協定交渉

日本における国連軍の地位に関する協定締結のための交渉は、客年七月七日開始以来本年二月に至る数次の会談の結果、刑事裁判権及び財政経済関係の事項の一部（軍人、軍属の公務上の行為等から生じた損害賠償、免税の範囲、経費等）を除いては、各条項について両者間の意見の一致を見た。

刑事裁判権の問題は、この交渉の最重要点であり、わが方は、客年九月北大西洋条約当事国間の協定その他最近の事例を参考とし、且つ彼我の立場を十分考慮に入れた合理的な案を先方に提示したが、先方は、日米行政協定による米駐留軍の取扱とこの協定による国連軍の取扱との間の均等を強く主張し、客年十一月外務大臣と関係諸国の大公使との間に二回にわたり開かれた円卓会議においても妥結しなかつた。

従つて、この刑事裁判権問題ともにらみ合せて解決されるべき財政経済関係の諸懸案についても両当事者の意見の完全な一致を見ることは困難であつたが、事務レヴェルにおいて可能な限りの妥結点を見出すべく折衝を続けた結果、現在残る諸懸案は、すべて刑事裁判権問題等の根本的解決いかんに懸るもののみとなつた。

然るに、国連軍側は、飽くまで米駐留軍との均等待遇を要求し、一方米駐留軍側は、NATO協定の発効前における行政協定の改訂を肯じないので、本協定交渉は、NATO協定の発効ない至は行政協定発効後一ヵ年経過の際における刑事裁判権条項の改訂のときまで、情勢待ちともいうべき現状であるが、幸い米国上院におけるNATO協定の審議も進捗しておりその通過も確実と予想せられているので、本協定交渉も遠からず妥結するものと考えられる。

二、日米行政協定の改訂申入れ

日米行政協定の刑事裁判権条項に関しては、NATO協定の発効したときは同協定の当該条項と同様な規定への改正、又は行政協定発効後一ヵ年経過してなおNATO協定未発効のときは現行規定改正のための再考慮をすべきことが規定されているところ、NATO協定の米国上院における審議状況ない至右一ヵ年経過の四月二十七日が近ずいた事実にかんがみ、去る四月十四日米国政府に対し、右規定を採用して刑事、裁判権条項を改正したい旨の日本政府の意図を書簡をもつて申入れた。

なお、同時に、他の諸条項についても将来改訂方を要請することのあるべき旨を申し入れた。右の申入れに対し、四月十六日在京米国大使から、米国政府は、それぞれの場合について日本政府の希望に副うべき旨の返簡が接到した。

三、わが国と諸外国との間の諸条約

講和発効後一年間にわが国が諸外国との間に結んだ二国間条約及び多数国間条約は、次の通りである。

〇二国間条約（交換公文を除く）

（◎印は効力が発生した条約を示す）

◎(1)　日華平和条約

(2)　日米加北太平洋公海漁業条約

◎(3)　日印平和条約

◎(4)　国際連合の特権及び免除に関する日本と国連との協定

(5)　日米民間航空運送協定

◎(6)　日米船舶貸借協定

(7) 日英民間航空運送協定
(8) 日蘭民間航空運送協定
(9) 日・スウェーデン民間航空運送協定
(10) 日・ノールウェー民間航空運送協定
(11) 日・デンマーク民間航空運送協定
(12) 日比沈船引揚中間賠償協定
(13) 日米通商航海条約

○平和条約の発効後に締結のため手続をとつた条約名
（◎印はわが国について発効済みのもの）

条約名	措置
◎(1) 麻薬の製造制限及び分配取締に関する条約の範囲外の薬品を国際統制の下におく議定書	加入書寄託
◎(2) 外国の仲裁判決の執行に関する条約	批准書寄託
◎(3) 経済統計に関する条約	批准書寄託
◎(4) 経済統計に関する条約を改正する議定書	受諾書寄託
◎(5) 税関手続の簡易化に関する条約及び署名議定書	批准書寄託
(6) 貨物の原産地虚偽表示の防止に関するマドリッド協定	加入書寄託
(7) 国際航空運送についてのある規則の統一に関する条約及び追加議定書	批准書寄託
◎(8) 海上における人命の安全に関する条約	受諾書寄託

(9) 戦地にある軍隊の傷者及び病者の状態改善に関するジュネーヴ条約
(10) 海上にある軍隊の構成員の傷者、病者及び難船者の状態改善に関するジュネーヴ条約
(11) 捕虜の待遇に関するジュネーヴ条約
(12) 戦時における文民の保護に関するジュネーヴ条約
(13) 国際民間航空条約
(14) 世界気象機関条約
(15) 国際連合憲章
(16) 国際電気通信条約
(17) 国際小麦協定（新）
◎(18) 国際通貨基金協定
◎(19) 国際復興開発銀行協定
(20) 万国著作権条約
◎(21) 国際植物防疫条約
(22) 国際計数センターの設立に関する条約
(23) 万国郵便条約
(24) 郵便為替及び郵便旅行小為替に関する約定
(25) 小包郵便物に関する約定
(26) 価格表記の書状及び箱物に関する約定
(27) 代金引換郵便物に関する約定
(28) 郵便振替に関する約定

加入通告
加入申請中
加入申請中
加入申請中
署名
署名
受諾書寄託
署名
批准書寄託
受諾書寄託
署名

四、平和条約第七条の規定による戦前の二国間条約の復活ない至存続の確認

サン・フランシスコ平和条約第七条には、各連合国は、その国と日本との間にこの平和条約が効力を生じた後一年以内に、戦前日本との間に存した二国間条約について、そのいずれを引き続いて有効とし、又は復活させることを希望するかを日本に通告すべきものとし、このようにして通告された条約は、通告の日の後三ヵ月で存続が確定し、又は復活するものと規定されているところ、現在までに本条によつて通告をうけた諸条約は、別表の通りである。もつとも、本条によつて各連合国が通告を行うことができるのは、当該連合国おのおのと日本との間にこの平和条約が発効したときから一年間であるから、今後も本条によつて諸条約があるいは引き続いて有効とされ、あるいは、復活される訳である。

別表

国名	条約名
英国	船舶積量測度証書互認に関する協定及び交換公文
同	海運業所得に対する課税相互免除に関する交換公文
同	船舶検査証書互認に関する交換公文
同	小包郵便物交換約定並びに施行細則及び追加条款
同	郵便為替業務約定及び追加条款
同	海峡植民地との間の小包郵便物交換約定並びに施行細則及び追加条款
同	原産地証明手数料相互免除に関する交換公文
カナダ	海運業所得に対する課税相互免除に関する交換公文
同	船舶積量測度証書互認に関する協定

オーストラリア	船舶積量測度証書互認に関する協定
同	小包郵便物交換約定並びに施行細則及び追加条款
ニュー・ジーランド	船舶積量測度証書互認に関する協定及び交換公文
パキスタン	船舶積量測度証書互認に関する協定及び交換公文
南アフリカ連邦	船舶積量測度証書互認に関する協定及び交換公文
セイロン	司法共助に関する交換公文
メキシコ	外交郵袋交換に関する交換公文
トルコ	通商航海条約、署名議定書及び交換公文
ブラジル	司法共助に関する交換公文
同	文化的協力に関する条約
ノールウェー	精神病者に関する通報交換に関する交換公文
アメリカ合衆国	犯罪人引渡条約
同	追加犯罪人引渡条約
同	麻薬輸送に関する情報の直接交換に関する交換公文
同	不法麻薬の押収及び不法輸送に従事する者に関する情報交換に関する交換公文
同	郵便為替約定及び追加条款
同	小包郵便約定及び施行細則
同	永代借地制度解消に関する交換公文
同	酒類輸送取締に関する条約

同　　海運業所得に対する課税相互免除に関する交換公文
フランス　　原産地証明手数料相互免除に関する交換公文
同　　海運業所得に対する課税相互免除に関する交換公文
同　　永代借地制度解消に関する交換公文

第二節　戦犯者の訴訟事件

一、朝鮮人、台湾人戦犯の釈放請求訴訟

(一) 昭和二十七年六月二十四日、巣鴨刑務所に拘禁中の台湾人一名及び朝鮮人二十九名の戦犯者より、平和条約発効後日本国籍を喪失したにも拘らず、引続き拘禁せられているのを不法として、人身保護法による釈放請求の訴が提起された。

(二) 本提訴中、最も問題となつている平和条約第十一条の「日本国民」に台湾人、韓国人を含ましめるか否かの問題については、外務省は当初否定的態度（二六、一一、一〇参議院における西村条約局長の答弁）をとつていたが、主管官庁たる法務省および総司令部法務局は肯定的見解を有し、特に前記条約第十一条の刑の執行に関する法律（昭和二十七年法律第百三号）の立案に際し、総司令部側は強硬に肯定論を主張して譲らず、遂に外務省もこれに同調して今日に至つている。

(三) 同請求の審理は、昭和二十七年七月九日、同十四日の二回に亘り、最高裁判所において行われたが、同三十日右請求を却下するとの確定判決があつた。

判決に際し、裁判官は次の意見を表明した。

一二七

(1) 栗山裁判官を除く他の裁判官全員一致の意見

桑港条約第十一条により、刑の執行が日本政府に委ねられた戦犯者の要件は、

(イ) 刑が課せられた時日本国民であること。

(ロ) 如何なる場所にあるかに拘らず拘禁されている当時において、日本国民であることの二つである。これらの要件を具備する限り、その後の国籍の喪失、変更は、前記条約による日本国の刑の執行義務には何んらの影響をも及ぼすものではない。

(2) 栗山茂裁判官の個別意見

戦争犯罪人の処刑は平和回復とは関係なく、その後においても処刑を続行せんとする連合国の意図に基き、平和条約第十一条の規定が挿入されたものと見るべきであり、同条において、日本国が刑を執行するものと規定されたとしても、これによつて日本国に刑を執行する「権利」が発生したのではなく、右権利は依然連合国側にある建前と解すべきである。受刑者中日本の国籍を喪失したため刑の執行を免除さるべき事由が生じたとしても、第十一条はかかる場合に関し、特別の規定を設けていないから、右事由については、当該連合国が決定すべき処と解すべきである。

刑の執行の義務を負う日本国政府において右義務履行につき、疑義を生じ、ひいては、日本国政府と関係連合国政府との間で見解が異るが如き場合は、外交交渉によつて処理される外はない。

更に、日本国が締結した国際条約の解釈は国内裁判所の判断に適合するものではない。

(四) 本件提訴に関連して外務省では、「日本国民」の解釈につき、各関係国の見解を求めた処、フランスを除く他国政府は、日本政府と同一の解釈をとつている旨を回答越した。回答の要旨は次の通りである。

(1) 英　国

平和条約第十一条の「日本国民」に関する日本政府の解釈、並びに台湾人及び朝鮮人に課せられた刑を引続き執行せんとする態度は正当である。

(2) 濠州

本件については、既に一九四七年十二月マヌス島で服役中の台湾人について中国政府より釈放要請があつたのに対し濠州政府は、関係台湾人は裁判時には日本人であつたと言う理由の下に釈放を拒絶している。この見解は現在も変化ない。

(3) オランダ

平和条約第十一条の目的は、全戦犯に対して下された連合国裁判所の判決を日本政府に執行させるにある。これら戦犯者は判決当時日本国籍を有していたので法廷にかけられたのであり、韓国、台湾出身者と雖も例外は認められない。

(4) フランス

朝鮮人、台湾人が平和条約第二条により日本国籍を失つたことには疑いない。従つて、第十一条の「日本国民」という語は、条約発効によつて日本国籍を失つた者には適用されない。

(注、フランス関係戦犯中には、条約発効当時朝鮮人、台湾人は一人もいなかつた)

二、巣鴨全戦犯者の釈放請求訴訟

在巣鴨戦犯者全員八〇〇名の拘禁を不法とする釈放請求の訴が人身保護法に基き、昭和二十八年二月十一日弁護人鬼丸義済の名において東京高等裁判所に提起された。同裁判所は、公判は開かず、書面審理を行つた結果、二月二十八日右請求を棄却するの決定を下した。この決定に対し、請求者（原告）から三月五日最高裁判所に特別抗告（民事訴訟法第四一九条ノ二）が提起されたので、本件は、最高裁において審理されることとなつた。

一三〇

なお、東京高裁に提出された請求者側の主張の要点は、桑港平和条約第十一条の規定はこれによつていわゆる戦犯を国内法上の犯罪として認めたものではなく、従つて、同十一条は「犯罪に因る処罰の場合を除いては、その意に反する苦役に服せられない」と規定した憲法第十八条の規定等に違反するものであり、本件拘禁は法律上正当な手続によるものでないから直ちに全員を釈放すべきであると云うにある。

これに対し、拘束者（被告）側が、外務省と法務省（訟務局）の協議の結果に基き、同裁判所に提出した答弁書の要点は、

㈠　いわゆる戦犯の拘禁は、戦争の終結に伴う異常異例な事象であつて、憲法がかかる事態に対してまで第十八条又は第三十一条の適用を本来予想していたものと解することは出来ず、従つて、右規定の適用があることを前提とする違憲の主張は理由がないこと。

㈡　憲法第九十八条二項によれば、日本国及び国民が条約を誠実に遵守することは憲法上の義務なのであるから、拘束者が平和条約第十一条及び昭和二十七年法律第一〇三号の規定に従つてなしている本件拘禁は法律上正当な手続によるものであることなどである。

第九章　わが国の国際機関加盟の諸問題及びその他（国際協力局）

第九章　わが国の国際機関加盟の諸問題及びその他（国際協力局）

第一節　わが国の国際機関加盟の諸問題

一、国連加盟問題

(一) 経緯

(1) 政府は、昨年国会の承認を経て、六月国際連合に対して加盟申請をなし、安保理事会は、九月日本の加盟承認について審議した。

右の審議において、ソ連を除く全理事国はわが国の加盟を支持したが、ソ連の拒否権行使により加盟承認を総会に勧告する米国提出の決議案は否決を見た。この審議においてソ連代表は、わが国の加盟申請の審議を次の二条件が充たされるまで延期すべきであると主張した。

(イ) ソ連及び中共との平和条約の締結

(ロ) 駐留軍の撤退

（注）（ソ連の主張は、前記二条件が充足された場合、わが国の加盟を承認することを明らかにしたものではない。ソ連としては、二条件充足後の審議においていかなる主張をするかについて明確な発言をしなかつた）

(2) 国連第七総会は、日本政府との打合せに基く米国政府の提案により、同年十一月二十一日わが国が平和愛好国であり、且つ憲章に掲げる義務を履行する意思と能力を有し、従つて国連への加盟を承認されるべきであると決定する決議を賛成五〇、反対五、棄権四、欠席一をもつて採択した。

(3) 第七総会は、また、コスタリカ、エル・サルヴァドル、グァテマラ、ホンデュラス、ニカラグァの共同提案により十二月二十一日次の要旨の決議を賛成四五、反対五、棄権八で採択した。

「総会は、アルゼンティン、ベルギー、カナダ、中国、コロンビア、キューバ、エジプト、エル・サルヴァドル、フランス、ギリシャ、レバノン、オランダ、ニュー・ジーランド、ノールウェー、ペルー、フィリピン、南阿、イギリス、アメリカの代表者からなる特別委員会を設立し、本委員会に対し、(イ)従来行われた審議その他の経緯、憲章の規定、国際司法裁判所の勧告的意見及び国際法の原則に照らして、各種の提案及び示唆を検討して加盟問題を詳細に研究するよう命じ(ロ)その作業及び結論について第八総会に報告するよう要請する」。

なお、この十九国特別委員会は、去る三月三十一日初会合を行つた。

㈡ 処理方針

国際連合は世界の平和維持の機関であると共に、世界の重要国際問題がすべて討議される世界の議会である。ここにおいて発言権を有しない限り、独立国であるとはいえ、国連加盟国に比して劣等の地位にあるといわざるを得ない。よつて政府としては、西欧民主主義諸国との緊密な友好関係を保持しつつ、国連への加盟ないし国連における発言権を獲得することをもつてその方針とする。

㈢ 問題点

(1) 国連憲章によれば、加盟は、安保理事会が当該国の加盟承認を総会に勧告した後総会が加盟を承認すれば即日発効する。総会における加盟承認には、総会の三分の二の多数を必要とするが、安保理事会で加盟勧告案が採択されればわが国の加盟が総会で承認されることは、前記経緯から明らかである。

そこで問題は、(イ)安保理事会においてソ連がわが国の加盟承認に拒否権を行使しない場合が招来され得るか(ロ)安保理事会における拒否権の行使を総会に対する加盟勧告決議に及ばしめないこととする場合が招来されうるかの二つに要約される。この二者のいずれかが実現した場合わが国の加盟は成就する次第である。

(2)

(イ)については、政府が西欧民主主義諸国との緊密な友好関係を保持しつつソ連が日本の加盟審議の要件とするソ連及び中共との平和条約締結に至る可能性は近い将来にはないと見られる。他方共産諸国の最近の平和攻勢の中には、ソ連が前記要件を放棄するに至ると見るべき何らの暗示も見出されない。

(ロ)については、国連における加盟問題を見るに、一九五〇年九月インドネシアが第九番目に加盟を承認されて以来東西対立の結果、一国として加盟を承認されたものなく、一九四六年に加盟を申請したイタリアを始め加盟を申請して承認されない国の数は、二十一国に上る。

ソ連は最近数年十四国加盟承認をもつて西欧に対抗しきたつたが、その本質はソ連衛星国であるハンガリー、ルーマニア、ブルガリア、アルバニア及び外蒙とイタリア、ポルトガル、アイレ、フィンランド、オーストリア、リビア、ジョルダン、ネパール、セイロン等をだき合せて加盟承認しようとする取引案であつて西欧側は同意せず、他方米国はマーシャル国務長官以来安保理事会における拒否権の行使を加盟承認問題に及ばしめないこととするとの主張を行い、昨年九月オースチン代表は安保理事会において、わが国の加盟承認審議の際もこれを主張したが、ソ連代表は、米国の主張が承認されるならば、ソ連は国連を脱退すべきことを暗示した。

前記十九国特別委員会設置当時（客年末）にあつては、同委員会がソ連の国連脱退を賭しても（この場合国連は、実質的に反共同盟に転化する）、加盟承認問題に関しては、拒否権の適用を認めないことが法理的にも正しい方法であると第八総会に報告する可能性が国際情勢の推移いかんによつてはなしとはいい得ない状況にあつた。しかるに、最近の共産側の平和攻勢の結果同委員会がこのような直截的な報告を行う可能性は減少して来たと見るべきであろう。

㈣ わが国の加盟の見透し

十九国特別委員会が、(イ)日本の加盟承認を含む加盟問題の解決のため東西の双方を満足させる案も(ロ)安保理事会における拒否権の行使を加盟承認問題に及ばしめないこととする（ソ連の一方的敗退）案も第八総会に提出し得なかつた場合（かかる場合の可能性が大きい）わが国の加盟問題は再び暗礁に乗り上げる訳である。この場合は、国連における政府の発言権を獲得するため準加盟への努力が行われなければならない。

（注） 準加盟問題の経緯

昨年八月末ソ連が日本の加盟に反対することが明らかとなるや米国は、「日本が国連の総会に出席し、一切の討議に参加しうるが投票権だけは有しない準加盟という案を考えてはどうか」と申出た。

これに対し日本側は、「準加盟案には興味を有するが、その方式の詳細が判明しなければ決定的な意見は述べ難い」というラインで米側と応酬の上、先方の考え方を明らかにすべく努力した結果、結局日本側で具体案を作成し、これを米側に提出して日米間に一つの成案を作つて米国をして国連各国と折衝させることとし、日本側は具体案の骨子を作成した。

右骨子については、十月十七日前内閣最後の閣議において外務大臣より口頭をもつて説明を行い、「これを米側と準加盟問題について共同研究するために作成した技術的成果を示すものとして、何ら日本側において準加盟を受諾する旨をコミットすることなく米側に非公式に提示すること」について承認を得た上で、在米大使を通じて米側に通報した。

これに対し米側は、(1)本件を両政府間の研究事項としておくこと、(2)第七総会においてはこれについて何ら措置をとらないこと、(3)本案を非公式な試案と考えることを明らかにした。

準加盟問題について、日米間に交渉が行われる旨が報道されるや、イタリアはこれに最も関心を示し、在京イタリア大使は十二月二日奥村次官を来訪し、(1)イタリアは最近国務省に対し完全なメンバーとしてでなければ国連に加入しないとの申入をなしたこと及び英、仏、ノールウェー、デンマークもイタリアの立場を諒解していること、(2)同国が準加盟問題についてアイレ、オーストリア、リビア、ジョルダン、ポルトガル、カンボディアの意向を質したところ、何れも準加盟問題に反対しおることを伝えた。

二、国際電気通信連合管理理事会改選におけるわが国の落選経緯

(一) 問題点

(1) 昭和二十七年十月からブエノス・アイレスで開催された国際電気通信連合全権委員会議は、十二月三日同連合の最高執行機関である管理理事会理事国十八箇国の改選を行つた。

(2) わが国は、前記会議に対して代表団を送るとともに、管理理事会に対して立候補し、現地代表団においても本省においても大いに努力するところがあつたが投票の結果、得票数三十二票で落選した。（投票は世界を四地域に分け、地域別にそれぞれ五、五、三、五の定員を連記する方式によつた。）

(二) 経緯

(1) 外務省としては、会議場における代表団の運動は別として外交的径路により、わが国の立候補支持方要請を行つた。すなはち、ソ連圏諸国（九箇国）及び韓国をのぞく連合国たる七十七箇国及び領域に対し、それぞれ、(イ)わが国が在外公館（在外事務所を含む）を有する二十九箇国に対しては当該公館を通じ、(ロ)わが国はまだ駐在の公館を有しないが、反対にわが国に公館（駐日代表部を含む）をおいている十二箇国に対しては当該在本邦公館を通じ、(ハ)彼我とも公館を交換していない三十六箇国（国交再開した国の外旧中立国及び理論上はなお敵国、断交国の関係にあるものを含む）に対しては、第三国にあるわが国の公館より同国における当該国の

公館を通じ支持方要請した。

(2) わが方の要請に対して

(イ) 支持確約又は好意的考慮を払う旨回答した国は、三十箇国であり、そのうち二十三箇国はわが国との間に公館交換を行つている国である。

(ロ) 全く回答のなかつた国の大部分は、わが国と使節を交換していない中南米、アラビアの諸国であつた。

(ハ) コモンウエルズ構成員中はカナダ及びインドを除いていずれもコミットせず、結果においてもわが国を支持しなかつたと思われる。

(三) 原　因

(1) 特に中南米、アラビア方面の諸国の大きな票数が得られなかつたと推定されること。中南米二十箇国中得票したものは七箇国、アラビア方面九箇国は全部失つたものと推定される。これらの国々とわが国との間には国交回復ないし至公館交換極めて少く、（アラビア地域はわが国の公館皆無）第三国を経由して要請を行つた効果も薄かつた。（この方法によつたものは全部で三十五箇国であつたが、効果があつたと認められるものは僅か七箇国であつた）

(2) この種国際機関では理事国の代表となる個人の能力、経験等の影響が強く、今回の改選において十八箇国中十四箇国が再選されたことは、特にこの点によると認められる。

(3) 事実上わが国の競争者となつた中国の再選については同国は本連合を特に重視し、選挙に大きな力こぶを入れたことは同国が本理事会議長として有力な国際電気通信専門家をもつていたことと相俟つて、相当な影響を与えたと思われる。

三、日本の国際民間航空機関（ＩＣＡＯ）加入問題

㈠ 問　題　点

(1) わが国は平和条約に関連して行つた宣言において、平和条約発効後六ヵ月以内にＩＣＡＯへの加入承認申請を行う旨声明した。

(2) ＩＣＡＯに加入するためには、国際民間航空条約第九十三条の規定に従い、次の三条件を充たすことを要する。

(イ) 国際連合による承認

(ロ) ＩＣＡＯ総会における五分の四の賛成

(ハ) 今次戦争中わが国により侵略又は攻撃された国の同意

㈡ 経　緯

(1) 政府は、客年八月二十七日ＩＣＡＯ事務局長に対し、加入承認申請を行つた。

(2) 国連総会は、客年十一月六日わが国のＩＣＡＯ加盟に異議ない旨を決議した。

(3) 来る六月十六日より英国ブライトンで開かれるＩＣＡＯ第七回総会において、わが国により第二次大戦中侵略又は攻撃された国を含め、五分の四の賛成を得ればわが国のＩＣＡＯ加盟は実現されることとなる。

㈢ 処　理　方　針

ＩＣＡＯ第七回総会に対しては、代表派遣方準備中であり第二次大戦中わが国が侵略又は攻撃した国の中、未だ賛成の意向を明らかにしないフィリピンに対しては工作中である。

㈣ 解決の見透し

フィリピン政府の本件についての態度は日比国交の全般とも関係する問題であるが、中川所長とエルサルデ外相との四月十六日の会談により相当の希望が持たれるに至つた。

なお、ICAO加盟国中五分の四の賛成は大体確保しうる見透しである。

（注） ICAOへの正式加盟は前記ICAO総会における加盟承認行為があつた後、政府が米国政府に対し国際民間航空条約への加入書を送付しこれが受領されてから三十日後に効力を生ずる。

四、国連の事業に対する拠出及びこれら機関への参加問題

㈠ 国際連合は、社会福祉、難民救済、経済開発技術援助等の分野で、次の事業を行つている。

(1) 国連国際児童緊急基金（ユニセフ）
(2) 近東パレスタイン難民救済事業
(3) 低開発地域経済開発技術援助拡大計画
(4) 国連朝鮮市民緊急救済計画
(5) 国連朝鮮救済再建計画

以上の事業の経費は、国連の通常予算より支出されず各国（国連非加盟国を含む）の自発的拠出によつて賄われる。

㈡ ユニセフ

(1) 拠出

ユニセフ五二年—五三年度計画（予定二、〇〇〇万ドル）に対し、政府は本年一月一〇万ドル相当額の物資を国会の承認を条件として拠出する旨申し出た。右経費は二十八年度予算に計上されていたが、この予算は国会の承認を得るに至らなかつた。

なお、わが国は五〇年・五一年の二ヵ年に五七万ドルの援助をユニセフより受けており、他方わが国はこれに五一年度二二万ドルを原綿加工により拠出し、五二年度申出額一〇万ドルは目下物資によつて拠出中である。

(2) 機関への参加

ユニセフとの協力関係の緊密化に伴い、ユニセフ執行局（国連非加盟国も参加し得る。現にイタリア、スイスが参加）に参加するために努力する。

㈢ 拡大技術援助計画

(1) 拠　出

五三年度本計画予定額二、五〇〇万ドルに対し、政府は、本年一月八万ドル相当の邦貨を国会の承認を条件として拠出する旨申出た。

本経費も二十八年度予算に計上されたが、同予算は国会の承認を得るに至らなかつた。

わが国は五二年度計画よりこれに参加、昨年三月本計画予定額二、〇〇〇万ドルに対し八万ドル相当のポンド貨を予備金より支出した。

わが国の本年度拠出については、国連及び本計画経費の六〇%を負担している。米国より（在京大使館係官を通じ）拠出増額方要請があつたが、予算作成に当つて右増額は認められなかつた。

本計画に対する拠出は、東南アジア諸国へのわが国専門家、技術の進出を通じ、これら諸国との経済関係の緊密化に極めて大なる機会を提供するものであるからわが国としては、計画の発展に応じこ拠出増額が望ましい。

(2) 機関への参加

本計画へのわが国の参加を積極化するため、国際連合技術援助局、地域代表等に邦人の参加実現に努力するとともに、経済社会理事会技術援助委員会の付託条項改正により、わが国を含む国連被加盟国の委員会参加の実現方努力する。

(四) パレスタイン難民救済計画

本計画は一九五一年七月一日より三年間に二億五千万ドルを支出する予定であり、昨春わが国にも拠出方要請があつたが、政府はこの拠出に応じなかつた。その後国連当局は、直接間接（米大使館係官を通じ）再拠出方申請があつた。

本計画救済の対象はアラブ難民が圧倒的に多数を占めており、アラブ諸国もこの計画に深い関心を示しているので、わが国としては少額（和蘭は本年二万五千ドルの拠出を申出た）なりとも拠出を申出ることは、将来アラブ諸国との友好的雰囲気増進の見地より、また国連について有力な発言権を持つこれら諸国の今後の支持を確保する上においても望ましいと認められる。

(五) 朝鮮市民緊急救済計画

本計画に対して昨年わが国に拠出要請があつたので、本年一月五万ドルに相当する薬品、綿製品の拠出を申し出た。本計画は、休戦が成立すれば後述の長期的な朝鮮救済再建計画に漸次吸収される。

(六) 朝鮮救済再建計画

(1) 本計画の概要

一九五〇年十二月総会は、当時朝鮮の休戦成立を見越して、五一年度より第一年度二億五千万ドルの予定にて実施することとし、実施機関として国連朝鮮再建局（UNKRA）を設置するとともに各国の拠出を求めることを決定し、各国より約二億ドルの拠出を得た。

その後中共の介入により本計画の実施は延期された。昨年十一月戦況の膠着により、また緊急救済計画に対する支出の低減を図るため、前述の長期再建計画の一部として本年六月末まで七千万ドルの予定で計画に着手することになつた。（七月一日以降明年六月末まで次年度計画としては一億三千万ドルが予定されている）

(2) UNKRAによる買付

五二年十一月―五三年六月末の七、〇〇〇万ドルの計画においてUNKRA東京事務所長の言によると、四月半までわが国で契約された額は、約五百万ドル（肥料、鋼材、木材、教科書その他）との趣で、次年度計画では四、〇〇〇万ドルない至六、〇〇〇万ドル程度の買付が行われる見込である。

(3) 拠出

本計画への拠出要請は未だないが、国連総会の決議にかんがみ近い将来拠出要請が必ずあるものと思われる。

UNKRAのわが国における相当量の買付に対し、韓国民その他の国のしつ視をさけるため相当額の拠出（現物拠出にて可）を必要とすると考えられる。

五、国連朝鮮再建局（UNKRA）の特権及び免除問題

(一) 経緯

在東京アンクラ職員に対しては、客年七月調印の「国際連合の特権及び免除に関する国際連合と日本国との間の協定」に従い特権及び免除が与えられて来た処、昨年十一月決定を見た朝鮮救済復興計画（前項(六)参照）に使用する物資の買付をわが国において行うこととなつた。（四月中旬までにわが国において五百万ドル契約済の趣）

物資の大量買付のような商業的性格を持つ活動については、前記協定の第一条二項は協定の適用がない旨規定している処、アンクラ側は救済復興計画の円滑な実施のため、物資の大量買付に伴う種々の課金の免除を要請するとともに、職員の志気昂揚のためアンクラ職員及び家族に対し、自用品の無税輸入の特権が付与されること並びにアンクラ在韓職員の家族で本邦に居住している者も在本邦職員の家族と同様の待遇が与えられることを要請し来たので本省担当官と種々接衝を行つていたが、その後本年一月二十八日付キングスレー再建局総監より外務

大臣あて書簡をもつて、

(1) 救済、復興用物資調達に伴う輸出税、輸入税等免除

(2) アンクラ職員及びその家族並びに在韓アンクラ職員の在本邦居住家族の自用品（自動車を含む。）無税輸入のため協定を締結したい旨申入れがあつた。

右のうち(1)の点については、日本には輸出税無く輸入税等の問題は保税倉庫の規定適用でアンクラ側の心配するようなこともないことを説明、先方も一応了解している。

(2)の点については、二月十日キングスレー総監と奥村次官会議の際、次官より実際的な方法で応じたい旨応酬し、右実際的方法について大蔵省と折衝の結果、大蔵省側は現行法規の範囲内で且つ実情に即して取り扱うこととし具体的には、

(イ) アンクラ東京連絡調達事務所所長に関税定率法第七条六号を適用させその自用品の無税輸入を認める。

(ロ) 事務所の接待用の酒類及び煙草は公用品と認め、現行国連の特権及び免除協定の第七款D項を適用する。

ことを認め、後日公文をもつて正式に回答することを四月九日約束した。

㈡ 処理方針

アンクラ職員の特権免除拡大要請については、外貨獲得の見地からは出来る限りこれに応ずるのが得策と見られるが、他方現行法制の許す以上に先方の要請に応ずるためには新協定を締結する外はない。しかし国会の承認を必要とするこの種の新協定の締結は諸般の事情から面白くないし、またアンクラの要請を全面的に容れることは必ずしも妥当ではない。

従つて現行法則すなわち特権免除協定及び関税定率法の許す範囲内で実際的な方法により処理することを適当とする。よつて、大蔵省より正式回答を得次第アンクラ側に全面的に回答することとする。

（三）問　題　点

大蔵省との接衝の結果、前記の通り所長の自用品及び公用品と認められる酒、煙草の免税は認めしめたが、アンクラ側の要望の重要点である職員及び家族（在韓職員の家族を含む）の自用品の無税輸入の要望には応じ得ないことが明らかになり、また自動車の免除輸入について関税定率法の規定する以上の免除も与えられないのでアンクラ側は相当不満であろうが、既に外務大臣に対して総監の書簡を送り、且つ総監みずから外務次官と面接接衝した上のことであるので、わが方の回答後再び要請を持ち出す公算は少いと見られる。

前記のわが方回答によつて、アンクラ側が日本における物資の買付を手控えるような報復行為に出ることは万あるまい。

第二節　行政協定実施状況

一、施　設　関　係

現在米軍に提供されている施設区域の大部分は、事実上占領期間中より引続き米軍によつて使用せられているものであるが、昨年（昭和二十七年）日米行政協定の締結以来現在迄の一年間の施設区域についての数量的な変化は、左の項の通りである。

左の項に見る通り、合衆国軍隊の使用施設の数量はかなりの減少を見てはいるが、根本的に日本に駐留する合衆国軍隊の数が減少しない限り、米軍の使用する施設、区域の極端な縮少を期待する事は無理であつて、結局この一年間の日米両当事者（即ち合同委員会）の施設に関する努力は専ら昨年三月十日予備作業班で決定された左の十原則の実現に向けられた。

米国軍隊が其軍事的使命遂行の為に必要とする施設及び区域の提供に当つては、日本の経済及び国民生活並びに個人の財産権を充分考慮の上之を決定する。

㈠ 其使命の遂行に支障なき限り原則として陸軍及び空軍は都会地外に海軍は必要最少限度の港湾区域に集結する。

㈡ 米国軍隊司令官は日本政府と密接な協調を保つため小規模の司令部を政府所在地の近くに維持する。

㈢ 個々の施設の提供に当つては、旧日本軍用施設及国有財産を優先的に利用する。

㈣ 元学校、図書館等に使用されていた公共施設は出来る限り速かに返還する。但し、米軍の必要とする病院施設については特別に考慮する。

㈤ 公有、私有の娯楽及び社交施設は部隊の移転に伴い速かに返還する。右の内「ゴルフ・コース」競技場等は来る四月一日に返還する。これが返還後の利用は競技場管理者との取り決めによる。

㈥ 個人住宅は家族数の減少及び現居住者の移転により空き次第返還する。

㈦ 港湾及び倉庫施設は出来得る限り速かに返還する。米国軍隊が其の補給の為必要とする港湾及倉庫施設の提供に当つては、日本の商業上の必要及び海運の発展を妨げない様に充分に考慮する。

㈧ 陸上及び海上の演習場については農民及漁民の利益を充分に考慮する。これが為其の提供は関係各省と緊密に連絡し、且つ其の後援助の下にこれを行う。

右演習場は警察予備隊及び海上保安庁もこれを共用する。

㈨ 日本の民間航空及び国際空港運営の必要性が増加するのに即応して、民間航空用飛行場の返送及びその他飛行場の共用を図る。

㈩ 右の諸原則に従い、米国軍隊は日本当局との充分な協調の下に出来る限り速かに移転を実施する。

なお、すべての移転を完了するためにはこれに先立つて相当大規模な建設が実施されなければならない事を諒解する。

施設区域の中でも特に広く大きな面積を占める海上、陸上演習場については、右の十原則中に於ても特に農民漁民の立場を尊重することをうたつて居るが、過去一年間この問題については合同委員会に於て真剣な協議が続けられ、陸上演習場の場合に於ける既耕地の耕作継続、採草、伐木其他出来得る限りの地元民の希望条件の容認、海上演習上に於ける場合の漁業との調整等について努力が払われて居ること及びこれ等演習場の殆んど全部が事実上保安隊と共同であるのみならず、中にはむしろ保安隊が専用している様な場合も少なからずあることは特記して置く必要があろう。

右の十原則中、演習場に関するものの他特に重要と考えられるのは、都心地区からの撤退、国有財産の優先使用、民間財産の返還である。民間財産の多くは都心地区に所在する故にこの両原則は実際上表裏の関係をなしている。

民間財産のうち、千七百件に上る住宅だけはこの一年間に既に完全に返還せられた。住宅以外の民間財産についても、京都、大阪等の都会に於ては殆んど返還を完了、従つて都心地区からの撤退も実現しているが、その一方、名古屋、東京、横浜等に於ては未だ都心地区の数多くの民間土地、建物が米軍によつて使用せられている。

講和条約発効後一般市民及びこれ等土地建物の所有者からの返還要求は刻々に強くなりつゝあるが、一般の期待に反して講和条約発効後一年を経過してなお返還出来ぬ施設については関係者の不満は激化しつゝあり、現に施設の継続提供を不当として法廷に於て政府を相手に闘争を展開している例もあり、民間所有施設の返還は時の経過と共に政治的にも問題となる勢を示している。

この対策としては、米軍移転のための施設を郊外地区に新に建設する以外に方法はなく、米軍自体による建設がはかどらぬ状況を見て、既に昨年九月以来安全保障諸費による日本側での建設につき米軍側と連日接衝を続けているが、米軍側内部の不統一、度々の計画変更等のため最終的全面的な建設計画は未だに完了せず、やむを得ず比較的必要度の明瞭なるものから建設を開始している実状である。然し乍ら、この建設のため必要な敷地の獲得について、後述の如く、所謂「基地反対闘争」が激しいため甚だしき困難が伴い、たとえば武蔵野市の宿舎の如き、小牧飛行場の拡張の如き、いづれも現実に着工するまで半年以上も要する有様であつて、これ等の事情は都心からの移転を更に遅延せしむる原因となつている。米軍の移転計画がこれ以上遅れることは政府を非常な苦境に追込むことになるであろう。

返還よりも一層復雑な問題をはらんでいるのは施設区域の新規提供である。過去一年間に新たに提供した施設を概観して見るに、技術的理由による施設区域の境界線の些細な変更等を除き主なるものは、

(イ) 駐留米軍の都心からの移転のための新規施設区域の提供

(ロ) 米軍の都心からの移転のための新規施設区域の提供

の二つのカテゴリに分けて考えることが出来る。

例えば、日本防衛空軍のジェット機其の他の部隊増強のための八戸、新潟、入間川、小牧、築城、立川、岩国等の飛行場の拡張、レーダー、通信施設拡充のための佐渡金北山、千葉県嶺岡山、和歌山県大島等十数ヵ所の新施設、或は特需砲弾試射場としての石川県内灘の新規使用等は前者の範ちゅうに、都下大和村宿舎敷地、武蔵野市宿舎、小牧等は後者に属して居る。

日々の新聞記事、ラヂオニュース等にも見られる通り占領中数年間やむを得ず我慢していた国民の米軍施設区域に対する反対の気運は全国的にひろまりつゝある。反対の直接的理由には、売春婦による風紀の紊乱、飛行機、大砲等の音響、戦争の際の爆撃目標となると云う恐怖、農業、漁業に対する直接間接の影響農耕地の返還希望等々個々の施設によつて事情は異るがこれ等の理由と共に、戦争それからひいては、再軍備に対する国民のばく然たる反対の空気、占領期間中の抑圧された感情の反動と云う様なものもこの反対運動の底流となつていることは

見逃せない。

かくて、合同委員会日本側事務局たる国際協力局には連日文書、葉書、電報、陳情団等による陳情、苦情が殺到し、応接にいとまのない状況である。

現実には、米軍施設の存在が何等の摩擦なく地元に受入れられている場所も数多くあり、又反対陳情も必ずしも地元住民全部の声を代表しているものでなく、極端な例をあげれば風紀の問題で、外務省に激しい苦情を持込んでいた立川附近福生町や埼玉県朝霞町の如く米軍側が衛生上の理由から米兵に対し、町への立入禁止を発令したとたんに掌をかえす様にこの禁止解除の陳情を合同委員会に持込んだ例や、横浜市の如くP.R.センターの移転計画に対してその存置を陳情した例もあり、これを以つて見ても、もし現実に軍の施設が撤去された場合にはかえつて地元民が困惑するのではないかと疑われる例も相当あるが、然もこの事は決して所謂「基地反対闘争」の重大性を減ずるものではない。

特に既存のものはともかくとして前掲新規諸施設の提供に当つては、過去一年間日本側関係庁が非常な努力と忍耐をかたむけて漸く提供の責任を果して来たものであるが、昨年末頃より「基地反対闘争」は非常に政治的な色彩を帯びて来るに至り、新規施設の提供についての地元の莫然たる反対気運を左翼系諸団体が外部から入り込んでアジつている例が多く、運動も非常に組織的になつて来つつある。武蔵野宿舎については約二〇万名の市民の署名を集め何回となく反対大会を開催しているし、この運動に批判的な市会議員には脅迫状を送つたり、最近はその自宅に爆弾を投込む等テロ的行為も報ぜられているし、又石川県内灘試射場の決定に当つては説得におもむいた林屋国務相が立往生し、又最近和歌山県大島では同じく説得におもむいた協力局次長に対し、島の桟橋にピケットラインをひいて上陸させなかつた例もある。何れの場合にも、地元よりも左翼系外部団体が組織的に反対を指導していると見られる点が多くなりつつあり、これ等団体は、前述の一般的な国民の反対感情をあふり、「基地」の問題をあらゆる角度から促えて所謂平和運動、反米運動の気運を盛上げてゆこうとしていることは明らかであるし、国民の側にもこのアジに動かされやすい要因は多分に存在していると云えであろう。

かくて施設の問題は、共産党は勿論、社会党左右両派から改進党をも含めた野党に対して、政府与党攻勢の絶好の武器を与える結果となりつつあり、その最も著しき例は、内灘試射場問題であつて、石川県の参議院議員選挙戦に於て林屋国務相に対する野党側の攻撃が内灘問題の責任者たる点に集中せられたことは周知の事実であるし、今やその継続使用の可否が更に重大な政治問題化しつつある。

このような事態をまねく最大の原因は、国民が日本を武力により外敵から守る必要、あるいは自力で守ることの出来るまで米国に頼つてでも守つて貰う必要と云うものを納得していない事が根本的な問題であろう。

全国 在日合衆国軍使用施設（建物）調書

施設区分	所有区分	昭和二七年四月二八日現在 件数	昭和二七年四月二八日現在 面積（坪）	昭和二八年四月二八日現在 件数	昭和二八年四月二八日現在 面積（坪）	差引増減（△印ハ減） 件数	差引増減（△印ハ減） 面積（坪）	備考
兵舎	国有	四七九	七〇七、一三三	二一九	六七一、二三二	△二六〇	△三五、九〇一	件数は土地建物各表共通
	民公有		四三一、三〇八		三〇一、九五五		△一二九、三五三	
集団住宅	国有	五四	一九八、二七五	五一	一八六、四〇五	△三	△一一、八七〇	
	民公有		一一、七七七		九、五六七		△二、二一〇	
飛行場	国有	六四	四八一、八四五	四四	四六三、三〇七	△二〇	△一八、五三八	
	民公有		八八、一三一		八六、四一二		△一、七一九	
港湾施設	国有	三四	一六二、五五八	三〇	一五八、〇五五	△四	△四、五〇三	
	民公有		五六、四八四		五六、四八四		—	
工場	国有	四〇	三一四、五八九	三三	三一四、三九七	△七	△一九二	
	民公有		一四、六四七		六一、七三五		△二、九一二	
倉庫	国有	一三二	二五三、二五七	一〇三	二四四、八七二	△二九	△八、三八五	
	民公有		一三二、二七〇		一二一、六四一		△一〇、六二九	
医療施設	国有	二三	九、六二九	二一	九、六二九	△二	—	
	民公有		六六、〇三〇		六四、二二六		△一、八〇四	
通信施設	国有	一二七	三一、三六二	一二六	三一、二二〇	△二	△一四二	
	民公有		一二、三二一		一一、五八二		△七三九	
その他の施設	国有	四三	一一、四一〇	三五	一一、四一〇	△八	—	
	民公有		二、二九六		六四〇		△一、六五六	
計	国有	九九六	二、一七〇、〇五八	六六二	二、〇九〇、五二七	△三三四	△七九、五三一	
	民公有		八五五、三五四		七一四、三三三		△一四一、〇二一	

施設区分	所有区分	昭和二七年四月二八日現在 件数	昭和二七年四月二八日現在 面積（坪）	昭和二八年四月二八日現在 件数	昭和二八年四月二八日現在 面積（坪）	差引増減（△印ハ減） 件数	差引増減（△印ハ減） 面積（坪）	備考
個人住宅	国有・民公有	一、七〇五	一九〇、〇一九	二五	一三、四三八	△一、六八〇	△一七六、五八一	件数は土地建物各表共通

施設区分	所有区分	昭和二七年四月二八日現在 件数	昭和二七年四月二八日現在 面積（坪）	昭和二八年四月二八日現在 件数	昭和二八年四月二八日現在 面積（坪）	差引増減（△印ハ減） 件数	差引増減（△印ハ減） 面積（坪）	備考
演習場	国有	八二	一〇八、一〇九	七九	八五、八五三	△三	△二二、二五六	件数は土地建物各表共通
	民公有		六、七五三		六、七五三		—	

別表　全国在日合衆国軍使用施設（土地）調書

施設区分	所有区分	昭和二七年四月二八日現在 件数	昭和二七年四月二八日現在 面積（坪）	昭和二八年四月二八日現在 件数	昭和二八年四月二八日現在 面積（坪）	差引増減（△印ハ減） 件数	差引増減（△印ハ減） 面積（坪）	備考
兵舎	国有	四七九	二一、六五一、七一八	三一九	二〇、八〇二、五三一	△一六〇	△八四九、一八七	件数は土地建物各表共通
	民公有		一四、一〇九、六八三		一三、六二〇、七六五		△四八八、九一七	
集団住宅	国有	五四	一、八四二、七五三	五一	一、七七五、七二六	△三	△六七、〇二七	
	民公有		一、六九六、二九三		一、六八四、三一七		△一一、九七五	
飛行場	国有	六四	三四、八八七、五〇六	四四	三三、一四九、五九九	△二〇	△一、七三七、九〇七	
	民公有		一二、〇三五、三五三		一一、九七三、六七三		△六一、六八〇	
港湾施設	国有	三四	一、五一五、七四〇	三〇	一、四九九、一五八	△四	△一六、五八二	
	民公有		四九四、三九四		四九二、九九七		△一、三九七	
工場	国有	四〇	三、四八六、九四四	三三	三、四八六、九四四	△七	—	
	民公有		三九七、八一六		三八八、五六一		△九、二五五	
倉庫	国有	一三〇	七、七四七、五六〇	一〇三	七、七一二、九八二	△二七	△三四、五七八	
	民公有		一、二七四、三七一		一、二五一、〇五九		△二三、三一二	
医療施設	国有	二三	一〇六、六五四	二一	一〇六、六五四	△二	—	
	民公有		一二八、四〇五		一一八、九五九		△九、四四六	
通信施設	国有	一二七	一、九〇九、三五七	一一六	一、九〇〇、三三〇	△一一	△九、〇二七	
	民公有		三、一一一、四五三		三、〇八二、一四七		△二九、三〇六	
その他の施設	国有	四三	一、〇八二、八四六	三五	一、〇八〇、八四六	△八	△二、〇〇〇	
	民公有		二六二、二五七		一四八、八二七		△一一三、四三〇	
計	国有	九九六	七四、三三一、〇七七	六五二	七一、五一三、七六九	△三四四	△二、八一七、三〇八	
	民公有		三三、五〇九、九三二		三二、七六一、二四四		△七四八、六八八	

施設区分	所有区分	昭和二七年四月二八日現在 件数	昭和二七年四月二八日現在 面積（坪）	昭和二八年四月二八日現在 件数	昭和二八年四月二八日現在 面積（坪）	差引増減（△印ハ減） 件数	差引増減（△印ハ減） 面積（坪）	備考
個人住宅	国有 民公有	一、七一五	九三七、七六五	三五	一二一、二三九	△一、六八〇	△八一六、五二六	件数は土地建物各表共通

施設区分	所有区分	昭和二七年四月二八日現在 件数	昭和二七年四月二八日現在 面積（坪）	昭和二八年四月二八日現在 件数	昭和二八年四月二八日現在 面積（坪）	差引増減（△印ハ減） 件数	差引増減（△印ハ減） 面積（坪）	備考
演習場	国有	八二	八四、七九〇、九五九	七九	八四、七七五、六六二	△三	△一五、二九七	件数は土地建物各表共通
	民公有		一二、八七八、二二一		一二、八六二、二六八		△一五、九五三	

注、前記演習所面積のうち農耕地約一二、六三六、〇〇〇坪については耕作が行われて居り其他の地域についても例外的な場合を除き地方住民及保安隊との共用の原則が適用されている。

二、駐留軍施設、区域の周辺風紀問題

(一) 駐留軍将兵と日本婦女子との風紀問題は、単に国内の政治乃至社会的問題であるにとどまらず、反米宣伝又は運動に利用せられ、日米両国親善の大局的見地からも看過し得ない情勢にかんがみ、客年一一月以来日本側（外務、文部、厚生、労働、法務各省、国警本部、自治庁）及び米軍側（医務、法務、宗務、憲兵部、総合司令部等）担当官の間に非公式話合を進め、更に本年二月日米合同委員会に風紀対策分科委員会を設け協議を重ねて来た。而して現在までの会議において、米軍側は性病予防の面のみならず、風紀の面においても重大な関心を有してはいるが、米軍側の根本方針は、(1)売春を公式に採上げ得ないこと(2)売春取締は一次的には駐留国人民を対象とするもので、駐留国政府の問題であるが、日本政府の取締に対して合理的な協力を惜しむものでないというにある。

(二) 日本政府としては、米軍関係売春問題は、(1)そのよつてくるところが、敗戦に伴う日本の経済上及び社会上の貧窮に基き根強く且つ深い原因に胚胎しており、あながち米軍に関連した問題に限られず、根本的には日本の経済的、社会的大改造を必要とするものであること、（米軍相手の場合には人種及び風習の相違上特に眼につき易いため問題となる）(2)現状においては、本件対策は主として市町村の手に委ねられているが、当該市町村としては米軍関係売春に依存する一部住民の生活問題を考慮せざるを得ないため、容易に徹底的な措置を講じ得ないこと(3)警察特に自治警においては、右(2)の事情に加え、予算不足のため頻繁且つ継続的な警察取締を実施し得ないこと(4)最も実際的な対策として一般に認められている集娼政策は、現行法制上実現不能であること(5)政府部内に於ても売春問題の責任省がないこと等のため、多くの場合、本問題の重要性を痛感しながら、必ずしも充分な対策が講ぜられず、これがため事態は益々悪化しつつあること等のため、遽かに適切なる対策を講じ得ない。

然しながら、本問題は、一般国民にとつて最も身近にして且つ直接的な問題であり、共産党、左派社会党の煽動も加わり、最近においては、一般の反米風潮に対する絶好の題目となり、行政協定第二条による施設、区域提供に関する地元民の最も強い反対理由として常に採り上げられている。

(三) 現在、本委員会において協議せられた具体策は、(1)本問題処理のため現地に日米連絡協議会を設置すること(2)現地軍において立入禁止を発令すること(3)米兵に対し日本の風習に関する啓蒙教育を行うこと(4)取締を強化しこれに必要な予算措置を講ずることである。

而して、(1)に関しては、本件対策が現地の実情に即応して実施せらるる必要があり且つ中央政府として直接に指揮命令し得ない立場にあるので問題を市町村レベルに移し、現地に於いて市町村長、公安委員、教育委員、警察署長、保健所長、PTA婦人団体代表者等及び現地軍司令官、憲兵司令官、宗務、法務、医務担当士官等をもつて協議会を構成することとし、本問題上最も注視せられている千歳、大三沢町、神町、仙台、福生、立川、木更津、横須賀、富士山麓、豊中、米子、福岡、佐世保の十四ヵ所に本協議会設置方当該市町村長宛日本政府乃至合同委員会より勧告するとともに米軍側においても本会の設置並びに今後の運営に関し協力方現地軍に命令することとなつた。

(2)に関しては、最初米軍側はこれに賛成したが、その後本件措置を一応留保するとともに、日本側の取締強化を要求したので、我が方は立入禁止と警察取締を併行して本件取締の完璧を期したい旨実例を挙げて申し入れる予定である。

(3)に関しては、目下のところ、がい切なる対案が見当らない。

(4)に関しては、問題の地域が殆んど地方自治体の管内にあるため、本件取締に要する経費に関し、自治庁が中心となつて特別平衡交付金の増配のため基礎資料の蒐集等諸般の準備を進めしめつつあるとともに、国警本部管内分に対しては大蔵省と折衝の上本件予算措置につき原則的了解を取付けている。

三、駐留軍労務者の問題

駐留軍労務者の調達方式は占領時代に引続き原則として間接調達によつて行われる。即ち、調達庁がこれ等労務者を雇傭して米軍に提供するという方式をとつているので、法律上の雇傭主は調達庁であるが事実上の使用者及び給料支払者は米軍という変態的な雇傭関係になり、幾多の問題が、ここより派生している現状である。

現行の労務提供基本契約は占領時代に締結せられたもので、講和発効後は独立国の体面上面白くない点もあるので、客年五月以降契約を改訂する目的を以て調達庁とＪＰＡ（在日調達本部）との間で交渉を進めて来たが、客年十一月末交渉が暗礁に乗り上げたので、日米協議の末合同委員会の下に特別委員会を設置し、日米それぞれ労務関係最高責任者を代表として折衝に当つている。即ち、米側よりは、現在参謀長代理ロートン少将以下、日本側よりは根道調達庁長官以下が出席し、更に特別委員会のメンバーではないが労働組合の代表として全駐労、全日駐、海員組合の代表の参加を求めて所謂軍、政府、労組の三者会談を十数回開いて協議を行つて来た。

本件交渉に際して、最大の問題は行政協定第十二条第五項及び第十六条には日本の法令による労働者の権利保障、乃至駐留軍の日本法令尊重の規定があるに拘らず、軍は第三条の管理権の規定を盾に、ともすれば明らかに日本の労働法規に抵触するような取扱いを現実に行い又新契約に織り込もうとする意図のあることであつた。例えば、保安事由による解雇要求の問題、警備員消防員の罷業禁止の問題等これである。

又調達庁は法律上の雇傭主として人事管理、衛生管理等の面で法律上全責任を負う訳であるが、現実に於て、労働者は駐留軍の施設乃至区域内で労働をしているので、作業上の指揮、監督はすべて米軍によつて行われている訳であり、人事管理の最終決定権の帰属が常に問題となつた。

㈠　このうち、人事管理の最終決定権の問題については、調達庁は法律上の雇傭主として法的効果をもつ人事権を行使するが、その決定を行う場合には常に前以て軍側の同意を得ること。反対に調達庁が軍の意向に反対の場合は拒否権を有し、事案は合同委員会に於て解決を計るべきことに合意を見た。（但し、例えば保安解雇の様に米軍の絶対権を認める例外的場合がある。）

(二) 保安解雇の問題については、軍機保持の必要は認めるが、客観的且つ具体的な保安基準を設定し、軍の解雇要求の濫用を防ぐことに交渉の重点が置かれ、交渉は一時決裂に瀕したが、三月四日合同委員会に於て略満足すべき合意を得た。即ち、日本の労働法規上保安解雇をカバーする規定がないので、保安解雇が不当労働行為となり法廷に於て法律上の雇傭者である調達庁が敗訴する場合も考えられるので、かかる場合には、法廷の費用、罰金その他は米軍に於て負担することを右本会議において同意せしめた。なお、保安解雇の事由については、軍は軍機保持上日本側に通知することを渋ったが、外務省にだけ通告せしめることとし、外務省が不同意の場合には外交折衝に俟つことに同意を見た。

なお契約上、本件に関する合意を如何にとりあつかうべきかに関しては日米間に最終的な合意を見ていない。

(三) 保安要員の罷業禁止の件については、本年一月五日附合同委員会宛覚書を以て日本政府に対し、現行法上駐留軍警備員、消防夫等の罷業を禁止するための法的解釈の有無を照会すると共に、禁止規定なき場合には行政協定第二十三条を引用して適当な措置をとるべき旨要求し来つた。本件関係各省と共に検討の結果現行法上罷業禁止規定はないが、現行法を拡張解釈することにより出来るだけ目的達成に努力すべき旨及び労働組合と保安要員罷業不参加の労働協約を締結することが最も現実的な解決策である旨但し、万一罷業の場合に、之等人員の参加を見て、米軍に困難を来すこと明となりたる場合には改めて立法等を考慮する旨それぞれ三月五日附及び四月二十三日付合同委員会宛覚書を以て解答し、目下具体案を検討中である。

(四) その他労務者の苦情処理規定、制裁規定、人員整理規定も従来統一した規則がなかったため、米軍側の一方的行為により労務者の泣き寝入りに了ることが多かつたことに鑑み、中央で統一的規定を作ることに意見の一致を見、特別委員会の下に分科委員会を設け、労働組合の代表を加えて検討中である。かくて、基本概念については日米双方大略の合意に達しており、右の点に尚若干の問題が残つている。

一方労務費については、一昨年七月以降米軍の負担に切替えられ、先ず日本側が立替払いをした後米軍から償還を受けることとなつており、この回転基金には講和発効当時就業していた労務者に対する退職金支払に予定していた終戦処理費繰越分七十五億円を充てていた処、最近労務者側より右退職積立金支給の強い要請もあり（先議会に於て法案提出の段階に迄立ち至つた）六月末右退職積立金支払い実施を行うこととし、之により生ずべき回転基金の不足を如何にしてカバーすべきやの問題を生じたが、結局、支払及償還の手続を迅速化すると共に米軍より、毎月の償還金を月初に前払いすることにより打開することとして略交渉成立の見透しがついた。右の回転基金の不足補完の他業務費の額について尚合意を見ていない。

以上略述したように、新契約の締結は遠くない段階にまで漕ぎつけたが、契約実施後、その運用の面に於て、幾多の問題を包蔵して居り前途の楽観を許されない。その根本的原因としては、間接雇傭という変態的雇傭関係にあること、しかも駐留軍という特異の性格をもつものが使用主となつていること及び雇傭主たる調達庁の事務能率及び渉外能力の低調さによつて問題の困難さは倍加せられる訳である。而して、この間の労働関係は、現行法規によつてカバーされない点多く、例えば保安解雇乃至保安要員の罷業禁止の問題の如きも結局はその時期及び可能性に問題はあるが、特別立法によらざれば解決しないと思われる。（労働省は、右の特別立法を避けんとする希望が強い）又施設内の労働法規遵守と駐留軍管理権との関係についても行政協定第三条による管理権の限界を明確に規定していないため、行政協定実施の面に於て少なからざる困難性を加えていることは今後行政協定改訂の際閑却してはならない問題の一つであると思われる。

一五三

四、米軍調達形式の変更に伴う諸問題

(一) 米軍調達は、占領中は終戦処理費により間接調達が行われ、終戦末期より弗による直接調達、所謂特需が始まつた。

行政協定においては、第十二条第一項に直接調達の原則を謳い、更に一九五二年四月三日第八回予備作業班本会議において、直接調達の原則は、日本政府が防衛分担金として共同勘定に払込む金についても適用がある旨確認された。

(二) 行政協定交渉当時、調達方式については、日本側の足並一致せず、特別調達庁は当然間接調達を主張したが、業界（日経連等）は占領中の間接調達にからむ日本政府官吏のスキャンダル、軍と直接交渉して旨い取引をする自信等から寧ろ直接調達を主張し、又大蔵省は直接調達により生ずる人件費の節減の見地から、これまた直接調達を支持、一方主管庁たる通産省は積極的な意見なく、かくて大勢は直接調達を利としたのである。

(三) しかるに実際に大規模な直接調達が行われる様になると、受注者の混乱による所謂出血入札、発注の計画性欠如に基く企業の危険負担、日米間の商慣習、経済関係法規の相違等の弊を伴い情勢は必ずしも業界が考えていた如き安易なものではないことが漸次判明し、業界もその意見を翻して間接調達を希望する様になつた。しかし既に行政協定に於て基本原則は定つており、又政府としても直接調達に絡む業界の不満は業者の不慣れと、日米間の商慣習の相違に原因すると考えられるについては、前記基本原則の解決は一応時の推移に俟つことにし、後者の解決は行政協定公式議事録の規定に則り適当なる機関において調整を計る方針の下に、合同委員会の下部機構たる調停委員会において米軍契約の様式、手続の問題を中心に検討を行い、需品契約一般条項の決定を始め、再商議条項の適用排除、軍の都合による契約打切条項の適用制限等の方針を定め、契約関係は相当の改善を見るに至つた。これと同時に、現実に契約紛争が生じた際には、行政協定第十八条七項の規定により合同委員会の調停（実際には合同委員会の委任により調停委員会が代行）に附する途を開き、現実の調停においても大部分の場合、日本側に有利な決定を得て、業者の保護も講じられている。

所謂出血受注等JPAの発注方式にまつわる問題についても、随時米軍側の注意を喚起し、出血受注の諸原因のうち、業者自体の責に帰すべきファクターは別としても、軍側の入札方式、商議方式等は漸次改善を見ており、更に現在は、日本経済全般の問題としての特需誘致の観点から政府の保護的政策についても研究中の段階にある。

㈣　間接調達の主張は、屢々北大西洋条約当時国間の軍隊の地位に関する協定（NATO協定）の定める間接調達の方式を採用して行われる。この点については、NATO方式は、例えば、英国における米空軍の必要とする物資は英空軍が買入れて米空軍に引渡すというが如き、受入国の軍隊の存在を前提とするものであつて、現在の日本には必ずしもそのまま適用し難きものである点が指摘されねばならない。

第三節　連合国財産の返還及び補償状況

一、連合国財産の返還

昭和二十七年四月二十八日以降本年四月二十三日現在までの返還請求書受理件数は五四〇件で、そのうち返還完了件数は八一件である。

サンフランシスコ平和条約の調印国で批准を了した連合国のうち、連合王国、オーストラリア、ニュー・ジーランド、カナダ、パキスタン、アメリカ合衆国、メキシコ、アルゼンティン、フランスの九ヵ国は返還請求提出の期限が本年一月二十八日で満了となり、オランダは去る三月十七日に満了となつた。

なお、旧中立国及び断交国に対しては、敵産管理をしなかつた為に国の強権による返還が不能であり、専ら政治的解決による外方法がない。インド及び中国の財産がその代表的なるものである。

(一) 平和条約に定められた期間内に返還が申請されなかつた連合国財産の処分の件

上述の期間満了の諸国は、それぞれ在本邦大使館を通じて、平和条約第十五条(a)の所定の期間内に返還の申請がなされなかつた連合国及びその国民の財産は、日本政府がその定めるところに従つて処分出来る旨の規定に言及して、それ〳〵の国又は国民に属する在日財産で定められた期間内に返還の申請がなされなかつたものを、それぞれの大使館に返還されたいと正式に申越して来たので、条約局その他関係局課とはかり、外務省としての見解をまとめて、これを大蔵省に提示し、先方の意見を照会中である。

(二) 戦時中他の会社に吸収合併された連合国人の企業の返還に関する件

開戦前に連合国人が経営を支配していた企業が戦時中の統合政策による会社の吸収合併の対象となつた場合の返還で、現在アメリカ系の[redacted]の財産返還に関連して佐久間工業株式会社の再設立、イギリス系の[redacted]の財産の返還に関連して、昭和棉花株式会社の再設立が先方から要望されているが、大蔵省は難色を見せている。本件がスムースに解決しなければ先方は財産委員会に提出する意向の由であるから日本政府としては、本件について政策的並びに技術的研究を要する。

(三) 其の他未解決の重要件案は、次の通りである。

(イ) 連合国籍人に属する日本興業銀行の株式に関する権利の回復に関する件

(ロ) 外貨債の利札に関する件

(ハ) インド人留学生会館（インディア・ロッジ）の敷地の返還に関する件

本件については、日印条約第五条に規定する返還すべき財産としては、戦時中敵産管理をしなかつたため日本の国内法たる返還政令による返還が不可能であるけれども、在印日本財産の返還と直接関連するものであるから、目下現地当局と非公式に好意的斡旋を交渉中である。

二、連合国財産の補償

補償請求の期限は十八ヵ月とされているため、条約批准の早かつた国でも本年十月末で提出可能であるため、請求件数は、現在を以ては其の全貌を把握し得ないと考えられるが、現在迄の請求件数、処理件数等は左の通りである。

補償請求受理件数	一二九
補償金支払完了	一二

国別に見れば、イギリス七二、アメリカ三八、オランダ一七、オーストラリア八で、其の他トルコ、ノールウェー、メキシコ、ベルギー、インド、ニュー・ジーランドが若干提出している。

補償問題については、年間予算百億円三ヵ年計画で実施の予定の由であるが、最初の年度における支払額は僅か四億円強に過ぎず問題は今後に残されている。

本件については、各国共非常に重要視しており外交交渉は我が国の補償に関連して解決されるものが大部分と考えられるが個々のケースについてはそれぞれ多くの難問を包蔵し、一つ〳〵解決の外なく、直接担当している大蔵省当局も、尨大なる英文立証資料のため作業の進捗がはかばかしくない模様である。

補償問題中特記すべきは、在京外国公館の建物の補償及び[redacted]（仏国）に対する補償であるが、就中後者については、先方の請求額五億円余に対し、我が方の査定は一億二千万円であり、更に連合国財産補償法第十二条第一項第三号により開戦後の増加財産三億円を右損害額より差引く場合二億円余の残余を生じ、審査の結果は補償支払の必要がない結果となる。先方は戦災による実損額の補償を主張して事態は完全に対立状態となつたが我方は国内法的には補償支払に応じ得ない旨を以て強行する場合は対仏諸懸案を複雑にする虞れがあるので他の方法による政治的解決を図りつゝある。

なお、本件が妥結に至らず「平和条約第十五条(a)に基いて生ずる紛争の解決に関する協定」による財産委員会に持ち込まれた場合、万一、不利な結果を来すときは、他の補償請求に累を及ぼし三百億円の補償予定額に更に五百億円以上を追加しなければならない危険を予想せられている。

三、船舶関係

船舶の返還問題は本年に入つて提起され出したのであるが何れも価額が尨大であり、特に慎重に取扱つている。

現在返還要求中の船舶は別表の通りである。

返還要求中の連合国船舶（二八、四、二七現在船舶班調査）

船名	船種	総屯数（登録屯数）	船籍港	船主	拿捕審検所検定の有無	沈没場所及日時	備考
[redacted]	病院船	六、〇七六屯	ジャカルタ	オランダ政府	なし	一九四四、九、一〇 舞鶴沖	オランダ国戦時特別措置法に基き国有とす。
	油槽船	七、九八七屯	ヘーグ	オランダ政府	一九四三、八、一五 横須賀	一九四四、三、三〇 パラオ島附近	同
	貨物船	二、八九四屯	パナマ	[redacted] 英国法人	一九四二、五、二五 横須賀	一九四五、七、二五 舞鶴沖	拿捕審検再検査中であり、所有者国籍問題で紛争中。
	貨客船	二、三三三・九四屯（一、四八八・三三屯）	香港	[redacted] 英国法人		一九四四、八、九 奄見大島附近	一九三九年支那海に於て敵貨を積載せる中立国船として拿捕し日英間に紛争中太平洋戦争に突入のため敵船となる。

[redacted]	貨物船	一、五六〇屯（一、〇三二屯）	パナマ	[redacted]英国法人	なし	一九五二、七、一四 青森県茂浦沖	拿捕審検手続未了のため紛争中。
艀、汽艇、曳船、起重機等計一三〇隻				[redacted]英国法人			
[redacted]	貨客船	三、八三六屯	マカオ	[redacted]ポルトガル国法人	なし	一九五三、六、三〇 韓国木浦附近	本船は傭船契約による中立国船籍で法律的地位の確立を要請越した。
Elk-Basin	貨客船	本船は米国船で一九四六年十一月十六日沖縄那覇港に停泊中、元日本海軍駆逐艦背月号（特別輸送船として復員業務に従事）との衝突事故で損害「一七二五弗」を受け、責任の所在を水先案内人使用の状況により判定する件。					
Finnmark	油槽船	本船は米国船で、一九四六年五月十九日横須賀港内で第八酷栄丸と給油作業中衝突事故を起し、右の責任は日本側にありとして「一〇三二・七二弗」の損害賠償請求越した件。					

右表の内、[redacted]の三船は問題点を有し解決迄に相当時日を要する見込である。

四、ドイツ財産の管理及び処分

平和条約第二十条及びベルリン議定書に基くドイツ財産の管理処分に関しては、昨年以来不動産及び動産につき着々処理を続行しているが現在までに処理済のものは、不動産では七十五件中三十件、動産では六二〇〇点中三二〇〇点が数えられる。ドイツ財産についても処理容易なものは殆んど終り、漸時困難の度を加えて来ることが予想され、個々のケースについて三国委員会と協議、接衝を要することが多くなつて来た。

なお、既に競売に附された不動産に関して、日本ドイツ人所有者より日本国を相手としてドイツ財産処分の権限なしとの行政訴訟が提起された。

本件はドイツ財産全般に影響する処大であり、注目されるところである。

第十章　わが国の対外文化関係施策及びユネスコ対策（情報文化局）

第一節　わが国の対外文化関係諸施策

講和条約発効後各国との国交回復に伴い、それらの国との文化関係は急速に緊密化しつゝあるが、従来わが国は、むしろ受身の態勢にあり、積極国に対外文化活動を行いえない情勢にあつた。然るに対外的な各種政治、経済問題等も、相互理解の基盤の上に立つてこそ始めてその解決が容易になるべきことにも鑑み、この際わが国の対外文化活動を積極化し、もつてわが国に対する不信乃至は疑惑の念を解消し、わが国に対する正しい認識を海外に普及せしめることに努めることが肝要である。このため取り敢えず左の事項を急速、強力に実施する必要がある。

一、文化協定の締結

目下仏、伊、西との間には文化協定締結方交渉中である。

(一) フランスとの協定は、昭和二十七年九月東京仏大使館を通じ交渉を開始したが、映画及び著作権に関する規定が最も問題となつた。映画に関しては、附属交換公文をもつて「文化的価値を有する映画については、商業的性質を有するものであつても、その送付及び普及について、好意的精神とできる限りの便宜とを与える希望をもつて、その検討を行う用意がある。」旨規定することとし、著作権については第二条において「…………著作物の保護を両締約国の相互の利益に最も適するように確保するための手段…………を研究し、且つ調整するものとする」旨規定することによつて、本年四月二十四日最終的に妥結した。

本協定は、戦後外国と結んだ総括的文化協定の最初のものであつて、日仏間文化交流は、これによつて軌道に乗り益々盛になることが予想される。

(二) イタリアとの協定については、外務省と在京イタリア大使館と協議の上作成した協定案をイタリア政府側に提示中である。

㈢ 在スペイン日本大使館においては、スペイン外務省と交渉の結果了解に達した協定案を当方に送付して来たが、両国における学位の相異について問題がある模様で目下同案を検討中である。

㈣ ブラジルは本年二月戦前の協定の復活方申入れてきた。これらの諸国以外にアジア諸国例えば、インドまたはタイとはできるだけ早く締結することが望ましい。また協定の運営のため、財政的な裏付けも必要である。

二、外国人留学生に対する便宜供与施設の強化及び給費留学生制度の創設

㈠ 海外留学生に対する宿舎及び各種便宜供与の機関としては、国際学友会が全額政府補助をもつて戦前から活動しているが、戦災によつて多くの施設を喪失したにも拘らず補助金の支給を打切られたため、ほとんど活動を行いえない状態にあつた。尤も、昭和二十七年度及び今年度予算から若干の補助は交付せられるが、今後増加すべき外国留学生の収容には到底応じられない。至急これが拡充を計ることが肝要である。

なお、昭和二十七年四月以降渡日した外国人留学生で国際学友会において便宜を供与しているものの数は、三十四名であるが、近くインドネシアから五十六名到着することになつている。

㈡ 給費留学生制度の創設

外国人学生を自国の教育施設において一定年限勉学せしめることは、自国の文化の実状を正しく外国に伝え、そして長きに亘つて自国に対する親愛感を醸成する上に最も効果のある方法であるので、目下主要各国においては、政府が直接に、または政府の補助団体が、全額または一部経費負担の上、外国人学生を自国に招致する制度を有しこれを実施している。現在日本に対して本制度を適用しているものは米、英、仏、独、伊、印の諸国であり、現在までに既に千五百名に近い日本人学生が海外に留学している。本制度が文化啓発上並びに相互理解の上に頗る効果があり、しかもその効果が永続的なものであるから、わが国においてもこの制度を開設することと致したい。

㈢　留学生受入態勢の一元化

留学生の受入に関しては、外務省、文部省間において、又外務省内においても、その所管が必ずしも明確でなく、情報文化局、地域局、経済局等で取扱つている現状であるから、外務、文部両省の所管を明確にすると共に、省内においては一元的に処理するため、室または課を設置する必要がある。

三、国際文化団体の強化

日本の対外文化啓発団体としては、国際文化振興会が戦前より存在し、文化紹介文献及びパンフレット、映画、スライド、写真等の作成配布、文化人、学者等の派遣接受等の活動を行つていたが、終戦後補助金支給の停止に伴い、その活動を殆んど停止するに至つた。

今後わが国の対外文化活動のためには、政府に代つてこの種の活動を行う本会の強化整備を計ることが肝要である。

第二節　わが国のユネスコ対策

一、わが国のユネスコに関する基本的政策

わが国のユネスコに関する基本的政策は、一九五〇年十二月十二日付外務大臣発ユネスコ事務局長宛の日本国のユネスコ加盟を要請した書簡に述べられている。この書簡は、日本国民のユネスコに対する理解と特にその自発的な協力運動とを伝えて次の通り述べている。

「日本国政府は、日本国公衆の前記の傾向に深い関心を払い、且つこの機関の機能と目的とを完全に支持して、この機関の憲章の基礎となつている原則を受諾し、且つ、加盟国として憲章によつて要求されることのあるいかなる義務も履行する用意を有する。」

二、日本ユネスコ国内委員会と外務省との関係

昭和二十六年パリで開催された第六回ユネスコ総会は、日本の加盟を承認して前記の要請に答えたので、政府は、昭和二十七年六月二十一日「ユネスコ活動に関する法律」を公布して、国民にユネスコ活動の目標を与え、同年八月一日文部省の所轄機関として日本ユネスコ国内委員会を設立した。国内委員会は「わが国におけるユネスコ活動の基本的方針を策定」(法律第六条3)し、「ユネスコ、国際連合及びその専門機関、ユネスコ活動に関係ある国際団体並びに諸国の政府、ユネスコ国内委員会及びユネスコ活動に関係のある国際団体と協力しつゝ」(法律第三条)ユネスコ活動を展開するが、「国の対外施策と関連する場合には外務大臣と緊密に連絡」しなければならないし、外務大臣は国内委員会に対し「必要な便宜を与え、これに協力する」こととなつている。(法律第七条)

三、講和発効後のユネスコとわが国

ユネスコの機構内における日本の地位は高く評価され、殊にアジア、アフリカ諸国のわが国に期待するところ甚だ強いことが判明したので、急速に国内体制を整える必要から、講和発効後、前記ユネスコ活動に関する法律の公布に続いてユネスコ国内委員会が設立され、具体的な活動に入つた。外務省は常にこれと緊密に協力して、講和発効前にもすでに国際計数センター設立条約に署名、批准したほか、万国著作権条約に署名し、ユネスコ・クーポン制度、ユネスコ・ギフト・クーポン制度に加入して、教育科学文化の書籍、器具、資材、フイルム等の交流を容易にすることに努め、さらには「教育科学文化的性質の視聴覚資料の国際的流通を容易にする協定」、「教育科学文化的資材の輸入に関する協定」への加入の準備をすゝめるかたわら、ユネスコの諸種の調査活動に答え、人物交換計画に積極的に参加し、諸会議についてわが国から出席者の派遣に努力し、ユネスコ本部職員をわが国から任命させることにも努め、最近ユネスコ事務局文化活動部図書館関係へ一名を送ることに成功した他、現在数件につき交渉中である。

四、ユネスコに対する当面の政策

ユネスコの事業計画に、わが国の当面の政策を反映せしめることは必要なことであるが、昭和二十七年パリで開催された第七回総会には、わが国は始めて会議の当初から代表団が出席し

(一) 国連憲章及び人権宣言の実施に将来一そう努力すべきこと。

(二) ユネスコの事業計画について、アジア地域を重視することが世界平和に寄与する所以であること。(第七回総会代表に対する外務大臣の訓令)

の二大方針のもとに、わが国がユネスコの国際的事業に極力協力する決意と用意とを有する旨を印象づけることに成功した外

(一) 萩原在スイス公使のユネスコ執行委員会委員の当選に成功し

(二) 総会前ユネスコ執行委員会がその事業計画案から落した「海洋学に関する調査」をわが国の提案で復活せしめることに成功し

(三) 教育、自然科学、社会科学、文化活動、その他の事業にわが国の積極的参加の実現に成功した。

右の結果の一つとして、昭和二十八年には東京でアジア太平洋地域二十ヵ国六十名が参加する「青少年運動指導者講習会」を、昭和二十九年には同地域十六ヵ国三十五名が参加する「一般教育における美術工芸の役割に関する講習会」が開催される予定である。

右の如く、今後は日本の地理的、歴史的、文化的地位の特殊性に関する明確な認識に基いて国際協力における独自の使命を果すべく

(一) 特にアジア地域におけるユネスコ運動の推進及びその地域の文化的向上に寄与するため、教育科学文化の面における技術援助に努めること。

㈡　東西文化の融合調和を目標としてユネスコ活動の推進に努め、豊かな世界文化の創造に寄与するように努めること。

㈢　わが国の教育科学文化の成果を海外に紹介し、世界文化の向上に寄与すること。

を当面の目標として進みたい。

（追加）業務進捗状況

14/60

(追加)

業務進捗状況

国際協力局

昭和二十七年十二月十五日現在

二課

案件名	現状又は予定	終了時期の見透	交渉又は処理に関する問題点
WHOへの意見収成 (1) 牛痘発疹苗計画実施のための補足協定案 (2) 小児麻痺及身体不自由児童の療養計画実施のための補足協定案 (3) 国立精神衛生に対する援助計画実施のための補足協定案	WHO事務局より送付の協定草案の内容検討中	未定	上記の三つの補足協定はさきに日本政府とWHOとの間に締結された基本協定に基いて締結されるが、上記補足協定は基本協定と重複する条項があるので厚生省と協議中
ILO第二回アジア地域会議本邦開催	日本が開催国となることを受諾ずみ、会費問題をILOと交渉中	明年一月	本年末の予算案の閣議決定ののち正式に交渉成立の見込
ILO第四回繊維労働委員会への参加	日本の正式参加が十一月承認され明年二月代表派遣の答	明年二月十四日頃	
ILOアジア地域における公務員の職業訓練講習会の本邦開催問題	日本が開催地国であることは決定している。細目交渉中	未定	開催日、会費の負担、その他の細目が明らかでないのでILOに問合中
ILOの統計専門家の予備会議への参加問題	詳細不明につき問合せ中	未定	労働省から本件会議に参加したい旨希望しているので詳細をILOに問合中
ILOのフエローシップ及びインターンシップの申請	ILOに正式申請中	未定	のILO自体の資金に基くものについてはわが国も選定され

No. 1

国　　協

			れば近々ＩＬＯから通知される。 (2)拡大技術援助計画に基くエコーシップについてはＩＬＯ事務局長が決定の上通報されるが時期は未定	
ＩＬＯ条約及び勧告に関する報告の提出	作成中	懸案は二件あり一つは本年十二月末他は明年七月一日		
ＵＰＵ一九五三年ブラッセル万国郵便条約及び関係約定の実施準備	郵政省と当省と近く研究会議を開く予定	明年七月	条約は本年七月一日から実施される。	
ＩＴＵブエノスアイレス全権委員会議	現在ブエノスアイレスで開催中	十二月末	主としてアトランティク・シティ国際電気通信条約の改正を審議中	
日本電信局に対する妨害電波に関する件	電波監理局・日本電々公社に調査依頼中	未定	上記の調査で確認されないときはアメリカ郵政当局に照会せる予定	
国際機関の特権免除に関する条約の内容検討	明年三月加入を目標に検討中	明年三月	国内法との関係で検討の要あり（加入手続は条約二訳）	条2
万国著作権条約の内容検討		不明	条約の署名及び日米著作権条約交渉の成行に関連して検討の要あり	条2

二　課

案件名	現状又は予定	終了時期の見通	交渉又は処理に関する問題点	
ベルヌ著作権同盟条約特殊著作権保護条約案	予備草案が同盟事務局より送付されたので回答の予定	明年中		
国際刑法及び監獄財団評議員の交代	十二月十七日から開かれる評議員会で選挙の筈	今年中		
国際刑法及び監獄財団常時評議員会	十二月十二日開催	今年中		
国際私法会議第七会議の結果成立した諸条約及び私法会議規約の件	条約及び規約とは同意した 他の部分は検討中	不明	オランダ政府から受諾を要請してくる時期が不明である。	条2 条3
国際私法統一協会内容の検討	同協会から加入を要請されたので検討中	不明	加入手続は条約二課	条2
度量衡国際事務局一九五三年中の寄付金	寄付を行う旨事務局へ通知すみ	未定	支払官庁たる工業技術院から口頭の同意はあるが確認の公信をとりつける必要がある。	
度量衡国際事務局メートル条約改正問題	十月中に改正意見を提出すみ	一九五四年の第十回総会で審議の予定	日本政府は人口を基礎とした現行分担金算定方法をやめて国民所得を基準とする方法を提案した	
国際冷凍協会現行条約の改正問題	十月の執行委員会で改正条約案を審議決定した	未定	明年度の我国分担金額は改正により倍増となるが支払官庁たる	

No. 2

国協三課	国協		
世界気象機関総会参加	参加の予定	明年三月	文部省は正式に決定している。わが国の加盟(十月に申請ずみ)を審議の予定
明年六月のヘーグ第十三回国際酪農会議への参加	参加の可否研究中	明年六月	
明年八月のストックホルム第十三回国際獣医学会議への参加	参加の可否研究中	明年八月	
ICAO第七回総会への参加	参加の可否研究中	明年六月	本会議は明年六月ロンドンで開かれるとの情報が入っているが正式通知は受とっていない。日本はまだ本会議に加入していないが、オブザーバーを送りたい意向
各国際会議の本年度事業報告	作成中	明年三月末	
当課関係国際機関一覧表	作成中	十二月末	
国際会議及び国際条約の用語研究	研究中	明年一月末	
日本行政協定関係事項 一、施設関係	(1)毎週一回日米合同委員会をひらいて施設の返還及び新要求について協議している。 (2)昭二七、七、二六決定の施設数は		

国協三課

案件名	現状又は予定	終了時期の見通	交渉又は処理に関する問題点
六 その他の関係	(イ) 無期限使用施設 四二 (ロ) 一時使用施設 三四六 (ハ) 住宅 八七七 計 一、二六五 (3) その后二七、十二、一迄に解除されたものは (イ) 無期限使用施設解除 一 (ロ) 一時使用施設解除 四一 (ハ) 住宅解除 二一九 計 二六一 (4) 又二七、一二、一迄に所用提供されたものは (イ) 無期限使用 二二 (ロ) 一時使用 五 計 二七 (5) 現在大阪市からの施設移轉の最終的計画を協議中 労務、調達、船舶前路、財務、税、出入口、通信、民間航空、工場機械その他行政協定の運用に当って生ずる諸問題につき適時関係各省庁と連絡、調整	(5)については不明 終了時期なし	

No. 3

国協四課

	をとりつ、合同委において細目を取極めている。		
連合国財産返還。	受理件数一七六（条約発効前の分を含む） 処理件数 四七	条約発効後十五ヶ月	個々の案件により異なるが、事実関係及び法律関係において、錯綜したものが多い。殊にイギリス関係において然り。インドについてもそうであると予想される。
連合国財産補償	受理件数 四三 決定件数 四 返却件数 四	昭和二十九年度末	
(イ)フランス大使館	近く決定の予定		
(ロ)[redacted]（フランス系）	近く決定の予定		建物の滅失償却をフランス側が承認するか否か、補償法の規定の解釈に関しフランス側に異論あり、大蔵省と会社側との話合を行い、その上で必要あれば我方とフランス大使館側と話し合う。我方は本件損害は補償法で認めている損害でないとの解釈をとっているが、これに対してフランス側は何等反応を示していない。イギリス関係インド
(ハ)在横浜フランス総領事館	一応我方の解釈をフランス大使館に回答した。	不明	
(ニ)その他			

四　課

案件名	現状又は予定	終了時期の見透	交渉又は処理に関する問題点
船舶の返還及び補償	返還もしくは補償の対象となり得る船舶約四十隻と予想されるが、現在の懸案は補償請求再審査請求準備中のもの一件、引揚作業中のもの一件である	不明	関係で事実上及び法律上の論争が起るものと予想される。イギリス側は司令部の指令による返還は捕獲審検の再審査と同じ効果を有すると解しているが、我方は司令部の指令に基いた行為の効力は認めるが、これと捕獲審検の当否の問題とは別であると解している。
ドイツ財産の処分	法人の清算、有体及び無体財産権の処分等未決のもの一万件以上	昭和二十八年度前半	
(イ) 管理費用の償還	近く取極決定の予定		日本側で従来負担して来た管理費用につき英米仏三国は償還の義務なしと解し我方は負担の義

No. 4

国	協		
			務なしとして原則上の対立を来したが、実際上は償還することになり、さきに高裁案をもって決議を得た方式により具体的措置を行うことになっている。
(ロ)ドイツ大使館に動産を一括引渡す件	準備中	本年度末	ドイツ財産の管理に関する我方国内法上の要求を満たすような方式で引渡し得るよう英米仏側と交渉しドイツ側に納得させなければならない。
戦前の請求権	イギリスから三三九件全部六億円以上の請求権を再提起その他の諸国からも提起することと明らかである。	不明	本省における主管と必要な機構を決定する要あり。調査資料極めて不足

第一号

第一号

45

16（廃棄 33.5.2.）

文書課
記録用（二八、一〇、二一、済）

業務進捗状況　第一号　アジア局

大臣官房総務課
昭和二八、一〇、二一作成

課名	案件名	現状又は予定	終了時期の見透	大臣又は省議決定を要する問題点	備考
第一課	フイリピンとの賠償交渉	比島側は十九人委員会を設け研究中。近く役務賠償の内容その他の具体的要求を東京で両国賠償予備会談開催の予定。関係各省と我方賠償協定案検討中	目下開会中の比島国会終了までに解決をつけることが有利である。	賠償総額、期間及び方式の決定	
	インドネシアとの賠償交渉	沈船引揚に関する了解に引きつづき沈船引揚協定を二月十二日調印した。昨年二月成立した中間協定はイ国側の解職により棚上げとなり共の後具体的動きは目下のところない	イ国総選挙後の国内政況の安定をまつ外ない。	引揚実施のためにより具体的な比島側の立法手に関する問題を早急に行う必要あり。金額の要求のないこと及び役務の解釈が我方に対する不満あり現物賠償を要求する声もある。	
	中立国との航空協定	早期妥入れを希望し交換公文案提出と覚？	目下中	当方正式協定を希望するも、先方は簡易な交換形式を希望。現在先方に有利なルートの問題あり。	

第二課				
中立国との海底電線分割	郵政省電々公社の最右的見見を照会中	上記諸案件何れも相互に関連あるので各案件につき処理方針を決定の上台北大使館において交渉せしめることとし、三月中に準備を終り四月早々統一的な訓令を出す予定	五月中	当方は現状維持を希望するも先方は引揚げ処分を主張する。又本件分割に当り中国当局と協定を結ぶことの法律上の可否の問題あり
中国に対する拿捕抑留日本漁船の返還要求	資料大成		未決	中国側は既に拿捕漁船中で、企業漁業の船となるべく、このため協力政権財産問題と関連せしめられる可能性大。
中国との漁業協定	要綱案作成準備中		未定	台湾の平和防衛警戒区域との関連
中国との財産請求権特別取極	同右		未定	当方の請求権が大で先方は容易に応じ得られないと見込まれる点が問題
中国との協力政権所産処理に関する問題	同右		未定	先方の主張強かるべく当方としては大陸事項とも関連し立前の問題あり。

課	事項	現状	見通し	問題点
第二課	日韓会談	両国関係早期調整を計るべく省内限りの交渉方針決定せるも大邦丸事件のため交渉時期遷延中	未定	戦後請求権及び漁業問題につき原則的対立あり。
	大邦丸事件	抗議文発出済なるも回答未接到	未定	李ライン防衛水域に関連する先方の不法な態度
	防衛水域問題	大邦丸事件とも関連し尚米側と折衝中	未定	朝鮮作戦に関連する軍事上の問題と、事実上出漁可能ならしむべしとの所為上策の調整の問題
課	フィリピンとの外交関係の樹立	相互に在外事務所を設置している。	本年一月末前後の通常国会に対日講和条約の批准案が上程されている。	賠償に関する諸問題
	インドネシアとの外交関係樹立	総領事の交換をしている	見透しはつかない。	賠償問題に見透しがつくことが必要である。更に平和条約への不満から制限的を望む声もある。
	インドシナ三国との外交関係樹立	外交関係樹立に関する先方申出を受諾しており	本年三月末迄にサイゴンに公使館を次いで未	ヴェトナムにおいては、わが公使館の設立を賠償

第	三		
		ンヤンに公使館を設定の予定	掛けている。
日比航空協定	PALの日本乗入れは平和条約未批准のため本年七月許可が失効する。	本年五月頃交渉開始の申入れある筈	PALにいかなる日本以遠の運輸権を許すかが問題である。
日インドネシア航空協定	GARUDAと日航の相互乗入れも協定する予定	本年七月頃交渉開始か予定	中共地域（上海の如し）乗入れを許すか否かの問題がある。
日比漁業協定	本年八月交渉の予定		
日インドネシア漁業協定	本年下半期交渉の予定		一昨年十二月賠償会議と平行して行われたがイ国は沿岸から六〇浬の特殊権益水域を主張してわが国と対立、協定成立に至らなかった。会談再開については先方の意向打診中。
[redacted]裁判	二月中旬横浜地方裁判所で公判に附せられる。比島側は同国の軍事裁判に引渡方要請している。	関係省とも連絡の上円満解決のため努力中	裁判管轄権問題

課題			
ビルマとの外交関係樹立	(1) 我方は日印平和条約に桑港条約の賠償条項を加えた案を用意している。 (2) 先方も条約案を完成したものと見られるが、役務賠償には満足せずしかも賠償に関する提案は日本側から提示すべきものであると考えている。 (3) 目下のところ、相互に相手国の情勢を見送っている。	賠償問題の見透しがつくまで進捗しない。	交渉又は処理に関する問題点賠償問題において桑港条約第十四条と第二十六条という大きなコミットメントがある日本の立場とビルマ側の役務賠償に満足しないという立場との調整が問題点となる。
タイの特別円残高処理問題	残高十五億円の処理について、タイは日本との交渉に米人顧問を起用して本件取上げはじめた。わが方は本件を戦争中に生じた諸般の対外問題と関連して検	東京にて打診的会談はすでに行われたが、今後はバンコックに交渉を移すこととした。解決には相当の時期を要するものと思われる。	(1) 本件成立の政治的背景を検討して本件をわが方の債権と認めるか否か。 (2) 支払うこととなった際は債務を円建、バーツ建のいずれとみるか

四　案

在タイ日本財産の処理	約一億バーツの日本財産は、平和条約により赤十字に帰すべきものであるが、タイはその一部を取得せんとしており三月四日のロンドン会議によりこの点が論議された筈で右の情報をまつている。	ロンドン会議でタイの要求が認められれば赤十字及びタイより何等かの通知がわが方にある筈である。右通知をまつて、わが方の対策を決定したい。	(注) 在タイ日本財産との関係 (1) タイが在タイ日本財産を取得する法的根拠 (2) 取得した日本財産の評価の方法 (3) 特別円残高より右を差し引くことの可能性
在印日本財産の返還	(1) 返還財産（一千百万ルピー）の内訳は四月にはインド側より示されると思われる。 (2) 返還手続を研究中にして、このためにも協定を作ることも考えている。 (3) 返還財産の一部を日印文化交流の基金とする案を一応取上げし、国庫支出によ		(3)については返還財産に課せられる課税額に見合う国庫支出を考えているが、その額が多額のため成立には問題あり

第　四　課

日タイ航空協定締結	り、同様の目的を達する方法を研究中。 TACの日本乗入れ許可期间（七月十四日）と日本航空会社のタイ乗入れとの関係上、四月中に締結すべくタイ側に申入れ、タイもなるべく早くバンコックにおいて交渉したい旨述べている。	五月中には交渉成立の見込総選挙後の特別国会承認取付方提出の予定	所要には台北を入れておくか、場合によつては台北に立ち寄らないことも考えている。
日印・日パキスタン航空協定締結	インドは日印航空協定の草案をやがてわが方に提示してくる筈	わが方よりの乗入れは本年中にはない予定なので本年十月頃には両国と相ついで東京において交渉致したい。	ビルマの通過に関しては正式の航空協定を締結せず他の方法によることと致したい。
日印漁業協定の締結	わが方は締結の意向なきもインド側は申入れる旨通知してきたから交渉に応ずる条約上の義務を有する（日印条約第三条）	時期不明	

第五課

引揚問題

(1) 中共地域邦人の引揚については昨年十二月一日北京放送により三万人の引揚に関し、中共側の意向が示され日本側民間三団体代表と中共側中国紅十字会との間にとりきめが成立し、三月中旬より集団引揚が開始されることとなった。

(2) ソ連地域については現在のところ見込が立たない。

(3) 国連捕虜特別委員会は本年八月開催予定の第四会期をもって最終報告を行い解散する予定のところ、捕虜問題の人道上の重要性に鑑みドイツ、イタリアと協力し、委員会の存続を要望する措置をとることとした。

集団引揚完了後の残留者、行方不明者、いわゆる戦犯の処理が今後の問題となる。

ソ連の協力が得られない。

五	課		
米国管理地域からの遺骨収集及び慰霊	(1) 昨年十二月米国との取極を了し本件実施のため政府派遣団が一月二十一日出発予定計画を終え三月十九日帰着 (2) アッツ島えの慰霊団の派遣について一月二十二日米側に申入れた。	今夏実施の見込	
ニユーギニア・ソロモン諸島所在遺骨の収集、慰霊につきオランダとの交渉	(1) 十二月十七日付口上書をもつて、オランダ政府に遺骨の状況に関する情報の提供方申入れた。 (2) 交渉は、上記地域の遺骨収集につき欧米三国が行う交渉折衝との交渉に併行して行う予定。	本年八九月頃終る見込	
その他東南アジア諸地域所在遺骨の収集及び慰霊	各在外公館に現況調査方訓令中 調査結果を検討の上具体的計画をねる。		

欧米二課

事			
沖縄及び奄美大島に関する事項	(1) 那覇日本政府連絡事務所の所掌事務の範囲拡大及び上記地域えの渡航手続の簡易化に関し、十二月二十九日及び一月二十八日日米合同会議で同僚わが方案を米側に提示した。右は現地米国民政府において研究中 (2) 奄美大島の日本復帰に関しては、大臣より非公式に米大使に申入れる案を一月末大臣の許に提出した。	二月末米側より回答ある見込 不明	
小笠原島民の帰島	昨年六月書簡で米大使に申入れて以来米側においてなお研究中	不明	米海軍の軍事上の要請
南洋群島における日本人の漁業活動	実現困難な現状にある。	当分見込はない。	米海軍の軍事上の要請及び信託統治協定の最恵国条項に関係する点

五

中村氏

極秘

二八、九、二五

回章

近藤総務課長

陸軍省
〇〇課長殿

業務進捗状況作成方の件

来る十月一日現在における本省の業務進捗状況一覧表を作成する必要がありますから、左記様式により、貴課の分を作成の上、十月三日までに、当課に御提出願います。

業務進捗状況一覧表　（二八、一〇、一）

主管課	アジア局第一課
案件名	
現状又は予定	
終了時期の見透し	
交渉又は処理に関する問題点	
備考	

(注)㈠総務課において整理編さんの都合もあるので、一覧表の用紙はすべて十三行罫紙を使用して下さい。
㈡字は、楷書で丁寧に書いて下さい。
㈢欄の大小も例示の大きさにして下さい。

23

極秘

大臣官房総務課

業務進捗状況　欧米局

課名	案件名	現状又は予定	終了時期見透	交渉処理に関する問題点	備考
第一課	日米著作権関係調整	日本側要綱案作成中右案の裁決あり次第アメリカ側に提出の予定。	早くて四月末乃至五月。	アメリカの純粋内国民待遇取極提案に対し当方は実質的相互主義を主張。	
	日米航空協定	公文交換直前に至りアメリカ側は不定期運送の問題を提起し来り目下米側資料を請求するとともに交渉中。	不定期運送の問題を分離することとなれば三月末、分離しなければ七月。	アメリカは指定航空企業に不定期及びチャーター運送の権利をも認めることを提案、当方は別個の取極とすべきことを主張	
	日米加漁業条約	カナダ議会で審議中。日米は承認ずみ。	二月下旬以降。	カナダが承認次第批准書を交換する。	
	日加航空協定	四月中旬交渉開始。	五月末。		
○	中米五ヵ国との国交回復（サルヴァドル、コスタリカ、ホンデュラス、グァテマラ、ニカラグア）	在墨大使に対し本件交渉開始方訓令中。	~~本年八月末。~~ 不明	法的措置。	
	在ヴェネズエラ公使館及び在キューバ公使館設置	予算及び法案次期国会に提出予定。	不明	予算及び法的措置。	
	在パナマ公使館（メキシコ兼任）、在ボリヴィア公使館（ペルー兼任）設置	~~法案次期国会に提出予定~~ 政令による設置 目下手続中	五月中	法的措置。	

A'1.0.0.15

課	事項	進捗状況	見通し	備考
	び在パラグワイ公使館（アルゼンティン兼任）設置	パラグワイのみ予定		予算及び法的措置。
	在ベレーン領事館及び在アスンシオン領事館設置	予算及び法案次期国会に提出予定。	〃	
○	在日ロ大使館容疑 星保障技術失踪問題	進捗中。 その後要求予定	不明 不明	ネン件 真相の究明、弔慰金支払い、犯人の処理を伯国政府に申入済、同人死体と思われるもののシンガポール港にて発見せりとの情報あり、目下二宮星港総領事において調査中のところ同人の死体でないこと判明 なお引き続き伯国政府と連絡しつつ調査続行中
二				
第○	在京外国公館用住宅の接収解除あっ旋	進捗中。	不明	
✕	中南米各国との航空協定締結	各国の意図サウンド中。 (i)ヴェネズエラ、同国エアラインに着陸を希望する場合は、日本政府又は航空会社が必要事項を正式に外交ルートを通じ申請すれば申入れに応ずる (ii)チリー、航空協定締結交渉の用意ありとの回答あり	不明	日本政府又は航空会社が必要事項を正しく
✕	ブラジルとの航空協定締結	近く交渉開始方申入の予定。目下航空局においてブラジルと各国との協定研究中	十一月。	航空局においてブラジルと各国と締結せる協定の研究に時日を要する。
	中南米各国憲法移民法その他各種法令の翻訳印刷	目下パラグアイのみ進捗中。	二十八年度中。	各館の資料送付督励のため督促中

課

事項	状況	時期	備考
サンパウロ市四百年祭参加協力体制確立	研究中。見本市のため、現地邦人が一千坪の会場を建設することに決定。政府展示会については、各省と参加規模及び予算措置を検討するため具体的資料の送付を現地に督促中	不明 六月。	主催者側のプログラム未確定、予算措置
権益問題（在外財産）（アルゼンティン、ブラジル、ペルー、メキシコ、キューバ、ベネズエラ、チリー等）	各公館において状況調査中。とくに、亜、チ両国については、それぞれ相手国の意向打診方を申入れ中		データーの不備。米、英、ソ、華四国共同管理にかゝる国有財産につき右四国の協力が望めない。
在外邦人財産 在外邦人実体調査	とくにブラジルとは平和条約 [illegible] 目下 [illegible] 企画中	二十八年度中 不明	在外邦人財産に関しリストの [illegible] 大蔵省と連絡協議中。 [illegible]
ラテン・アメリカ総領の改訂	企画中。	二十八年度中。	資料の入手及び予算
中南米事情照会	進捗中（月間三、四件平均）。	随時	
証明事務	進捗中（月間二一件平均）。	〃	
所在調査	進捗中（月間三四件平均）	〃	
ブラジルとの文化協定復	研究中	二十 [illegible]	
治 中南米諸国との外交強化	とくにメキシコ国との間に目下折衝中なるも、 [illegible] 当方は余り乗気でない。 [illegible]	不明	予算

二 中南米各国の在日名誉領事承認問題	[illegible]の件懸案。	随時	
○ チリー国に地震計二基寄贈	手続中。	六月中発送予定。	作動検査及び発送
○ 在日ペルー二世の登録問題と帰化問題	法務府、警視庁在日ペルー公使館と連絡協議中	不明	ペルー政府の入国許可
亜、墨両国の対日賠償請求問題	[illegible]中。メキシコの分は目下大蔵省において又[illegible]中	不明	国協四課及び大蔵省にて研究中。
昭和二十八年度予算（移民振興費）	昭和二十八年度移民振興費予算は国会解散のため、暫定予算ということになり、事業費は削減移住あつ旋所経費一二五九、〇〇〇円のみ（四、五月分）認められる予定。		移民の送出は現地入植の適期が八月までであるので、六月以降の暫定予算案又は本予算案に渡航費貸付金約三億円、移民事業費約一千万円及び[illegible]外国旅費及び現地調[illegible]三千四百万円を計上する方針である。
○ 第一回アマゾン移民受入状況の件	(一) 第一回アマゾン移民十七家族は三月	(四) 三月二十一日頃 [illegible] 予定	

課

神戸移住あっ旋所機構の拡充

(一) 外務省の一部を改正する法律。神戸移住あっ旋所

(二) 神戸移住あっ旋所組織規程

(三) 定員増に伴い斡旋所職員採用方の件

七日ペルーへ到着予定。吉尾氏外七名に夫々配耕された。

(二) 右確認のため本省員一名出張。

(昭和二十七年法律二八三号)

(一) 昭和二十七年十二月二十六日公布施行。

(二) 昭和二十八年一月三十日公布即日施行

(三) 定員としては
事務官　四名
雇　三名

昭和二十八年度予算は一応認められていたが暫定予算措置のため不能となった。但し所長一名の定員は認められている。

(二) 四月十四日頃帰京の予定

(三) 定員として事務官四名だけでも可及的速かに認められたい。

理由

現在非常勤職員のみで身分上事務処理は不能であるため本省員が臨時交替にて出張し之に当っている。

第　二

海外移住局設置の法律案	内閣委員会に提出審議中なりしところ解散のため再提出の予定。		
移民運送船に関する件	(一)O、S、Kは、とりあえず、あめりか丸、あふりか丸の二船が改装し移民船として就航予定。 (二)ロイヤル、インターオーシアンでは定期船を改装毎月輸送七月下旬に場合によっては臨時船一隻就航の予定。	(一)O、S、K、 六月下旬　五〇〇名 七月下旬　五〇〇名 (二)ロイヤル、インターオーシャン 五月　三五〇名 六月　三〇〇名 七月　三二〇名 七月下旬　四〇〇名 (臨時船)	入植の適期は乾季のため三～七月中に配船送出するのが最も理想的であるため出来るだけこの期間に送出を完了したい(計画移民)
現地調査団派遣	(一)昭和二十八年度入植予定地の実状の調査。 農林　三名 外務省　一名 在外公館　一名 (二)現地受入機関の問題についての調査。 外務省　一名	(一)六月十四日予定 (二)六月十四日予定	(一)入植適否及び適する場合の農作物の生産状況並びに生活について調査、 (二)移民送出に当り現地受入機関の整備しあるや否や、及び将来の方

三

北伯移植民地の現況	在外公館　一名 大蔵省　一名		針等について調査	
三課				
イギリス大使館の外交用無線機使用について	相互主義に基いて認める方針なれど郵政省が反対。	簡単に片づきそうにない。	日本に割当られた周波数が少いこと。電波法上支障があること。	
戦犯仮出所赦免要請（英、濠、ニュージーランド）	巣鴨については一般赦免及仮出所勧告、マヌス島関係については内地服役要請。	仮出所勧告は現在のきまでは一九五五年ご終る見込。	平和条約十一条をいかに政治的にうごかしてゆくかという点。	
墓地協定	二月濠側の案の提示あり。目下研究中。	国会解散となつたので、暫定協定を更に延長の要あり。	画が買上げるとしても価格の点。	条三
日濠漁業交渉	出漁準備中。	濠側より四月十三日カンベラで交渉開始の申入あり。	公海自由の主張と大陸棚の主張が対立する。	条一
近所墓地の処理	最終案を作製中。	最終案作成次第申入れるつもりなり。	遺骨を全部日本へ送還するため、相手国の協力を要請する。	一六
呉・佐世保の国連軍人犯罪	（突発的）		日本側が逮捕したときは身柄引渡し、先方が逮捕した時は日本当局への出	条四

第	BCOF物資代金の支払	濠側から支払方法の討議を開始したい旨三度申入れがあり、日本側は延期を主張している。	本年一杯はかゝる見込	日本側は対米の同種の債案一部が確定するまでは待ちたい旨のべている。	
	イギリスよりの戦前の請求権問題	英側から請求権三三九件についての支払要求があり我方は目下検討中である。	終了時期について見透しはない。	事実の有無を確認する段階にある。	特需調査室
	シドニー総領事館設置	本年はとりあえず二名の出張駐在を認めた。	昭和二九年度予算に於いて総領事館新設を要求する予定。	なし	経四
第 四 課	国交再開交渉	(1) オーストリア、一月三十一日付をもって公文を交換したが、使節交換については、オーストリア側にて連合国理事会の同意を取付ける予定。 (2) ルクセンブルグ、三月十日付をもって公文を交換三十一日信任状捧呈。			

課

クレーム

航空協定

(ニ) イラン イラクとの国交再開交渉を二月十二日在カイロ與謝野公使に訓令、目下先方にて検討中。

ポルトガル チモール島における日本軍による被害に関連し再開条件を交渉中。

北欧三国ならびにオランダとは二月中に正式調印を了したが、フランスとはヴエトナムとの関係で未だ仮調印に至らない。フランスとの協定に係らしめられている。ベルギーとの協定も従つて未だ仮調印に至らない。

(1) スエーデン、昨年十二月覚書をもつて、

(i) スエーデン国民の保有する日本国債お

四

第

よび公債（一四四万二二〇〇クローノル）の元利支払。(ロ)日本軍が占領地域下において徴収したスエーデン国民資産約一七五〇万クローノルの中特に同情すべき一五〇万クローノルの早期解決方を要求して来た。右は外債支払協定平和条約第一六条とも関連し、また、スエーデンに凍結中の日本側資産とも関連するので交渉中。

(2) スイス　二月口上書をもって(イ)対日クレーム(ロ)在同国日本資産(ハ)外債利払の三問題を一括して二月中にベルンに於て交渉を開始したい旨申入れがあった。わが方は右の三問題

五

課

は別個の問題と考え(ロ)は東京において、(ニ)はベル　ンにおいて交渉すること、(ハ)は日仏交渉の結果を挨つ必要があるので交渉については追つて決定することとした。

(3)

スペイン、二月口上書をもつて、比島に於ける外交官を含むスペイン人の蒙つた人的及び物的損害につき三九二七万四八〇六ドルのクレームを申し入れて来た、中国外交官被害事件の先例もありスペイン外交官関係を先づ解決する方針で交渉中であるが、先方は一括処置を主張している。

第四

B・C級戦犯問題

(4) イタリア、一月エード・メモワールをもつて外交官関係クレームとして計五〇万ドルを申入れ来たが、個々の資料なく、他との均衡もあり検討中。

(5) オランダ、昨年十一月わが方から個々のケースにつき調査することを申入れたが、本年一月先方は右に反対しグループ別に考慮すべきことを主張してきた。

(6) デンマーク、在日デンマーク公使から二月対日クレーム表を提出、目下検討中。

フランス―一月オリオール大統領は西村大使に対し関係書類を検討し、司法最高評議会の意見

六

	第四課
元ソ連代表部問題	旧ドイツ大使館敷地
本件については対策を	を徴した上同情的に考慮すべき旨述べたが未だ決定に至らない。 オランダー一月エードメモワールをもって善行加算、未決通算に異議なきこと、仮出所については委員会を設け個々のケースについてその審査勧告に基き決定すべき旨通報越した。 先方は関係判決文コピーを有しないので、わが方に於てインドネシア政府に対し入手方交渉中である。 同敷地は国会にその使用を認めた経緯があるので換地を斡旋することとしたが適当なるもののなく再度国会側と交渉する予定である。

第五課
種々考究中であるが、諸般の考慮から強制退去等の強力手段に訴えるようなことは差し当り考えておらず当分の間本現状のまゝ監視を加えてゆく方針である。

七

極秘

45

業務進捗状況 第一号

経済局

大臣官房総務課

課名	案件名	現状又は予定	終了時期見透し	交渉処理に関する問題点	参照
一課	日米通商航海条約締結交渉	問題点は合意ずみ。目下条文整理中。	近く調印の予定	投資保護、為替管理	
	輸出統制関係 (1) 調整委員会	加盟国として事務処理を行っている。		(1) 出先（パリ、香港）本省の機構整備	
	(2) 中国委員会			(2) 品目別統計整備	
	(3) 日米間交渉	進捗中		(3) 送付資料翻訳整理	
	日米租税協定	検討中	日米通商航海条約調印後成るべく早期に締結を希望	通商航海条約との関係	
	日英海運協定	一月二十九日覚書にイニシアルを了した		クローズドコンファーレンスの取扱	
	仏貨国債処理	二月二日に交渉再開	国会解散のため一時中断し六月十日頃に再会申入れるよう訓令した。	円金約款 仏貨価値低落補償の程度 国際司法裁判所への付議の可否	
	陸揚げされた中共向米国産品の処理に	積戻手続を実施させている	三月	米国資産凍結令により日本に	

経済			
関する日米交渉	なお実施上問題となる余地あり		おける売却代金の剰余が中共に帰る時はこれを封鎖することを米国側が要望している日本の現行法上はかかる措置をとれない
日本主要経済統計集作成	第一回昨年十二月二十五日完成	定期に改訂を行う	国際会議及び経済政策立案の基礎資料
主要商品輸出入現況調	第一回一月上旬完成 第二回三月下旬の予定		貿易支払協定運営状況検討の基礎資料
関係者との定期連絡会議 (1) 閣僚審議会 (2) 外貿審議会 (3) 海外投資促進協議会 (4) 海外支店等設置運用連絡会 (5) 通商政策研究連絡会 (6) ジェトロとの連絡会 (7) 主要商社との連絡会	(1) 毎週水曜日 (2) 審議会(第一、第三火曜) (3) 毎週木曜日 (4) 毎週金曜日 (5) 月二回 (6) 月二回 (7) 月二回		(1) 貿易支払協定の運営在外公館送金 (2) 貿易振興 (3) 東南ア開発を中心に通産、大蔵と連絡 (4) 本邦の在外商社の活動と為替送金、確保 (5) 通産省との事務連絡 (6) ドル・ドライヴ市場開拓方策 (7) 民間業界指導者の啓発
諸外国の本邦輸出品に対する取扱の批判調査	進捗中	本年度中	貿易政策

二課			
諸外国における投資受入体制調査	進捗中	本年度末	通商条約外資法各事業法との関係
諸外国における外国法人対策調査	進捗中	本年度末	
IMF関係			
対基金平価決定	二月二十日基金はわが方に対し平価通告を行うよう要請して来たので三月十日通告	四月末までに基金当局の決定承認があるはず。	
為替制限に関する協議	関係資料提出済の項の平価通告と共に為替制限の存続につき協定十四条第二項を援用する[illegible]ことを通告した	現行制限の存続について協議があるはずであるが時日は未確定	
円貨の払込	平価決定后三十日以内に払込む要あり、国内的手続国債をもつて代用することゝは完了基金との取極めのみ未了	平価決定后[illegible]	
輸出振興外貨資金制度	IMF理事会は[illegible]制度の廃止についての[illegible]検討中	二月よりの理事会の本件についての態度が決定される見込であったが、引きつづき延期の模様	わが国の[illegible]各国のそれに比し基金の原則と[illegible]し、抵触はないがその存続について検討中

経済			
国際小麦の協定			
第八理事会（再開）会議における小麦協定改正審議	二月二日よりワシントンで会議開催中	三月末又は四月初終了予定	わが国の輸入保証数量の増加並びに価格及び協定期限の決定
改正小麦協定の署名	武内代表署名のため閣議請中	三月末又は四月初旬署名の予定	
国際ゴム研究会関係			
第十回総会代表	代表者選衡中	三月下旬	
同会議提出用メモランダム	三月二十六日までに作成すべく作業中	四月一日までに事務局へ提出	
同会議用統計表	通産省に原案作成依頼中	五月初旬提出	
技術援助関係			
技術者の派遣			
1. 国連の要請によるもの	一六五名国連TAAへ推せん中	近く一部決定見込	採否の決定がおくれるため応募者が一身上の処置に迷うおそれがある。
2. FAOの要請によるもの	三九名を推せん中	五月頃一部決定見込	
3. 各国政府の要請によるもの	パキスタン大使館より、大学		

二

	教授のあつ旋方要請があり候補者を選考中		採用条件が不明確（大使館を通じ問合せ中）適格者の選考が困難である。
4. 各国民間団体の要請によるもの	チリー、ドミニカ、インドから要請がありドミニカに四名インドへ三名推せん中	四月乃至五月決定見込	
二、受入			
1. 国連奨学金によるもの	五名申込の中二名（比）中止（比、パキスタン）は本年四月末日の予定 一名（タイ）は未定	三ケ月乃至四ケ月滞在	
2. 各国政府奨学金によるもの	(1) インドネシア 一〇名 (2) タイ 二名 来日中 ビルマ 一名 (3) インドネシア 六〇名 来日の予定	半年乃至一年滞在 本年 五月帰国 四月来日の予定	
3. 私費によるもの	(1) インド人一名来日中 (2) 在外公館を通じ、インド、セイロンから各一名申込 (3) 直接私信にて申込し者 インド 二九名 パキスタン 二名 身元調査依頼中		

三 フェローシップ及びカラーシップ			
1 一九五三年度	(1) 社会福祉八名決定中うち三名出発すみ (2) 行政、経済開発一八名推せん中四名決定の予定	一名は一年、七名三ヶ月乃至四ヶ月	
2 一九五四年度	本年六月末までに国連に候補者を推せん		
3 旅費の件	(1) 国連が往復旅費を負担し受益国が二〇〇ドル相当の自国貨を負担する案が正式に決定すればこれをわが方は受諾する。 (2) これが決定までの間の処置として国連往復旅費負担我方半額の日本円負担の案を提示中	七月に決定する予定 四月に決定する予定	
エカフェ関係 鉱物資源開発会議（開催地東京）	四月二十日から二十八日までその后は五月九日まで視察旅行参加人員約一〇〇名	五月十日頃残務整理を除いて完了	一、四月十五日から連絡事務局を会場（雅叙園観光ホテル）に設ける必要がある。 二、その他一般に設営接待関係

二　課

事項	内容	見通し	備考
			三、日本代表に対する訓令作成その他
事務局職員候補者推せんの件	貿易振興課長ほか四ポストにつき候補者推せん中のところ農業部長に一名採用内定	未定	貿易振興課長には至急新たに候補者を選考する要あり。
海運関係 二重課税相互免除協定	(1) オランダミッションより戦前の協定復活の申入れあり	今年中には解決の見込	(1) 戦前免除の対象であった営業税が地方税事業税となったので今般の地方税改革に際しこれを免税の対象とすることに大蔵省と打合せ方決定次第交渉に入る
	(2) スエーデンミッションより覚書をもって新たに締結方申入れあり	同右	(2) 同右
	(3) 米国より口上書をもって戦前協定復活に関し問合せあり	同右	(3) 米国が平和条約第七条により復活するか国内手続により実際的解決を計ることが問題である
コンフアレンス問題	(1) 北米航路	今年中に解決の見込	盟外船イスブランツエンが米国海運當送法違反として提訴し表決、
	(イ) 二重運賃制度の実施		
	(ロ) 運賃オープン化の実施	同右	右のため三月十一日より対米輸出品

経済			
	(2) 英系船会社との対立		十項目の運賃をオープンとしたが、運賃競争を惹起し海運界への影響懸念さる。
	(イ) 欧洲航路では郵船商船が認められ三井は許されていない	解決見通し困難	英系クローズコンファレンスへの加入は困難であるが、海運の海外進出のためには必要但し政府は介入出来ない、
	(ロ) 濠洲航路では郵船商船は認められたが、山下は許されていない。	同右	同右
	(ハ) 印パ航路では郵船(三井)、商船(山下)は加盟を認められたが、新日本及び国際は認められない。両者は公取に提訴した	今年中に解決の見込	同右
FAO関係			
(1) FAO憲章に基く年次報告	農林省、厚生省に原案作成依頼中	三月十八日までに成案を作成し四月一日FAOへ提出	
(2) 一九五二/五三年食糧需給報告書	農林省へ原案作成依頼中	三月二十五日までに作成し四月早々FAOへ提出	一九五〇/五一年度分の改訂報告も同時に提出すること

二　課

(3) 農業行政に関する質問表	農林省へ原案作成依頼中	三月二十日までに作成し四月早々FAOへ提出	
(4) 一九五二年度漁業統計質問表	水産庁に原案作成方依頼中	三月末までに作成し四月十日頃FAOへ提出	
(5) インド太平洋漁業理事会執行委員会日本開催の件	提案国提案を水産庁に作成依頼三月十八日までに在タイ大使に送付の予定	委員一行滞在四月九ー十二日 会議四月十一ー十五日	理事会第六回会議（一九五四年以降）を日本開催に関する原則事項の決議決定
(6) 国際米穀委員会日本開催準備打合せのためFAO係官来日の件	六月末までに来日予定なる詳細な時期及び計画については在タイ大使に照会中	六月末	
ガット関係			
関税交渉会議準備			
(1) 関税譲許要求及び関税要求表作成	大蔵、通産、農林、外務の協力を得て本省にて原案作成中	第一次作業五月下旬終了予定	わが国関税引下げ限度の決定及び相手国関税引下要求品目の選定と引下要求率の決定
(2) 資料交換	在外公館を通じわが国の関税表貿易統計を交換予定国に送付し併せて関係国の関税資料要求中		
特別締約国会議におけるわが国の加入条件及び時期の決定		六、七月頃	会議の開催期日は専ら米国互恵協定法の延長如何に関連している。

経済			
関税関係 関税定率法等の一部を改正する等の法律案	(1) 第十五特別国会に提出された上記法案は、三月十四日衆議院解散のため審議未了となった (2) 然し、本法案中砂糖の減免税を継続する部分のみを本法案から摘出し衆議院の緊急集会に提案、目下審議中である。	本件は本月末日までに実現される見込	
国際原料会議 モリブデン第[illegible]回生産割当審議	小委員会で割当量について目下審議中	三月二十日頃決定の見込	第二四半期の割当量[illegible]に消費した分量については、次期に割当の増量を要求することのあるべき権利を条件に割当量を受諾する。
国際錫研究会加入問題	検討中	未定	加入実現の際は会費年[illegible]ポンド(一万[illegible])本会協会に支払う要あり。
米国からの棉花借款	日本側の希望条件等ワシントン大使館を通じ輸出入銀行と折衝済 目下懸案は金利の点のみである	三月末	米棉輸送船舶問題借款の金利の問題あり

五

三	課		
米国輸出入銀行よりの借款	三社融資要請については目下折衝中右以外一、二計画準備中のものあり	一件づつ順次解決してゆくので特定の時期なし	政府側は重要度の順位をつける必要あり。
米国の外国資産管理令適用除外	日本産豚毛の輸出手続設定に引続き支那風食料品等の対米輸出手続の日本案を在日米大使館を通じて米側に提案中	逐次認定品目毎に手続設定	
米国の日本畜肉輸入解禁	解禁方申入れ	六月米国係官来朝の予定	米国検疫法の除外処置を求めること。
アラスカ関係林開発	米側との大綱の話合い完了	本年中	
米国の対外援助	資料収集	[illegible]	対日援助の状況と将来の把握
米国の経済事情、カナダの貿易資料	同右	同右	世界の景気動向、日本の通商問題についての資料
相互安全保障計画	調査実施中	同右	アジア諸国と日本の提携の参考資料
米国米の買つけ	四～六月期割当に応ずる買付進行中。		長期買付契約につき検討中

経済			
輸出優先援助	米から輸入を要する機械などの優先援助を申請中	今後毎月四・五件ある見込	米の統制緩和に従い漸次減少している。
陶磁器等の関税引上問題	品目別に説明資料を作成、主な品目は並級陶磁器、絹スカーフ、木ネジ、時計、バネ等で高級陶磁器については二月引上申請の却下が決定した	時宜に応じ申入れる	新政権の関税政策の決定に俟つところ多い。
日加通商協定	交渉中	本年上半期	日本品に対しカナダの最恵国税率適用を確保すること。
関税交渉資料作成	作成中	二月中に完成の予定	関税率を引下げるよう考慮する要
ウルグァイとの新貿易協定	正式交渉開始方調整すみ	昭和二八年四月二八日までに締結可能の見込	オープン勘定協定とする
アルゼンティンとの通商取極め	交渉中	四月中旬までの見込	日亜両国輸出品の割当調整の問題が重点
アルゼンティンとの通商航海条約	復活問題につき照会中	近く回答を期待	平和条約7条12条との関係
通商交渉団派遣(キューバ、ヴェネズエラ、ハイチ、ドミニカ)	目下各国訪問中	四月中旬帰国の予定	親善及び貿易(わが方入超)調整・関税引下げ

経済三課			
アルゼンチンでの日本博覧会	準備中	四月二十日から二週間	
アラスカ基地買付	コントラクターズの売込と併せて国防省の直接買入申入れを検討	三月中旬セメント、板ガラスのアラスカC・I・F価格を通報すみ	建設予算中占める資材買付費、国防省買付の方法、アラスカC・I・F価格コントラクターとの関係あり。
差押えられた商標の解除	商標"蓄音印"の解除方申入れ検討	十月初旬に有効期間がきれる。	平和条約第十四条と対敵財産法との関係
マグロの対米輸出調整	本年度は昨年度同様自主規制の上実施、来年度の枠につき検討中	四月中旬以降の米国漁獲期をひかへて対処	冷凍及び缶詰の各々について米国業者との利害関係及び米国関税委員会の活動を注意
世界銀行よりの融資要請	融資要請計画につき再検討中 目下ワシントンにおいて交渉中	本年中	尨大な融資希望計画の優先順位の問題
日英支払協定の運用に関する協議	一月二十六日より協議開始	未定（約二週間の予定）	スターリング地域の対日輸入制限の緩和方交渉すること、
英ヘ商標意匠承認	英国商務省要員の来朝一月中旬来朝予定	両人は約三週間滞日予定	意匠盗用問題を中心として日英双方の商業界実情、意匠に関する法制等について討議する
船舶登録化政制定表	一九二三年日英登録相互承認協定に基く申入れがあった	一応中間回答をなし目下運輸省よりの技術的検討の結果を待ちつつ有り。	原則的には英の提案に異論なきも技術的には研究を要する。

課	四	経済	
香港政庁の対日輸入制限	英側より香港の対日輸入制限は英国の全般的国際収支改善を目標とする旨回答あり。		
テマンガン鉱山開発	サラワク政庁から日本資本及日本人の入ることを拒否している。	シンガポール総領事の返答による。	
日印合弁鉄鉱開発	高碕氏は印度政府代表と交渉して帰朝		現地の調査を要す調査団は二月中旬出発予定
印度炭買付	印度政府は本年度中に対日七万トンの輸出割当を提起した		印度炭が米炭に比し割安なり民間業者が積極的である。
日印技術協力取極	日本政府としては本件を急がない様にする旨印度側に通報	印度側からの公式提案を待ちつつあり	経済調査方法が一般的問題となるべし
日パ貿易協定交渉	可及的速に交渉できるようパ側に渡日方要請中	所要時日約三週間	日本側でパ棉買付額を確約する要あり又パに日本の機械類について繰延払等の便宜を供与する要あり。
パキスタンにおける日本商社設置	パ側は日本商社支社の登録を認める旨通報して来た		従来パは外国商社進出に反対であったので今回の態度変更の意味を検討しなければならぬ。
日パ農業バーター取極	近く現地調査団派遣の予定		

七

経済四課

日パ米小麦交換取引	順調に略完了	本年三月末	
ビルマ通商使節団派遣	民間政府両代表を二月中には派遣すべく折衝中		ビルマ政府として反対しない旨の回答あり
日本ビルマ貿易協定	右の成功の場合交渉開始を希望		ビルマ米の長期契約を希望するが困難なるべし
濠州大麦の長期輸入取極	五年間長期契約成立		
濠州の対日輸入制限緩和	回答を待ちつゝあり		濠の対日輸入の相当部分は政府予算に依存するので輸入制限緩和のみにては輸出増進とはならざるおそれあり
濠州粘結炭の輸入	在米日本大使館を通じMSAの示唆あり	濠州炭について技術的検討の結果を回答を要する旨を照会	品質的にあまり良好ならず
平和条約第十二条に関する[illegible]行なはる	南方諸国は[illegible]を政府間協定をしているので日本と南方諸国は[illegible]で平等な待遇を与えている[illegible]のみ定	未定中	
日タイオープンアカウント旧勘定清算	清算に関する交渉は前年来[illegible]については合意成立	近く書簡交換の予定	昨年十一月現在で新旧勘定を相殺して清算する。

経済五課

タイ米の買付	三月初旬日本向六万七千トンの割当があつた。なお八月末までにGG米二万五千トン確保方努力中	船積は四月中に終了の予定	契約条件、船積予定等現地に指示しタイ側に交渉中
タイ向鉄道車輌の輸出	タイは六五〇万ドルの鉄道車輌を四ケ年計画にて買付の予定である。	各社入札中 六月頃迄に成立度余終了の予定	政府として延払融資につき考慮している。
日華貿易会談	二月五日以来東京において、新貿易、支払取極及び貿易計画締結のための会談開催中	最大の問題たる粗糖輸入見積額につき両者合意に達せず終了時期未定。	台湾側は粗糖五〇万トンベース輸出入各一億ドルの貿易計画を主張し我国は三〇万トンベースとし輸出入各七千七百万ドル程度を主張している。
台湾粗糖買入れ	昨秋来問題となっている台湾粗糖二〇万トンの輸入公表を行うための交易条件につき中国大使館及び信託局と折衝中	近く妥結の見込	価格、決済、輸送等の問題につき中国側譲歩せず。
台湾におけるMSA資金による入札より日本排除の件	昨年末来台湾がMSA資金によりスフ綿その他十一品目の入札を行った際、日本商社に参加の機会を与えなかったことにつき在台北米大使館を通じMSAの考慮を促しつつある。	米大使館より、台北、及び国務省え考慮を要請しあり。	スフ綿、ゴム履物等台湾に依存度の高い輸出品が打撃を受けるので強硬、再考方要請している。

済　五　課

日華海運問題	従来著しく我が方に不利であつた海運問題を貿易会談にて取上げ日華平等の原則を確認せしめんとしたが中国側は海運問題は民間の問題なりと逃げ日本船会社間の競争を利用しコンファレンス加入を餌に中国側の優位を保持せんとしている。	中国側譲渡の色なし	従来日台航路に邦船の配船は許されず最近漸く郵船、商船二社の定期航路加入が認められたが、之もバナナの輸送に限られ且対二の比率とされ、砂糖、米等のバルクカーゴーについては中国側は我方船会社間に競争せしめ未だ妥結の曙光もみない。我方としては貿易会談にて極力日華平等の原則実現に努力中である。
佛印関係MSA購入医療器具に対するクレーム	曩にMSAが佛印向けとして発注した日本製医療器具が著しく規格違い又は品質粗悪であつたため米国より強く注意を喚起されたが将来我国輸出にも重大関係があるので厳重取締への[illegible]の方針に[illegible]	納入品の取換え修理についてはEPSと業者にて交渉中 将来の対策は通産[illegible]研究中	本件に関する限り商業クレームとしては或程度我方業者も負担を回避し得るも粗悪品の米国及び佛印に与えた悪影響についての対策について研究中
フィリピン向輸出促進	十[illegible]百[illegible]上[illegible]入れた。	現在[illegible]た。	[illegible]敷設に鑑み輸[illegible]
インドネシアに日本商社支店設置の件	イ政府に申入れ[illegible]回答なし。	目下の処見込なし。	イ政府は日本に限らず外国商社の支店設置を好んでいない。
日イ合弁会社設置の件	研究中		日イ間勘定残高六百万ドルを利用せんとしている。
日韓暫定海運協定延長の件	近く韓国政府に対してこの	四月中	現協定により大なる支障なく著し

課	件名	状況	完了見込	備考
経		期限延長につき申入れる		改訂するとせば、日本側船会社の支店設置許容等の問題もあるが、これらの問題を現在韓国政府が承認することは期待出来ず却って交渉を困難になす恐れがあるので取り敢えず現協定を単純に延長する。
	日イ通商会談の件	五月上旬東京において開催の予定	六月中旬	本年度は通商会談を早目に開催しこの際現在懸案のボンド決済、スウィッチ・ミッション、船舶問題等を一括討議する。
経済六課	スウエーデンとの貿易計画の改訂及び支払問題の交渉	昨年十二月末頃から交渉中	本年四月中に完了見込	支払問題については了解がついていたが、貿易計画については若干修正を要する。
	ノールウエーとの通商航海条約締結	ノールウエー政府は本年四、五月頃オスローにおいて新条約の締結交渉開始を希望している。	本年中には完了の見込	
	日独貿易計画の改訂	本年五月初旬ボンで交渉の予定	交渉開始一ケ月の見込	
	日佛通商航海条約の締結	本年中にパリで交渉予定	未定	関税に関し最恵国待遇を仏側に認めさせるのに相当の困難が予想される。

経済六課

日佛貿易支拂協定、貿易計画の改訂	本年五月頃交渉開始の予定	交渉期間二ケ月の見込	
日白貿易支払協定の改訂	本年六月頃交渉開始の予定	交渉期間二ケ月の見込	現在の記録勘定制及び在日ベルギー大使館のヴァリデイションを廃止する点
日西通商航海條約の締結	目下マドリッドにおいて交渉中	本年中に完了の見込	
日西貿易支拂協定の締結	目下マドリッドにおいて交渉中	本年夏頃までに完了の見込	
日伊通商航海暫定協定	昨年四月より交渉継続中	本年夏頃までに完了の見込	
エヂプトとの貿易支払協定の締結	目下カイロにおいて交渉中	本年夏頃までに完了の予定	日本綿製品に対する附加税の撤廃
中近東え通商使節団派遣			
トルコとの貿易支拂協定の締結	目下東京において予備交渉中	未定	
ギリシヤとの貿易支払協定の締結	目下ロンドンで予備交渉中	未定	
ユーゴー経済使節団との貿易交渉（資本財の対ユ輸出及び通商航海條約の修正等）	三月十八日より交渉中	交渉期間一ケ月	資本材輸出について我方が如何なる程度クレディットを与えうるかが問題

極秘

業務進捗状況 第一次

大臣官房総務課

国際協力局

主管課	案件名	現状又は予定	終了期日の見透	交渉又は処置に関する問題点
課	(一) 国連加盟問題	懸案	不明	昨年十二月国連総会が設立と決定した加盟問題を審議し、今秋の総会に報告書を提出する十九国特別委員会の活動如何が問題となる。
	(二) 準加盟問題	懸案（米側に対し日本側試案要綱を提出してある）	不明	(1) 本件を推進すべきか否かは、国連加盟問題の成り行きと見合せて決定すべきである。 (2) 推進と決定した場合は、日米間で関係各国の受諾可能な準加盟案を作成し、米をして関係各国の意向を当らせ、次いで同案が総会で採択されることが必要である。
	(三) 朝鮮市民緊急救済計画に対する今年度拠金の件	統一司令部は五万ドル相当額を折半し綿製品、薬品をもって拠出することを受諾し買付及び引渡は厚生、通産に事務を委託した。	厚生、通産による統一司令部への引渡は三月中に終了の	

第　一			
		予定	
(四) 一九五三年度ユニセフ及び拡大技術援助計画に対する拠出申出	わが国はユニセフに対し、一〇万ドル相当額の物資を拡大技術援助計画に対しては八万ドル相当額の邦貨の拠出を国会の承認を条件として申出た。	明年度予算の国会承認あれば拠出手続をとる	(1) ユニセフへの物資拠出は本年度と同様通産省企業局特需課に当らせる。(2) 拡大技術援助計画に対する各国拠出が目標額二五〇〇万ドルに達しない場合はわが国に対し五三年度拠出増加方要請があると思われる。
(五) UNKRAの朝鮮再建計画による買付に関する件	本件買付に関しUNKRA輸出税、再輸出の際の輸出入税物品税の支払免除方を要請し越したので当方は現行税法上これらの税はかからぬ旨を説明先方も一応納得した。	輸出税関手続上の円滑化について今後先方の申出に応じ話合を行う。	政府としては現行輸出法令、税法を排除するような特権を与えることはあるまいが、手続上の処理は関係事務当局との話合により出来る限り便宜を図る。

主管課	案件名	現状又は予定	終了期日の見透	交渉又は処置に関する問題点
第一課	(六) UNKRA極東本部職員に対する特権免除拡張の件	懸案	不明	UNKRAは、今回の朝鮮再建計画に基く七千万ドルの買付問題にからんで現行の「国際連合の特権及び免除に関する国際連合と日本国との間の協定」による特権及び免除以上の一般外交特権・免除の付与を要請している。
	(七) 報道の自由に関する報告	報告書作成中	一、二月内に終了予定	報道の自由に関する政府の見解等を経済社会理事会の任命した報道の自由に関する報告者に報告する。
	(八) 奴隷労働に関する件	関係各省よりの回答の英訳を検討中	三月末の見込み	関係各省よりの回答の英訳を国連あて送付
	(九) 世界における社会状況に関する予備報告に対	関係各省よりの報告を取りまとめ中	三月中	報告出揃い次第英訳の上国連へ回報する。

する日本政府の見解			
(十) 国連活動調査	毎月世界月報国際週報国連月報に掲載し、又問題によって国連基礎資料として刊行する。	なし	正確迅速を期すること
(十一) 国連寄託図書館	引続き国連刊行物を受領執務に利用している。	将来ともつづける	利用に便ならしめる。
第二課			
一、WHO西太平洋地域委員会(第四回)の本邦開催問題	本件委員会の開催は客年九月の第三委員会の決議により本年九月の第三週の予定であるが、開催地に関しては委員会開催の六ヶ月以前に何れかの国から招請があった場合には、その国において行うこととなっ	九月第三週	招請は、委員会開催の六ヶ月以前に西太平洋地域事務局(マニラ)に対し行わなければならないから、遅くとも三月中旬迄には招請状を発送の予定である。本件に関する予算は厚生省来年度予算案に計上ずみ。

主管課	案件名	現状又は予定	終了期日の見透	交渉又は処置に関する問題点
二課		たので、目下厚生省と協議の上招請状作成中		
	二「小児麻痺および肢体不自由児の療育計画」の実施のための補足協定の締結	WHO事務局より送付の協定草案に対する外務省側見解決定、厚生省からの協議を待機中	未定	上記三つの協定草案に対しては、厚生省の意見回示を待ち、わが方との意見の相違が大である場合には、更に協議の上調整、できうる限り速かに署名調印を終了する予定
	三「早産児養育計画」の実施のための補足協定の締結	同	未定	同
	四「国立精神衛	同	未定	同

第			
生研究所に対する援助計画し実施のための補足協定の締結			
五　ＩＣＡＯ第一回国際航空会議において我が国の加盟促進を努力	本件航空会議は本年二月二十四日カナダ・モントリオールにおいて開催され目下会議進行中	三月中旬	わが国よりオブザーヴァーとしてカナダ大使館稲垣参事官、運輸省航空局市川技術部長が参加している。会議に関する詳細報告は会議終了を俟って接到の見込
六　ＩＣＡＯ第七回総会に参加の件	本年六月十六日より英国ブラントンにて開催の予定	七月中旬	わが国より派遣する代表団員（外務省より出席者を含む）を決定しなければならない。また本総会において我が国加盟に関する賛否投票が行われるが、加盟が実現すれば（実現の可能性は相当にある）その結果分担金支払等の問題が生ずるのでこ

三

主管課	案件名	現状又は予定	終了期日の見透	交渉又は処置に関する問題点
二課				
				れについて外務省において研究しておく必要がある。なお、戴冠式の関係もありホテル・リザーブの関係上三月十日頃迄には人数を決定在英大使館へ連絡しなければならない。航空局では局長の参加を内定し、運輸大臣その他の出席については考慮中。
	七 ILO第二回アジア地域会議の本邦開催問題	日本が開催地国となることについては受諾ずみである。	三月頃	予算案の国会通過後最終的決定の見込
	八 ILOアジア地域における公務員の職業訓練講習会の本邦開催問題	日本が開催地国となることについては受諾ずみであるが、細目については折衝中	三月中旬頃	細目を目下ILOに問合せているが、右が明らかとなれば早急に最終的取極めを行う見込

第

九、ILO質問書に対する回答の提出	作成中	三月初旬	
十、ILO統計専門家連絡委員会への委員立候補	候補者立候補中	三月中旬	三月の理事会で決定
十一、UPU一九五二年ブラッセル万国郵便条約及びその関係約定の実施準備	二月中旬郵政省との翻訳会議を終え、同下旬法制局との審議も終了し、三月中に国会提出の予定	本年七月	条約は本年七月一日より実施される。
十二、ITUブエ	昨年十二月下旬終了、	未定	同条約[illegible]国会に提出の予定

主管課	案件名	現状又は予定	終了期日又は見通	交渉又は処置に関する問題点
二 課	ノスアイレス全権委員会議並び改正国際電気通信条約	国際電気通信条約の改正条約に署名し、現在郵政省電気通信監理官室において仮訳作成中		
	十三 日本電信局に対する妨害電波に関する件	電波監理局、日本電々公社で調査を行ったが、電波探知に成功していない。	未定	アメリカ側受信局より正式の苦情あるまで事務当局に委ねる。
	十四 UPU実施連絡委員会	五月初旬ベルヌにおいて会議開催予定	五月中	わが国も委員国として郵政省より代表出席の予定
	十五 IUOTO(官設旅行機関国際同盟理事会	二月二十三日よりベイルートにおいて会合	二月二十五日終了	わが国より運輸省観光部代表出席

第			
十六 太平洋観光会議	三月十一日よりホノルルにて開催	三月中旬	わが国より運輸省観光部、国有鉄道、交通公社、ホテル協会代表等が出席の予定
十七 国際会議及び国際条約の用語の研究	研究中	三月末頃	
十八 国際機関の特権及び免除に関する条約の内容	本年の次期国会に提出し、加入の承認を得ることを目標	未定	国際機関の特権免除の一般的関連及び国内法との関係において検討の要あり。(加入手続は系二)
十九 万国著作権条約の内容検討		不明	条約の国会提出及び批准並びに日米著作権条約交渉の成行に関連して検討の要あり。(批准の手続は系二)
二十 実演技者、レコード製造者	予備草案がベルヌ同盟事務局から送付された。	八月中に回答を送	

五

主管課	案件名	現状又は予定	終了期日の見透	支障又は処置に関する問題点
	及び放送機関の保護に関する条約	これに関する日本政府の意見を回答すべく検討中	付ける予定	
二課	三 国際私法会議第七回会議の結果成立した諸条約及び私法会議規約の件	(イ) 一条約及び規約については同意を与えた。この同意がオランダ政府に集った後各国政府の受諾が要請される。 (ロ) 他の条約は検討中	不明	(イ)オランダ政府から受諾を要請してくる時期不明 (ロ)は、条三、条二で検討中である。
	三 国際私法統一協会内容の検討	同協会から加入を要請された。検討中	一九五三年中の見込み	加入手続は条二で検討中
	三 一九三八年以後わが国	条一、二と協力して検討中	本年四月頃	

第			
が締結した仲裁裁判所への通報			
二四、度量衡国際事務局一九五三年中の一時寄附金	寄附を行う旨事務局に通知ずみ	一九五三年中	
二五、度量衡国際事務局メートル条約改正問題	一九五二年十月中に日本政府の改正意見提出ずみ	一九五四年開催予定の第十回総会で審議予定	日本政府提案の要旨は人口を基準とする現行分担金の算定方法を国民所得を基準とするよう提案した点である。
二六、度量衡国際事務局メートル定義に関する諸問	参加の予定	五月	工業技術院中央検定所から本件委員会の日本委員を任命の上参加の予定

主管課	案件名	現状又は予定	終了期日の見込	交渉又は処置に関する問題点
	委員会（本年五月）への参加,			
	二七、国際冷凍協会現行条約の改正問題	一九五二年十月の執行委員会で改正条約案を審議決定したから改めて署名のための全権会議開催の予定	未定	分担金を各等級とし現行の倍額に増額する規定を定めているが、明年度のわが国の分担金の倍増については既にこれを予見し文部省来年度予算案に計上ずみ
課	二八、世界気象機関気候委員会（三月十二日—二十五日ワシントン）気象概況委員会（四月	オブザーヴァー派遣予定	三月及び四月	

第　　　二

二日からワシントン)への参加			
二九、本年八月ストックホルム第十五回国際獣医学会議への参加に関してスエーデン大使館に回答の件	参加の可否研究中	八月	参加決定次第回答の予定
三十、本年六月ヘーグ第十三回国際酪農会議への参加に関してオランダ大使館に回答の件	参加の可否研究中	六月	参加決定次第回答の予定

45

極秘

業務進捗状況 第一号

情報文化局

大臣官房総務課

主管課	案件名	現状又は予定	終了時期見込	問題点	参照
課	日仏文化協定	仏側の第二回草案に対するわが方の見解につき仏政府の回答待機中。	未定。	著作権映画―ほぼ妥協点に到達。	
	日伊文化協定	わが方作成の草案を在京伊大使館を通じ伊政府に提示中。	〃	東京イタリア会館再建とローマ日本アカデミア新設。	
	日西文化協定	渋沢大使から西側に大使館よりの案を提示し西側の態度を見まもっている。	〃		
	満州学生会館の清算及び新法人への移譲	満州国学生補導協会の清算を完うし残余財産を善隣学生会館に継承する。	四月二十五日	新団体の理事長の人選及び団体の主管につき、文部省と調整の要あり。	
	外国映画輸入割当問題	新会計年度における割当方針の大綱は決定を見たが、具体的な割当は未了である。		「優秀映画」選定委員会設立方式。	
	松方コレクションの返還問題	欧米局第四課より当課に移管。		日本側負担及び義務範囲等。	

第　三

ソ連映画の割当問題について	昭和二十七年度下半期分として一本の割当の余地があるか、その処置につき省内関係局課と協議中、なお二十八年度は未定。		
パンディット女史の招聘について	在紐育武内公使及び在印度西山大使を通じ交渉したが、今回は取止めたい旨回答があった。		
国際文化振興会の整備について	補助金の復活に伴いより能率的に、より機動的に活動しうるよう態勢を整備することを考慮中。		人事等。
外国映画に対する倫理規定の適用	米国側メイジャー八社の協力方斡旋。		米メイジャー側では日本政府任命の委員を以て構成する委員会を希望している。
米国における日本古代美術展開催	華府における展示を終り三月二十七日から紐育にて開催予定。		カリフォルニアにおける開催方については目下考慮中。
カンヌ映画祭開催	新画三本（長編）の参加と日本映画界代表出	四月十五日。	選定委員会及び出品に要する消費用については今

課

ヴェニス国際演劇祭参加	席決定。能を参加せしめる予定で目下伊側を非公式打診中。	七月または九月。	後援重考慮を要す。渡航旅費及び滞在費の調弁（伊側で三百万リラ負担）。
サンパウロ四百年祭参加	美術展参加決定その他についても関係方面と接衝中。	未定。	
サンパウロ四百年祭に際し在伯邦人が寄贈する美術館の設計等について	堀口日本建築学会長に委嘱することに決定。	未定。	
ニューヨーク近代博物館の建築写真展に出品	古代から近代に至るまでの典型的な日本建築の写真送付の予定。	三月末。	複製の場合のコピーライトの問題。
ガラムゼ・フェロシップ・ファウンデーションに参加	来年度から日本参加決定同時に日本からもフェローを派遣する予定。		
仏国西欧及び印象派絵画展の日本における開催、（ルーブル博所蔵品）	昭和二十九年二月以降東京、大阪、福岡にて開催方決定（朝日）。		
国際美術展の開催	本年五月東京にて開催決定（毎日）協力方在外公館に通達。		

三　芹

ゴッホ展の開催	目下和蘭側と交渉中。	和蘭における対日感情にも鑑み早急開催は困難である。
外国人留日学生の大学入学斡旋	目下滞日中のインドネシア官費留学生一四名及びタイ私費留学生四名を東大ほか諸大学に入学斡旋。	
中日経済文化協会に対する日本書籍の寄贈	国会図書館とも連絡し近く百数十冊発送の予定。	台湾の書籍輸入規則とか関連。
米国派遣留学生	近く合格者決定の筈（全額給費学生は約七十五名の予定）。	フルブライド資金をもって渡航費（邦船以外）を支弁する問題（大蔵省と接衝中）。
ペルリ百年祭	日米両国における本件計画に協力中。	
インド文化国際学院における日本語教師招聘問題	大阪外語村田講師の渡航旅費につき印度側の回答を待っている。	渡航費の支弁。
元教育大教授ピッカーリング（英）に対し名誉教授の称号附与	松本大使よりの申出に基き文部省にて考慮中。	本人は年金付名誉教授を希望しているも現行法にはその規定がない。

二

日本紹介パンフレットへ英文〃作成 木島東大教授に対するスペインの招聘計画	英文パンフレット二種準備中。 渡航旅費の支出方文部省と交渉中。		渡航費の支弁。
課			
ユネスコ関係事務 1. ユネスコ第七回総会政府代表団報告 2. ユネスコ事務局長後任の件 3. ユネスコ分担金に関する件 4. ニューデリーユネスコ科学協力事務次長候補に関する件	今年一月第七回ユネスコ総会日本政府代表団仮報告し刊行一部配布三月上旬本報告作成。 五月末と予想されるユネスコ臨時総会で選挙されるが目下の情勢はカルネイロ前ユネスコ執行委員会議長が有力。 ユネスコは日本の分担金級負担率について〇〃%と決定通報越した。 第七回総会中前回代表さユネスコ人事部長の話合により京大教授芦田譲治理博を推したが決定は行きなやみの状況。	目下準備中。	

四		
5、婦人の市民教育国内会議に関する件	労働省主催で東京で開催、ユネスコ本部社会部長ミルダル夫人来朝予定。	四日十六—十大日。
6、浮世絵版画複製の買上げ	萩原公使の斡旋によりユネスコ加盟国に配布。	準備中（十二月中に 図介発送予定）。
7、ユネスコクーポン制度加入とオランダ、イギリス、ベルギーの罹災世救済援助に関する件	一月三十一日加入手続き完了四月より実施 欧州罹水害にギフトクーポン制利用。	
第		
多辺的国際文化協定		
1、教育科学文化的資料の輸入協定、聴視覚資料の国際的流通を容易にする協定	ユネスコ提唱の右二協定につき前者は昨年五月二十一日発効したので加入の意図をもって目下準備中次期国会提出予定。	
2、武力紛争の際における文化財の保護に関する国際条約	本年中に条約案を検討する会議開催。	
3、教育科学文化関係海外旅行者の移動障害除去に関する国際文書作成のための質問書に関する件	客年十月ユネスコよりの質問に対し国際文書は協定とすることを五月三日付にて回答	

25

業務進捗状況

アジア局

大臣官房総務課

課	案件名	現状又は予定	終了時期の見通	大臣の処理に関する問題点	備考
第一課	フイリピンとの賠償交渉	比島側は十九人委員会を設け研究中、近く促疏賠償の内容その他の点に関し東京で所回賠償予備会議開催の予定関係各省と我方賠償協定案検討中 沈船調査に関する了解に引きつづき沈船引揚協定を二月十二日調印した。	目下開会中の比島国会終了までに解決をつけることが有利である。	賠償総額、期間及び方式の決定 引揚実施のためによ り具体的な比島側の要求に関する取極を早急に行う必要あり。	
	インドネシアとの賠償交渉	昨年二月成立した中間協定はイ国側拒否により棚上げとなり其の具体的動きは目下のところない。	イ国総選挙後の国内政況の安定をまつ外ない。	金額の明示のないこと及び役務の解釈が狭すぎることに対する不満あり現物賠償を要求する声もある。	
	中立国との航空協定	早期妥入札を期し交換公文案治と定了	四月中	我方正式協定を希望するも、先方は簡易な公文交換形式を希望、現在先方に有利なルートの問題あり。	

第二課	中立国との海底電線分割	郵政省電々公社の両方的意見を照会中	上記諸懸案何れも相互に関連あるので各案件につき処理方針を決定の上台北大使館において交渉せしめることとし、二月中に決済を経て四月早々総合的な訓令を出す予定	五月中	当方は現状維持を希望するも先方は引揚げ処分を主張する。又本件分割につき中国当局と協定を結ぶことの法理上の可否の問題あり。
	中国に対する拿捕抑留日本漁船の返還要求	資料完成		未定	中国側は既に政治利用中で、企業補償の形となるべくこのため協力政権財産問題と関連せしめられる可能性大。
	中国との漁業協定	要綱案作成準備中		未定	台湾の軍事防衛警戒区域との関連
	中国との政府請求権特別取極	同右		未定	当方の請求余地が大で先方は容易に応じ得られないと見られる点が問題
	中国との協力政権財産処理に関する問題	同右		未定	先方の主張強かるべく当方としては、大陸事項とも関連し立前の問題があり。

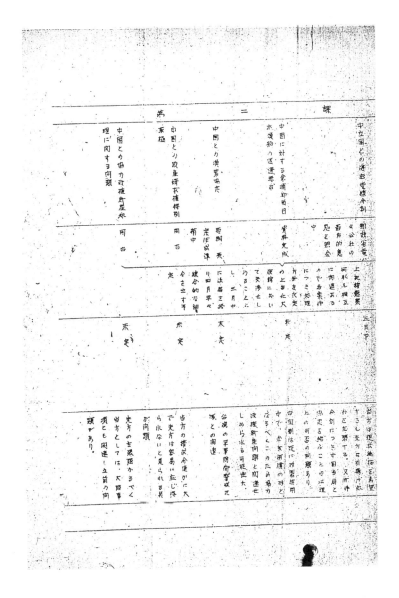

第二課	日韓会談	両国関係早期調整さるべく省内限りの交渉方針決定せるも大邦丸事件のため交渉時期遅延中	未定	既得請求権及び漁業問題につき原則的対立あり。
	大邦丸事件	抗議文発出済なるも回答未接到	未定	李ライン防衛水域に関連する先方の不法な態度
	防衛水域問題	大邦丸事件とも関連し尚米側と折衝中	未定	朝鮮作戦に関連する軍事上の問題と事実上出漁可能ならしむべしとの両者の調整の問題。
課	フィリピンとの外交関係の樹立	相互に在外事務所を交換している。	本年一月末同国の通常国会に対日講和条約の批准案が上程されている。	賠償に関する諸問題
	インドネシアとの外交関係設定	総領事の交換をしている	見透しはつかない。	賠償問題に目鼻がつくことが必要であろう。又講和条約への不満から別条約を望む声もある。
	インドシナ三国との外交関係設立	外交関係設立に関する我方申出を受諾して来た。	本年三月末迄にサイゴンに公使館を次いで本年下半期においてプノンペンに公使館を設定	ヴェトナムにおいてはわが公使館の設立を賠償問題に関する話し合いに引掛けている。

		の予定	
第二			
日比航空協定	PALの日本乗入れは平和条約未批准のため本年七月許可が失効する。	本年五月頃交渉開始の申入れある筈	PALにいかない日本以遠の路線を許すかが問題である。
日インドネシア航空協定	GARUDAと日航の相互乗入れも協定する予定	本年七月頃交渉開始の予定	中共地域（上海の如し）乗入れを許すか否かの問題がある。
日比漁業協定	本年八月交渉の予定		
日インドネシア漁業協定	本年下半期交渉の予定		一昨年十二月賠償交渉と平行して行われたがイ国は沿岸から六〇浬の特殊権益水域を主張してわが国と対立、協定成立に至らなかった、会談再開については先方の意向打診中。
[redacted]裁判	二月中旬横浜地方裁判所で公判に附せられる。比島側は同国の軍事裁判に移譲方要請している。	関係省とも連絡の上円満解決のため努力中	裁判管轄権問題

二

課題	ビルマとの外交関係樹立	タイの特別円残高処理問
	(1) 我方は日印平和条約に桑港条約の賠償条約を加えた案を用意している。 (2) 先方も条約案を完成したものと見られるが、役務賠償には満足せずしかも賠償に関する提案は日本側から提出すべきものであると考えている。 (3) 目下のところ、両互に相手国の情勢を見送つている。	残高十五億円の処理について、タイは日本との交渉に米人補佐を起用して本件取上げはじめた。わが方は本件を戦争中に生じた債務の対外問題と関連して検討中。
	賠償問題の見通しがつくまで進捗しない。	東京にて打合的会談はすでに行われたが、今後はバンコックに交渉を移すこととした。解決には相当の時期を要するものと思われる。
	交渉又は処理に関する問題点賠償問題において桑港条約第十四条と第二十六条という大きなコミットメントがある日本の立場とビルマ側の役務賠償に満足しないという立場との調整が問題点となる。	(1) 本件成立の政治的背景を検討して本件をわが方の債権と認め[illegible]た。 (2) 支払うこととなった際右債務を円建、バーツ建のいずれとみるか。

第 四	
在タイ日本財産の処理	在印日本財産の返還
約一億バーツの日本財産は、平和条約により、赤十字に帰すべきものであるか。タイは右の一部を取得せんとしており三月四日のロンドン会議によりこの点が論議された筈で右の情報をまっている。	(1) 返還財産（一千百万ルピー）の内訳は四月にはインド側より示されると思われる。(2) 返還手続き研究中にして、このために協定を作ることも考えている。(3) 返還財産の一部を日印文化交流の基金とする案を一応棚上げ、国庫支出によ
ロンドン会議でタイ大要求が認められれば赤十字及びタイより何等かの通知がわが方にある筈である。右通知をまってわが方の対策を決定したい。	
(3) 在タイ日本財産との関係 (1) タイが在タイ日本財産を取得する法的根拠 (2) 取得した日本財産の評価の方法 (3) 特別円残高より右を差し引くことの可能性	(3)については返還財産に課せられる課税額に見合う国庫支出を考えているが、その額が多額のため政府には問題あり

第　四　課

案件	経緯	見通し	備考
日タイ航空協定締結	り、同様の目的を達する方法を研究中。TACの日本乗入れ許可期間（七月十四日）と日本航空会社のタイ乗入れとの関係上、四月中に締結すべく、タイ側に申入れ、タイもなるべく早くバンコックにおいて交渉したい旨述べている。	五月中には交渉成立の見込。総選挙後の特別国会承認取付方提出の予定	附表には台北を入れておくが、場合によっては台北に立ち寄らないことも考えている。
日印　日パキスタン航空協定締結	インドは日印航空協定の草案すみやかにわが方に提示してくる筈	わが方よりの乗入れは本年中にはない予定なので本年十月頃には両国と相ついで東京において交渉致したい。	ビルマでの通過に関しては正式の航空協定を締結せず他の方法によることと致したい。
日印漁業協定の締結	わが方は締結の意向なきもインド側は申入れる旨通知してきたから、交渉に応ずる条約上の義務を有する。（日印商約第三条）	時期不明	

第　五　課

引揚問題	
(1) 中共地域邦人の引揚については昨年十二月一日北京放送により三万人の引揚に関し、中共側の意向が示され日本側民間三団体代表と中共側中国紅十字会との間にとりきめが成立し、三月中旬より集団引揚が開始されることとなった。 (2) ソ連地域については現在のところ見込が立たない。 (3) 国連捕虜特別委員会は本年八月開催予定の第四会期をもって最終報告を行い解散する予定のところ、捕虜問題の人道上の重要性に鑑みドイツ、イタリアと協力し委員会の存続を要望する措置をとることとした。	
集団引揚完了後の残留者、行方不明者、いわゆる消息の処理が今後の課題となる。	ソ連の協力が得られない。

四

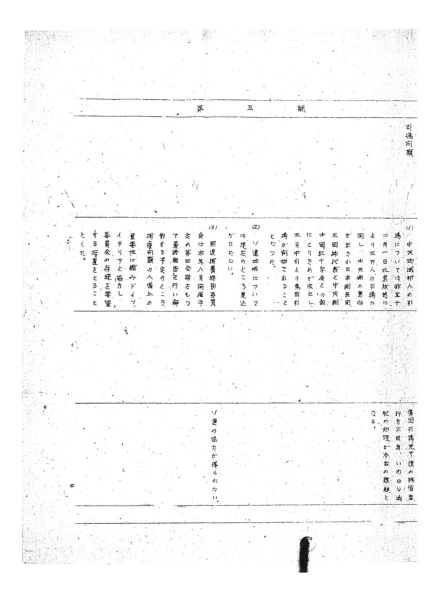

課

米国管理地域からの遺骨収集及び慰霊	(1) 昨年十二月米国との交渉を了し本件実施のため政府派遣団が一月二十一日出発予定計画を終え三月十九日帰着 (2) アッツ島えの慰霊団の派遣について一月二十二日米側に申入れた。	今夏実施の見込
ニユーギニア、ソロモン諸島所在遺骨の収集、慰霊につきオランダとの交渉	(1) 十二月十七日付口上書をもつて、オランダ政府に遺骨の状況に関する情報の提供方申入れた。 (2) 交渉は、上記地域の遺骨収集につき欧米二課が行う交渉と併行して行う予定。	本年八九月頃終る見込
その他東南アジア諸地域所在遺骨の収集及び慰霊	各在外公館に現況調査方訓令中 調査結果を検討の上具体的計画される。	

欧米二課

第　五

事項	経過・現状	見込	
沖縄及び奄美大島に関する事項	(1) 那覇日本政府連絡事務所の所掌事務の範囲並びに上記地域への渡航手続の簡易化に関し、十二月二十九日及び一月二十八日日米合同会議で我が方案を米側に提示した。右は現地米国民政府において研究中 (2) 奄美大島の日本復帰に関しては、大臣より米公式に米大使に申入れる案を一月末大臣の許に提出した。	三月末米側より回答ある見込 不明	
小笠原島民の帰島	昨年六月書簡で米大使に申入れて以来米側においてなお研究中	不明	米海軍の軍事上の要請
南洋群島における日本人の漁業活動	実現困難な現状にある。	当分見込はない。	米海軍の軍事上の要請及び信託統治協定の最恵国条項に関係する点

業務進捗状況　第二号

文書課に録用

極秘

48

昭和二十八年十月一日現在

業務進捗状況（第二号）

外務省

（官総）

注意。　総務課

○この調書は、次回の分を作成配付の場合（二九年一月）回収しますから保管に御留意下さい。

○保管は、極秘扱として下さい。

第二号

第二号

アジア局業務進捗状況一覧表（二八、一〇、一）

主管課	案件名	現状又は予定	終了時間の見透し	交渉又は処理に関する問題点	備考
アジア局第一課	アジア諸国との経済協力	(1) 毎週一回定例的にアジア経済懇談会を開催している、 (2) 基本方針の策定を経、目下地域別、事項別の具体案を作成中である		(1) 賠償と如何に関連せしめるや (2) 要求予算の成否 (3) 中心になる民間協力団体の有無	
アジア	日華漁業協定（日華平和条約第九条に基く）	中国側に交渉開始の意向ないため、開始期未定	未定	先方は漁業の規制に重点を置くものと考えられるが、わが方は開発を根幹	交渉要綱案作成済

局第二課

拿捕又は抑留された漁船の返還交渉（日華間交換公文に基く） 拿捕・抑留　二九隻 拿捕撃沈　二隻 没収　一隻 （拿捕された後帰還した三隻のもの）	八月二十六日在華大使館より中国外交部に交渉開始方を申入れ　中国側の同意を取付け済	昭和二十九年四月	とする協定にしたい方針である (1)日華両国の資料に基く拿捕の日時、場所の確定 (2)損害賠償金額の査定 (3)賠償方法	
旧台湾海底電線の処理	昨年十月二日中国外交部より在華大使館に、本件	昭和二十九年四月	先方は引揚げ処分したい意向であるが、わが方は	処理要領案作成済

二

(日華平和条約第十一条)	処理に関し照会あり、目下交渉中.		現状のまゝにしておきたい意向である。先方が帰意しない場合は 先方帰属分は引揚処分もやむ得ないとの方針である。
日華航空取極 (日華平和条約第八条及び交換公文第二号)	昨年九月五日中国大使致に交渉開始方を申入れ、中国側は本年八月四日応諾し、同月二十七日第一回交渉会議開催.	本年十、二月	(1)日華平和条約第八条にいう航空協定との関係 (2)取極の形式 (3)航空路線 (わが方はできるだけ自由にすることを主張し、先方は狭く限定する事を主張)

三

日華請求権問題（日華条約第三条）	未定（わが方は機をみて早期交渉開始方申入れたい意向である。）	未定	わが方の在台財産返還要求を恐れて中国側では交渉を回避している模様	交渉要領案作成済
在日協力政権財産処理（日華条約同意議事録＝第二）	未定	未定	中華民国の大陸政権に対する継承資格に疑義の存すること	
中共による漁船拿捕中止方並びに拿捕漁船返還方の件	ソ交渉の予定ただ今に拿捕　返還の現状（昭和二十八年九月二十九日現在）拿捕漁船総隻数一二八隻		交渉の方法、ならびに至略	

四

そのトン数

一〇、五一八、二六トン

未帰還漁船隻数

一一二隻

・そのトン数

九、四四八、八六トン

帰還漁船数　一六隻

そのトン数

一、〇六九・四〇トン

抑留船員総数

一、五四一名

未帰還船員数

二一五名

五

帰還船員数	一、三二六名（内遺骨一二柱）		
竹島問題	本年七月十三日付の竹島に関する日本国政府の見解に対し、韓国側は九月九日付で論駁し来つたので、これに対する歴史的及び国際法上の反駁のため準備を行いかたがた本件を国際司法裁判所に提訴する場合の見透しをつけるため、関係方面の学者	上記研究会の結論を出す時期としては一応十一月初旬を予定しているが、竹島問題全体の解決時期については見透し立たず	々従来どおり日韓会談と切離して交渉する。できるだけすみやかに上記韓国側の見解に対し反駁を加えるが、他方上記作業の終了により勝訴の見透しつき次第国際司法裁判所に提訴し韓国がこれに応ずればよし、応ぜざる場合にも、これにより

六

専門家を加えた研究会の組織方推進中である。

李ライン問題

逐次にわたるわが方の抗議にもかゝわらず、韓国側は本年九月以降これを強行する態度を示すに至り、拿捕ないし強制退去警告が頻発し、事実上わが方漁船は李ライン内で操業不能の状態にある。よってこれが解決を十月六日からの日韓会談

国際世論がわれに有利となることを狙う。

見透し立たず

韓国側はあくまで李ラインを会談における他の案件のバーゲンに使わんとする意図を有し居ると思われるのみならず、日韓間の現状においてはとにかく李ラインの維持が最も妥当なりとしているので、共同規制措置ないし国際的な調整措置をもってしても、先方の

	を通じてはかなり、暫定的な取極によっても、わが方の出漁を確保せんとするものである。		合理的な歩み寄りを期待することは容易でない。
日韓会談	七月末以来自然休会中の会談を十月六日から東京で再開する予定である。	見透し立たず	韓国側は、わが方の漁業問題における寛容に乗じ、他の案件なかんずく財産請求権の問題につき強硬な主張をもって臨むものと思われる。
在外事務所設置問題	四月の日韓会談再開の冒頭わが方より申入れた	見透しつかず	平和条約発効の際の交換公文により相互主義の

八

	のに対し、韓国側は会談の妥結により解決すべき問題なりと答え、そのまま見送りとなり、現在は依然韓国代表部を外務的に認めおる形であるので、会談の推移に応じ、然るべき時期にあらためて申入れを行う予定		原則が認められている、一方、最近の拿捕船問題等により、その早急設置の要が痛感されている。韓国側が昨年設置を拒否した釜山の家屋払下げや休戦会談の成行等の問題は現在ではすでに拒否の理由とならない
拿捕漁船返還問題	韓国に拿捕されたまま未帰還の漁船は、平和条約発効前、八隻、発効後大量で、屡次の抗議にも	見送し立たず	九日まで韓国側の態度は、主として李ラインを正面に出さず専ら損賠償を征としてこれを扱い、一

九

アジア

フィリピンとの賠償交渉

かかわらず、韓国側はこれを返還しないので、九月以降の李ライン強行措置により拿捕された二〇隻とともに、会談でその返還を要求するほか随時ルーティン・ビジネスとして韓国に申入れを行う予定である

未定

方的に裁判に附し船舶没収の措置をとっていた（乗組員は後日送還）。事件発生後外交文書をもって領海外なることを立証し、韓国側に釈放せしめることは非常に困難である。

日本側からの賠償総額提示の点で停頓状態にあるが、岡崎大臣の渡比によって、或程度問題

	が進捗するものと推測される		
フィリピンの沈船引揚中間賠償協定	日本側は第十六回国会において承認され、国内手続は完了するも、比側の承認未了のため承認の外交文書交換に至っていない。	近く承認の外交文書公換の段階に至る予定	協定実施細目の細目ともいうべき、作業用燃料等の問題も解決したので近く、外交文書公換が行われる予定
戦争受刑者の釈放	七月四日のフィリピン独立記念日を期して、帰国を許され巣鴨に服役し	未定	

ている者は、終身刑の五十二名であるが、これらの戦争受刑者の釈放方を促進する必要がある。

第三海洋丸拿捕事件

三月十四日フィリピン近海にてフィリピン官憲に拿捕された事件で、四月二十一日同船は乗組員共釈放された。

未定

釈放に関連し、比政府の行政命令につき未決定のままである。問題の根本は、フィリピン領海の範囲の解釈であり、この種の拿捕事件については、将来フィリピンの漁業協定交渉まで根本的解決は得られない。

二三

[redacted]

事件

昨年六月十九日横須賀でフィリピン陸軍[redacted]の起した傷害事件に関し、比政府は七月二十九日口上書を以って、本件発生につき遺憾の意を表し来り、フィリピン軍事裁判に付したいから日本側で起訴を中止されたい旨の要請があったので、比側の日本人戦犯受刑者釈放の措置にも鑑み、法務省に対し、格別の配慮を依頼している。

近く解決の予定

インドネシアとの賠償交渉	最近のインドネシアは、桑港条約と別個の双務条約によつて国交を調整し、併せて賠償問題を解決したい意向が強い模様である。岡崎外相の渡イによつてこの問題も解決の糸口が見出されるものと推測される。	未定
インドネシアの沈船引揚要請	七月二十四日在京インドネシア総領事（二十二日、在イ日本総領事に対してもイ国外務省より同	未定

	等の要請あり)よりの賠償協定成立までの措置としての沈船引揚要請に対し、わが方は、いつでも右協定締結のための交渉に応ずる旨回答したが、その後先方から協定交渉開始について提案はない。	
ヴィエトナムとの沈船引揚協定	六月二十五日より東京で交渉開始され、九月十四日協定、議定書、実施細目、三つの交換公文案にイニシアルを了し、ヴィエトナ	一、二週間のうちに調印される予定

一五

ム代表は二週間の予定で本国政府の承認を受けるため帰国した。

ヴィエトナム日本公使館の開設

本件については在京仏大使館、沈船引揚協定交渉のため来日したヴィエトナム代表を通じ、至急開設方を申入れているが、ヴィエトナム政府は四月八日付ノートを以って、公使館開設条件研究のため外務省員の派遣を要請しているの

	で、七月十六日平野書記官他一名を在タイ大使館員として赴任せしめ、目下サイゴンに出張している	近い将来解決するものと思われる。	沈船引揚協定交渉のヴィエトナム代表は、ヴィエトナム政府は、公使館開設に先立ち、若干の賠償を得たい旨述べているので、沈船引揚協定の調印を了せば開設の運びに至るものと期待される。
カンボディア日本公使館の開設	カンボディア政府は、かねてよりわが公館の開設方を強く要望しているので、荒木書記官を代理公使として派遣すべく、		

一七

八月十五日駐タイ、在仏大使館を通じ申入れ、他方在京仏大使館を通じ口上書を以ってカンボディア政府に対し、荒木書記官の派遣を通報し、同意方を求めたが、その後九月十五日在タイ太田大使を通じ、カンボディアはわが国と大使を交換したく、その早急実現困難な場合は専任公使の派遣を要望して来たので、わが方もこれに応じ公使の派遣

公使の人選決定次第、アグレマンを求める予定。

八

アジア局			
カンボディアの賠償請求	を考慮中である。 九月二十一日カンボディア政府は、在京仏大使館を通じ平和条約十四条に基く賠償交渉開始に先立ち附属リスト記載の物資を賠償として得たい旨申入れて来た。	未定	目下リスト記載の物資の評価を行っている。
ビルマとの外交関係樹立	我が方は、平和条約案及び賠償協定案を準備している。先方は平和条約案は賠償条項を除き完	賠償問題の見透しがつくまで進捗しない。	賠償総額、賠償実施年限及び役務賠償の原則に現物賠償をどの程度組合わせるかの問題。

一九

第四課

タイの特別円
残高処理

了していると見られる。

残高十五億円について先方は残高突合等技術的問題より本件処理を督促して来ているが、いまだ正式にはわが方に支払を要求してきていない。

時期不明

タイ側は本件を日本側がその債務であることを原則として認めるよう望んでいるが、わが方としては、もとよりわが方の債務と認める。次の問題として支払の際のレートをきめるように要求されることをおそれている。右レート如何では莫大なる支払額となる。

二〇

在タイ日本財産の処理	約一億円の日本財産は平和条約第十六条により日本が赤十字に引渡すべきものであるが、米、英、タイは日本と関係なく、右財産を処分するための協定を締結した。わが方は平和条約第十六条の義務履行のために米英に右財産の引渡を要求している。米英よりは何の回答もない。	時期不明	今次戦争に関してタイの国際法上の地位について意見がわかれているため第十六条をそのまゝ実施できない現状にあり、現に上記協定にもとずき、米、英、タイは財産をすでに処分している。この財産は特別の支出により出来たものを含んでいるので特別円残高の処理と本件とが関連してくる。
在印日本財産	インド政府は返還財産	本年中には返	インド政府は本件と、

の返還	（約二千百万ルピー）の所有権者別内訳をわが方に送付してきた。わが方は更に返還申請の受付を早急に開始するよう先方に要請している	還申請が出来るようになると思われる。返還財産が大部分すでに換金されているものには大した日時を要しないと思われる。	在日インド人財産の返還、補償及びインドの戦前対日クレームの解決とを関連せしめ両者を相殺せしめんとしているようである
在マライ日本宗教財産の返還	先方に対し返還時期手続等につき打診中である。先方は寺院については方針未定なるも、墓地及び	時期不明	寺院の所有権者及び墓地、火葬場の借地権乃至所有権者が不明のため、被返還者をだれにすかの

三二

火葬場は、選定したいものと思われる

問題がある。

日印・日パ航空協定締結

(1) インドはわが方の締結要求をいまのところ拒んでいるが、来年中頃には日本に路線を設定したとのことであるから、やがて右に同意するものと思われる。わが方は草案を提示したが先方は未提示である。

(2) パキスタンはわが方

(1) 上記の関係より来年早々になるものと思われる。

(2) 今秋には成

国交関係が樹立できないときは日本がパキスタンまでの路線を設定する際にビルマの通過を如何なる方式でするかが問題である。

二三

日・印漁業協定締結

印・パ・タイ、セイロンとの

の締結交渉開始に同意しており、双方草案の交換をおこなった。

わが方は締結の意志なきも、インド側が将来締結交渉を申入れる旨通知してきている。わが方は之に応ずる条約上の義務がある。

(い) インドより本年末

在京大使館より、印政府

立せしめたいが、来年春頃になるもやむを得ない

時期不明

・いずれも明年度、

技術協力協定実施を裏付ける三十九年度予算の

技術協力取極になろう

技術協力関係設定につき我方の意向を打診して来った。

(2) 在日タイ大使は本年七月奥村次官に技術協力協定の案があればバンコックにおいて取り上げる旨言明した。

(3) パキスタン、セイロンからも技術協力を要望越している。よって協定案を準備中である。

通過を前提とする

五

	アジア局第五課	
A級戦犯の釈放	在中共邦人の引揚	在日華僑の送還
本年三月パキスタンを含む八ヵ国よりA級戦犯の個別審査に応ずる旨申越したので、パキスタン政府に対し現在までA級戦犯四名の赦免を要請した。	第七次配船中	第三次をもつて最終とする
不明	本年十一月頃	本年十月末
本件解決には関係八ヵ国政府の多数決を要する。	集団引揚完了後の残留者、行方不明者戦犯の処理	完了後の帰国希望華僑に対する援助、

三六

中国人遺骨送還	第三次送還をもつて一応打切る	本年十月末	在中共残留邦人との関連 第三次送還以降の問題
在ソ抑留者の送還	日赤よりソ連赤十字社に対し電報で要請中	明年春頃まで	人数の相違「戦犯」のステータス、その他の抑留邦人の問題
国連総会における捕虜抑留者問題の審議	第八総会に提案十一月後半より審議	約一週間	(1) 代表派遣決議案内容等についての工作 (二) 在ソ「戦犯」送還との関連

三七

ニューギニア方面戦没者遺骨の収集送還	英、蘭には申入れずみ	英領関係については本年末頃までに交渉を終りたい意向である。	(イ) 豪州に対しては日豪関係の好転まで見合わせる。 (ロ) 西ニューギニアについてはインドネシアの主権の主張あり。再検討を要する。
東南アジア諸国所在の戦犯者遺骨の送還	現在情況調査中	二十九年度中に交渉したい予定	
奄美大島の返還	在京アメリカ大使館と非公式に話合中	十一月初旬	日米両国間において基本的取極を行う必要がある。

二八

局				
	南洋群島におけるわが国及びわが国民の財産及び請求権に関する特別取極	在米日本大使館を通じ非公式に米国務省の意向打診中	昭和二十九年六月頃	米側が主張することあるべき根拠の把握 わが方財産及び請求権の具体的内容の準備調査
	小笠原住民の帰島	昨年六月書簡をもって在京米大使に申入	不明	米海軍の軍事上の要求と経済的負担
アジア局	在外公館等借入金確認請求書の処理	受付請求書約二十一万五千件の中二十万九千件を処理し未処理の約六千件及び最近の中共より帰	昭和二十八年度は未処理の既受付の請求書を処理	

借入金審室
同者の新規要求について審査処理を進めている
昭和二十九年度は予想せられる新規受付の約六千件、不確認に対する異議申立千五百件、資料提出に基く再審査一万件計一万七千五百件を処理の見込。

三〇

1

欧米局業務進捗状況一覧表

（二八、一〇、 ）

主管課	案件名	現状又は予定	終了時期の見透し	交渉又は処理に関する問題点	備考
欧米局第一課	日米相互防衛協定の締結交渉	現在まで十二次会談を重ね交渉中	十月下旬	審議中の懸案事項については、妥結可能の見透しあり、その他技術的取極数点を残すも近く妥結する見透し	協定批准及び立法事項あるため、国会の承認を要す。
	日米著作権協定取極交渉	五月より米国大使館及び文部省と交渉中	十月下旬	平和条約第十二条の実施に関するものであるが、その適用範囲につき意見の一致を見ていない。	条約の実施であるから、国会の承認を要しない。
	日加航空協定交渉	四月よりカナダ大使館と交渉中	未定	協定本文は同意を見、路線の決定を残すのみ。	署名後、批准前に国会の承

欧米局第二課		
日米領事条約締結交渉	在コロンビア、ドミニカ共和国及びパラグァイ各公使館並びに在パナマ領事館設置	在ボリヴィア公使館及び在リマ領事館経費
四月以降日米、代表による非公式交渉が行われ、米案に対する日本側対案を先方にて研究中	予算及び法案（ドミニカは予算のみ）次期国会に提出予定	予算要求予定
未定	二十九年度（但しドミニカは二十八年度補正予算通過後）	
領事に対する課税の相互免除、財産の取得等、技術的な点で意見の一致を見ていない。	予算及び法的措置	予算措置
註 批准書交換を要する 署名後、発効前に国会の承認を要する。		

在ホンジュラス・グァテマラ及びニカラグァとの国交回復	在メキシコ大使に交渉方訓令	不名	国交回復	公使は在メキシコ大使兼任の予定
在エル・サルヴァドル公使館設置	法案次期国会に提出予定		法的措置	公使は在メキシコ大使兼任の予定
在パラグァイ公使館設置	法的措置準備中		法的措置	公使は在アルゼンティン大使兼任の予定
[redacted]失踪問題	進捗中	不明	真相の究明、弔慰金の支払、犯人の処罰方について伯国政府に申入済み、先日同人の死体らしいものがミニがポール着で発見されたと情報あり、在同地ニ宮総領事において調査したが、右は誤りのこと判明	

中南米各国との航空協定締結交渉	七月十三日付口上書をもってアルゼンティン、メキシコ、ペルー、ヴェネズエラ、パナマに対し、交渉開始方を申入れ相方国の回答を待っている	不明	なお引続き在本邦各国大使と連絡、調査続行中
ブラジルとの航空協定締結交渉	七月十三日付口上書をもって交渉開始方を申入れ、現在リオにおいて交渉進捗中	十一月	
サンパウロ四百年祭参加協力体制確立	本年度補正予算及び明年度予算に関係各省から予算要求中		予算措置、主催者側のプログラム未確定
淀川在住コロンビア国名誉領事任命承認問題	任命を承認。但し、委任状未接到	不明	

在トルヒーリョ（ペルー）名誉領事任命問題	外務省設置法改正法案を次期国会に提出の上任命予定		法的措置
チリ国に地震見舞寄贈品問題	七月二十六日チリ国向け発送済	不明	
中南米諸国との外交郵便問題	メキシコとは再開方話合済。パナマからも本件及び同郵便料免除方申入れあり研究中	不明 不明（メキシコとは未だ実施しおらず）	郵政省と協議
在外邦人遺体調査	整理カード作成方企画中	二十九年度中	予算措置
ペルー国密入国邦人送還問題	在リマ領事に送還命令発令方訓令	二十九年三月	帰国費支弁
アルゼンティン及びメキシコ両国の対日財産請求問題	関係各省と協議中	不明	

	チリ国の平和条約の批准をまって寄贈

旧連合国から中南米諸国に引渡される日本政府財産の返還問題	アルゼンチン、チリ、ペルーの三国に対し好意的取計方申入れ中	不明
	メキシコについては対日賠償請求と交換条件にて引渡方申入れあり	不明
在外邦人財産の返還問題	チリ国は平和条約の批准未了につきリストを作成送付し相手国と接衝中	平和条約批准の
	アルゼンティンは同条約の批准完了につき同国政府の返還措置に協力中	二十九年二月中
在本邦パナマ公使からの申入れ	公使館建築用地の分譲、官費留学生派遣、公用旅券所有者に対する船賃割引問題について申入れあり研究中	不明

欧米局第三課

イギリス大使館の外交用無線機使用について	相互主義に基き認める方針で現在郵政省と折衝中	事務的に問題をおし進める限りは簡単に片づきそうにない。	日本側でワシントン大使館で無線機を使用するに当っての先方の具体的保証の取付が可能か否か。
A級戦犯問題	現在三名について赦免勧告が提出されている。	・不明	連合国間の政治的な判断にかゝる。
BC級戦犯問題	仮出所及び赦免の勧告がイギリス、オーストラリアに対し提出されている	相当長い期間を要する	イギリスオーストラリアとも未だに仮出所を許可したものはなく、イギリスは刑期の三分の一の短縮をみとめているから最大限十四年の服役を要する。オーストラリアは未決拘留の通算さえ認めていず最大限三十年の服役を要す
ア道所兵舎[illegible]に関	本年三月政府決定案を作成し	土地の暫定使用	大蔵省の買上予定価格と機

する協定。	開地の横浜市からの買上について目下折衝中である。	許可期間を一年延長したのでおそくとも来年四月二十八日までには協定発効させる必要がある。	浜市の買上希望価格との調整が問題点である。
日豪漁業交渉	/ 四月十三日よりカンベラで開始されたが八月二十八日豪側が一方的に打切りを表明したので交渉は中断されている。	容易に解決をみる見込はない。	公海自由の主張と大陸棚の主張が対立する。場合によっては国際司法裁判所で争うことも予想される。
ニューギニア・ソロモン地方の遺骨	イギリス側に対して現情照会中。それに基いて案を作成することになる。オーストラリア側については案を作成中。	オーストラリアに対しては現在は時期でないので申入れはおくれることになる。イギリスについて	遺骨の調査、現地埋葬、送還について関係国の協力を要請する。相手国がどの程度協力してくれるかが問題の鍵である。
基地の処理			

		は発が出来次第申入れることになる。	
国連軍軍人の犯罪事件	現在未解決の案件は無い。	国連軍協定の成立にかかる。	犯罪容疑者の身柄引渡の条件が確立されていないことが個々の事例について問題点となる。
BCOF物資代金の支払	アメリカ余剰物資の例にならって英濠側にも本年分一億五千万円の支払を行うべく大蔵省と話合中である。	十月初には大蔵省の同意をえて英濠側に申入れのできる見込	対米債務が減額された場合に本件についても英濠側に減額を行わせるよう交渉を行うことが大蔵省の希望であり、どれを英濠側にどのような形でもちだすか、又先方がどのように応じるかが問題点となる。
ラゴス領事館設置	イギリス政府の同意があっ	そう遠くはない	ナイゼリア政府の同意があ

	た。	と思われる	った。
プレトリア総領事館の公使館昇格	南阿政府に申入れたが拒絶されている	実現しうる状勢が簡単にくるとは考えられない。	南阿政府の人種観念が一つの難点となっている模様である。
国際捕鯨委員会	来年七月に委員会を東京で開くことになった。		準備を完全にすることが必要である。
欧米局第四課			
国交再開交渉	(1) イラン、イラク 二月十二日在カイロ与謝野公使に対し交渉開始方を訓令、イランには八月末本瀬書記官を派遣現地で交渉中、イラクについてはカイロにて交渉中 (2) シリア、レバノン、サウジアラビア	不明 不明	

八月二十四日在カイロ与謝野公使に対し交渉開始方を訓令		
(3) ポルトガル チモール島における日本軍による被害に関連し両国間条件を交渉中	不明	
航空協定		
(1) フランス 一月以来パリに於て交渉中であったが八月四日一応打切ることゝし　爾後フランスとは東京において、又ヴィエトナムとはサイゴンにおいて両国間の用意ある旨西村大使をして申入れしめた。	不明	フランスとヴィエトナムは、パリサイゴン間における日本機の客扱いに反対、又ヴィエトナムは、同国内における日本機の客扱いに反対
(2) ベルギー	不明	

クレーム

フランスとの交渉と前後してブラッセルにおいて短期間の交渉を行ったが日の成立を右フランスとの交渉に係らしめることに在っていたので他日東京において再開の予定

(ハ) スエーデン

昨年十二月覚書をもって(イ)スエーデン国民の保有する日本国債及び公債(一四四万二二〇〇クローノル)の元利支払、(ロ)日本軍が占領地域において徴収したスエーデン国民資産約一七五〇万クローノルの中時に目補すべき一五〇万クローノル

不明

の早期解決方を要求して来た。右は外債支払協定、平和条約第十六条とも関連し、またスエーデンに凍結中の日本側資産とも関連するので交渉中。

(ニ) スイス

二月口上書をもって(イ)対日クレーム、(ロ)在同国日本資産、(ハ)外債利払の三問題を一括して二月中にベルンにおいて交渉を開始したい旨申入れがあった。わが方は右三問題は別個の問題と考え(イ)は東京において(ロ)はベルンにおいて交渉すること、(ハ)は日仏交渉の結果をまつ必要があるので交渉に

不明

ついては追って決定することとした。

(3) スペイン

二月ロ上旬をもって比島における外交官を含むスペインの蒙った人的及び物的損害につき三九二七万四八〇大ドルのクレームを申入れてきた。わが方より資料提示方を求めたのに対し決定権を有する日西合同委員会をマドリッドに設置しこれに資料を提供すべき旨提議してきた。交歩の結果諮問的性格を有する合同委員会とすることに意見一致し近く同委員会において資料調査を開始の予定。

不明

(4) イタリア 一月エード・メモワールをもって外交官関係クレームとして計五〇万ドルを申入れてきた。交渉の結果先方は三万ドルならばインデムニティーとして受け取り得るが二万ドルならば補償の象徴的ジェスチャーとしてしか受取り得ない旨表明してきたが、わが方は慰藉料として三万ドルを各人に分配すべきことを主張してさらに交渉中。	不明
(5) オランダ 昨年十一月わが方から個々のケースにつき調査することを申入れ、本年一月先	不明

方式グループ別に考慮すべきことを主張してきたが、わが方は六月更に従来の見解を主張して実際的協力を要請すると共に今後ファクトファインデングの交渉をハーグにおいて行うこととした。

(6) デンマーク

二月対日クレーム表を提出して来たので検討中である。

不明

(7) フランス

一九三八年日本海軍により拿捕されたフランス保護民所有の商品につき補償方要求してきたので賠償局を通じ調査中。

不明

一五

BC級戦犯問題	
(1) フランス関係戦犯 フランス大統領は五月二十七日大統領令をもって三十八名に減刑を認めたので内二十五名は刑期満了して出所した残り三名についてはあらためて仮出所勧告を行った。	不明
(2) オランダ関係戦犯 オランダ政府は設置して審査を行ってきたが七月二十四日十二名、八月二十七日一名が仮出所に同意してきた。右の結果拘禁在所者は二〇五名となった　なお判決書写は先方にて発見せられ解決した。	不明

一六

	欧米局第五課	欧米局	
旧ドイツ大使館敷地	ドイツ連代表部問題	昭和二十九年度予算に関する件	昭和二十八年度
同敷地は国会にその使用を認めた経緯があるので換地を斡旋することとし種々物色したが、港区麻布広尾町所在の旧小泉邸を日本政府において買上げておき、先方の国内手続完了をまってあらためてドイツ側に売却する方針にて交渉中。	解決案研究中	主計局説明済	会計課に提出済
不明	未定		
			本年度中移

移民課

度補正予算に関する件		
海外移住懇談会設置の件	各界移民関係学識経験者中から委員就任方を交渉中	第一回委員会十月中旬の予定
海外協会等設立許可に関する件	現在各地方設立されてある海外協会が法人格をとる場合は外務大臣の許可に依らねばならぬことを九月二十九日付次官名をもって各都道府県知事に通知した。	

民七〇〇名送出に要する渡航費及び現地受入機関に対する委託費約六千万円を計上

	十一月送出移民に関する件	本年十一月に送出予定の農業移民二〇家族他二〇家族の募集選考を開始	十一月中旬		

経済局業務進捗状況一覧表（二八、一〇、二）

主管課	案件名	現況又は予定	終了の時期の見通し	交渉又は処理に関する問題点	備考
経済局第一課	A 通商航海条約関係 (1) 中南米諸国に対する邦船の入港及び入港後の待遇保障取付	本年三月中旬、中南米の十ヶ国に対して上記の目的で口上書を発出したが現在までに邦船に対し最恵国待遇を与える旨回答のあつたものはハイチ、ペルー、チリの三国のみである。	未だ回答のないドミニカ、ニカラグア、グアテマラ、パナマ、エクアドル、コスタリカ、コロンビアの七国については逐次督促しつつある。		
	(2) 日米通商航海条約における制限業種に対	外資審議会において検討中	日米条約の発効日（十月末の予定）迄に上記の基準		

する外国人の参加限度の基準設定		設定の見込		
(3) 英連邦その他各国との新条約関係設定の準備	既存条約案典型を修正検討	十一月		各国毎に多少事情を異にする。
(B) 対共産圏向輸出統制関係				本関係の事務処理についてはパリの代表のみならず関係各省と常時緊密な連繫をとりつゝ又各省の見解を調整しつゝ処理している。
(1) ソ連圏向統制品目及び統制厳度の審議決定	関係国間に於て審議中	本年末を一応の段階とする		
(2) ソ連圏に対する二次的戦略物資の一九五	関係国よりの提案につき、目下審査中	仝右	ココム加盟国間の割当は戦後の対ソ連圏輸出実績を基準とする故、スキャップ時代の	

二

四年度各国制当交渉	―		政策によりその実績のないわが国はその立場を他国に了解せしめねばならぬ
(3) 中共向禁輸品目の審議決定	英提案の中共向禁輸品目の審議は大方終了したが今月お 加盟国は追加提案中	不詳	国際情勢の推移中共の経済的軍事的発展等と関連する
(4) 中共向禁輸緩和の対米交渉	最近二十数品目の禁輸解除をみたが、更に交渉継続中	不明	米国がアジアにおける完全なる停戦を何時認めるか、米国の与論等
(5) 共産諸国内に戦略物資が横流れするを防止するための諸措置の協議及び施行（輸入及引渡証明制度、最終用	大きな抜穴は塞がれたが更に意見を交換、強化方審議中	不明	諸国間の異なる態度を如何に調整するか

出調査、積替許可制度等）			
(6) 中共向戦略物資輸送船の航海及び給油制限措置	独が実際的にその必要なしとしている以外他の加盟国は本措置をとっている。	、近く全加盟国間で採用の見込	法的措置によらず業者への勧告の形をとっている分野もあり　小企業者には未徹底であると米側より注意を喚起されている。
(7) 極東共産圏国港湾に寄港する邦船に対する米国側給油許可下付のための了解取付け	一件（辰日丸）につき諒解をえた。	今後各ケースにつき事前に米国側に照会することゝなっている。	港湾出港後四ヶ月間にこれら港湾に入港せぬことを米国側は許可の条件としている。
(8) ソ連とのバーター契約の規制	る。成約取引数は未だ僅少である。		ココムの制限内で許可するという方針をとっている。

(9) ソ連船の修理に関し、ココムとの調整	ココムの事前承認を要する限度につき研究中	近日中	右に同じ	
(10) 戦略物資の輸出統制に直接間接関係ある各種の情報資料の蒐集（共産圏、特に中共の経済的発展、各国と共産圏との貿易協定、各国の業者等の中共訪問等）	常時新たな動向資料の蒐集に努めている	随時	調査事項は多く、情報入手が困難な場合が多い。	
(11) 西欧諸国と共産圏諸国との	現在、テキストの英文の部類を完成。特殊語のテキスト	本年中に完成予定		

業	間の貿易協定を翻訳中	
(C) 輸出振興事業関係		
(1) 日本貿易斡旋所協議会紐育斡旋所の設置	九月十八日の創立総会で発足した日本貿易斡旋所協議会は本年度の事業としてニューヨークに貿易斡旋所を設置することとなり、現在適当と見られる五番街所在候補室の借用について、右協議会より事務所長と永住資格者契約調印の上現地業務を総定することになっている。	契約の調印は十月中旬業務開始は未定
(2) 重機械技術相談室の設置	アルゼンチン、ブラジル、インド、パキスタン、タイ、	各地の設置は本年内の予定なるも

本斡旋所の運営は外務省と通産省共同し、現地においては在外公館長が指導、監督する。	本「重機室」の在外におい

六

	ビルマの各国に設置のため十月一日付で現地関係公館に設置の準備を訓令した。	業務の開始はその後になる予定	その指導監督は各関係在外公館長にあり、通産省と協力している。
(3) 大阪における日本国際見本市の開催準備	明年四月大阪市において開催の日本国際見本市について各在外公館に対し、本件宣伝反響の調査および見本市当局に対する各種便宜供与方を訓令し（十二月十日付）目下各公館より各種報告を受けつつある。	終了の時期は明年四月以降	通産省と共同作業をなし、本件対外関係の宣伝、調査を担当する。
(4) 地方庁の海外における輸出振興事業	本事業を地方庁に放置しておくことは国の本事業について企画面および財政面で不必要に重複し、外貨節約の面に	近日中上記関係官庁から回答ある予定	上記の回答により政府の主旨を在外公館に徹底せしめる

	も悪影響を及ぼすので地方自治庁、大蔵、通商産業両省に検討を要請中		
(5) 三十九年度国際見本市開催又は参加計画	来年度における本件参加計画を通産省と協議立案中である。 候補地はサンパウロ、メキシコ、加奈陀、シアトル、香港、バンガロール（印）、テヘラン、バンコック	本年十二月末	候補地決定の上は通産と連絡して在外公館に対して現地指導を訓令の予定。
(ロ) 市場調査及び諸外国経済事情調査			
(1) 商品取引所法関係資料収集	収集先は在英、仏、独、白、和、伊、米各大使館 ・回答のあったものは在英、仏を除く各公館	十月中旬	日本商品取引所法改正資料として収集調査の上通産省に

八

			提供
(2) 非鉄金属製品の市場調査	調査先＝在米大、伯首総、旧アルゼンチン、英、独、印、タイ、パキスタン各大使館 回答のあったものは在米、アルゼンチンの各大使館および在伯首総領事を除く各公館	十月下旬	わが国のこの種輸出品の規格再検討のための通産省との共同作業
(3) 各国の建設工事契約事情調査	調査先＝在米、加、伯、亜、英、仏、伊、西、独、瑞、印、タイ、パキスタン、中国、ジャカルタ、濠、マニラの各在外公館 回答のあったものはなし。	九月十七日付にて調査を訓令したが未だ回答なし、従って終了時期不明なるも大体本年中	次期国会に結論を得るための建設省との共同作業
(4) 高圧ガス、火薬類取締法資料	調査先＝在米、ニューヨーク、英、仏、伊、独の各在外	九月十七日付にて訓令、終了の時	関係法令改正のための通産

料収集	公館・回答のあったものはなし。	期不明	省との共同作業
(5) 鯨油の市場調査	調査先は英、西独、オランダ、ベルギー、スウェーデン、南阿連邦の各在外公館。回答のあったものは西独を除き全公館	十月中	鯨油の輸出市場開拓のための水産庁との共同作業
(6) 中小企業対策の資料収集	調査先は米国、カナダ、メキシコ、ブラジル、アルゼンティン、ウルグアイ、ペルー、チリー、仏、オランダ、白、伊、西、独、土、スウェーデン、スイス、ヘルシンキ、インド、タイ、パキスタン、中国、セイロン、ジャカルタ、ラングーン、濠、ニュージーランド、比、エジプト、プレト	七月六日付にて訓令、終了の時期不明、	各国の中小企業対策を調査研究するための通産省との共同作業

	経済局第二課
(ウ)漁網及び漁網糸の実情調査	(イ)ガット関係 第八回締約国団会議
リア、各在外公館 回答のあったもの＝カナダ、ブラジル、ヘルシンキ、独、ベルギー、ウルグアイ、ペルー、ニュージーランド各公館 調査先＝サンフランシスコ、ロスアンゼルス、シヤトル、ヘーグ、マドリッド各公館、回答のあったもの＝在伊大使館のみ	九月十七日開催 ガット仮加入問題提出、同時に関係資料提出し、目下討議中
四月十六日付で訓令、終了時期不明	十月末終了見込
	九月十七日本会議開催、わが代表部においてあらゆる機会を利用し、本邦立場を説明中なるも賛否両論あってわが
我が国の漁網及び漁網糸の輸出不振の原因を究めるための通産省との共同作業	

二

			方の立場は微妙を極めている。
(B) IMF関係			
特別外貨割当制度改廃の件	IMFは本制度類似の制度は為替制限手続簡素化のためにのみ認めているので、毎年IMFと折衝する要あり	不明	
(C) FAO関係			
(イ) 我が国のFAOの理事国立候補の件	第七回総会にて理事国数が増加されるのを機に立候補することとし、目下各国へ支持方申入中	十一月下旬	最少約三十五箇国の支持を得るよう工作することを要する
(ロ) 事務局長改選の件	右総会における改選にさいし、目下四名候補があり、米国、スイス両国から支持要請あり		(イ)の立候補工作上米国推薦のカードン博士を支持する事が有利。

一二

(3) アジア地域事務局所在地の件	現所在地バンコック、移転候補地ハイデラバットをめぐつてタイ、インド両国が争つているところ、第七回総会にて決定する予定	十一月下旬	(1)の日本立候補支持と交換にバンコック存置を支持することが在外公館所在の関係もあり、又将来要求招致の上からも有利である。
(4) 日本人職員採用の件	現在日本人職員が採用されていないので去る七月アジア地域会議にても指摘し、第七回総会にても引続き促進する予定	未定	総会における予算審議にさいして(日本の分担金を三〇一%に上げる)本件を持出すことが有利。
(5) 第七回総会(十一月二十三日迄)第二十二回CCP(十一月十三日から)及び第十八回理事会(十一月十	代表団構成、訓令案、提出資料作成等につき関係者と協議中	十一月上旬	

一三

八日から参加準備の件		
(イ) IRC、東京会議（明年十月）準備の件	IRC事務局との打合せに基き関係省と協議して準備中	二十九年九月
(ロ) IWA関係第十三回会期（再開）及び第十四回会期参加の件（十月二十日マドリッド	関係省と打合中	
(ハ) 国際砂糖協定関係協定署名の件	八月ロンドンにて成案をみた協定につき関係省と検討中	十月末
(ニ) 国際ゴム研究会関係		

一四

国営委員会特別会議参加の件（十月十二日ロンドン）	在英大使館から参加させる予定	十月中旬
(G) ICAC関係 国際綿花協定審議の件	十一月特別総会にて協定に対する各国の態度、協定の方式等が表明される。	十一月上旬
(H) 国際紡績会議参加の件（十月五日パリ）	国際紡績研究会設置案審議に参加	十月上旬
(I) 国連錫会議参加の件（十一月中旬ジュネーブ）	代表を派遣して政府協定審議に参加させるべく目下協議研究中	十一月上旬
(J) エカフエ関係 第十回総会等	参加者決定資料準備につき	十二月下旬

一五

参加の件（一月二十日からセイロン）	定期的に各省と打合中。		
(二) 水利開発会議準備の件（二十九年四月十日から東京）	事務局との打合に基き関係各省と協議準備に着手した	二十九年五月	
(3) その他総会等各会議準備の件	事務局と打合中。決定を要す 明年度東京開催について各省と協議して準備開始の予定	不定	
(4) 事務局東京移転招致準備の件	三十年四月移転を目標に三十九年度予算要求に計上中	三十年三月	至急招致を決定して、国連へ申し入れる要あり
(5) 日本エカフエ協会補助の件	社団法人設立許可申請に対し許可する予定		本協会設立の趣旨にかんがみ積極的援助を与える必要あり

(K) 技術的援助関係		
(1) 技術者派遣の件	国連等の要求により約三〇名推薦中	
(2) 技術実習生の受入	四月以降インドネシア政府留学生七〇名、FOA計画によるもの五八名国連フェローシップ二名FAOフェロー七名その他三名を受入完了 又は現在受入中申込中のもの約五〇件あり	
(3) 国連研修員の派遣	五三年度決定者十二名のうち十名派遣ずみ 五四年度三四名推薦中、別にフランス技術留学生四名派遣の予定	
(4) 国際学友会補助の件	本年度補助金五千万円のうち七百六十万円支給ずみ、近く収容施設の買収又は新築の予定	
(L) 海運関係		
IMCO加入の件	明年IMCO条約発効をまって加入申請する予定	二十九年

経済局第三課

火力借款	契文につき最終的仕上げの段階	十三日調印予定	保証契約と政府の権限との関係	世界銀行
綿花借款	六千万ドルに増額要請したから新に資料整備中	十一月中旬調印の見込	増額折衝	輸出入銀行
国防施設物資調査団派遣に関する米国政府との取極	取極の内容審議中	MSA交渉における特許、技術等に関する交渉と関連す	日本政府の責任に対する規定の処置	現在、航空、武器、弾薬供給国が考慮されている。
MSA第五五〇条に基づく米国政府との交渉	小麦については一定の条件のもとに、受諾の用意ある旨表明	未定	輸入物資、積立円使用条件等	
加州米の長期契約に関する件	覚書案文在米大使館を通じ先方に提示中	明年一、二月	数量、品質、価格問題	
学校給食用脱脂粉乳の輸入	品質等引渡条件在米大使館を通じ照会中	十一月	MSA五五〇条による輸入も考慮	

アラスカ国有林面総問題	米国法人設立の準備手続研究中	本年中か明年初めには出来る見込	資金借入の問題	米国市中銀行、輸出入銀行
いわし缶詰輸入禁止解除問題	抑留解除方折衝中	除々に解除されている	つるめいわしをサーディンと認めさせる点	
硝子製品関税引上げ問題	九月二二日関税委員会は大統領に引上げ勧告を行った。	十一月中旬	引上げ拒否方を大統領に要請	反ばく資料整備中
米国の温州蜜柑解禁交渉	植物病理学専門家フルトン博士来日調査及び試験実施中	明年一月上記調査及び試験の結論が出され、右結論に基き立法措置がとられる筈である。	米国植物検疫令第二八号の修正問題	
米国の貝類輸入解除交渉	米国専門家二名を招聘現地視察を計画、そのための予算半額負担をほゞ決定実行に移	十二月初旬に来朝一月中旬まで滞在帰米後の報告の結	(1)厚生省試案の證明書発給による解決	米国食料医薬局

一九

	る予定	果にさるため終了 時期未定	(ニ) 米加協定の如き協定を締結する必要あるか否か、	
米国における商標権の返還問題	返還を極力交渉中	未定	平和条約の規定の解釈の処理	
外国資産管理令の適用に関する問題	同令による規制品目中未解決分につき対米輸出手続の設定交渉中	未定	規制品目の生産及び輸出入に関する統計の整備検討並びに過去において米国への輸入を保留品についての取扱方法	
カナダとの通商協定交渉	事務的折衝を終り政治的折衝の段階	政治的折衝の見透し困難のため不明	関税に関し最恵国待遇を与える代りに一部商品について通貨別輸入制限を廃止せよとのカナダ案が問題となっている	交渉地はオタワ
日英貿易支払取極に基く貿易計画改訂	品目及び金額につき大巾の変更する振先方に申入る予定	本年十二月末までに終了するを要す	小麦の輸入額と機械類の輸出額	

二〇

日亜通商航海条約の復活	平和条約第七条により旧條約を復活する旨目下交渉中	不明	亜側の自国船主義及び自由会社附保主義の取扱振	
日伯貿易計画改訂問題	我方計画案を十月中旬送付	本年十二月末迄に妥結の見込	計画品目中に両国間主張に開きあり	
日伯通商航海條約締結関係交渉	新条約締結交渉を適当時期に開始する用意あることを表明したのみで具体的開始時期未決定	不明	最恵国待遇許与に関し伯側は然自議定書の條項を主張す	
サンパウロ四百年祭国際見本市参加問題	通産省及び国際見本市協会と連絡中本年末迄に申込の予定	二十九年四月～五月		欧米二主管なるも見本市のみ亜三関係
チリとの通商航海条約締結	わが方案を在チリ公使送付近く予備交渉に入る予定	二九年三月	わが方案は基礎的の簡単なものであるので、チリ側が詳細な規定を設けることを要求して来ない限り、問題はないとみられる。	

二一

チリとの貿易協定	基本的事項についてチリ側と照会中	不明	チリが銅鉱石をオープン協定で輸出することを認めるか否かが根本問題であり、若し銅鉱石が協定品目より除外されればオープン協定方式の協定は困難である。
ペルーとの通商航海条約締結	わが方草案を在ペルー臨時代理公使あて送付	二九年五月	（人の居住に関する規定につき先方側に難色あるものと予想される）
ペルーとの貿易協定	ペルー側の意向照会中	不明	
キューバとの通商協定締結問題	在米大使館を通じ東京にて交渉再会方申入れ、先方の意向待機中	二九年三月	キューバ糖買付数量、ダンピング税救済、数品目に対する最恵国待遇拒否等の問題あり

二二

ハイチとの通商協定締結交渉	交渉開始準備中	不明	清算勘定協定につきハイチ側に難色ある模様	
ドミニカ共和国との通商協定締結交渉	交渉	〃	ド側は砂糖及び棉の買付数量決定方要求	
グアテマラとの通商協定締結交渉	〃	〃	コーヒー以外のグ国産品決定困難	
メキシコとの通商協定締結交渉	〃	〃		
ウルグアイとの支払取極	現在モンテヴィデオに於て交渉中	不明	形式問題 新にオープン・アカウント方式採用か否かの決定	
西独との貿易支払協定の延長	交渉中	本年十月二十四日		現行の協定上の有効期間が十月二十七日迄

三三

				以て満了するので更に六ケ月間延長せんとするものである
経済局第四課				
英国 日英支払協定の運用検討会議及び更新	(1) 日本・ポンド貿易の現状について在京英国大使館と事務的に協議中 (2) 現行協定は本年末まで有効なのでその更新交渉	十月中旬 十月下旬	スターリング地域側の対日輸入を促進すること。	
外国船に対する差別待遇（下三三八〇）	下三三八〇は差別待遇ならざる旨既に回答ずみなるも更に下三三八〇の形式の簡素化を研究中	十月中旬		
英国陶磁器取代表	十月十二日英国陶業連盟理	十月二十八日迄	主として意匠権問題及び両	

一四

招聘	事長ウエントワースミールズ氏来朝の予定	着任	国内業界の現状について説明する。
二重課税防止協定及び通商航海条約	英側より二重課税防止協定に関し草案を提示越し当方より通商航海条約を併行的に交渉したい旨回答致したし。	十月上旬英側に回答する	英国は通商航海条約の交渉は渋っている。
印度			
鉄鉱石開発に関する日印合弁計画	日印双方にて具体案研究中なるも両者の意見或は更に時間を要するので一時交渉を中止する他なかるべし	日本側の意見取りまとめ十月中旬印度側に提案の予定	双方意見の不一致点は (イ)鉱石の価格 (ロ)鉱石開発に要する資金の投資方式
二重課税防止協定及び通商航海条約	印度側より二重課税防止協定には応ずる旨態度の表明があったので交渉開始方正式に申入れ且つ日印平和条約第二条に基き通商航海条約の交渉	十月中旬	

一五

	両当方重ねて申入れる。		
パキスタン 貿易取極のレヴューー	日パ両国間貿易は著しく日本側入超なので是正策を協議する	十月中旬	
農業協力	先般来パした農業視察団の技術的報告が完成したのでその実施方法についてパ側と検討する。	十月中旬	
パキスタン米の買付	本年産米三万トンをパキスタンより買付けるべく交渉中	十月上旬	
通商航海条約	パ側は目下米国と条約交渉	十月中旬	当面必要な事項のみを規定

六

	中なるも我国とも交渉開始方重ねて申入れる		した国定取扱とする。
セイロン 農業協力	セイロン政府側では日本人農民の招聘を考慮しているが当方としてはまづ予備調査のため技術者を現地に派遣方研究中	十月中旬	目下農林省より技術者派遣に要する経費を予備費として支出方交渉中
通商航海条約	駐日セイロン公使の来任を見たので条約交渉開始方重ねて申入れる。	十月上旬	
ビルマ ビルマ米の長期契約	ビルマ米の長期契約締結について当方も原則として同意しているがその内容について交渉中	十月下旬	双方の意見の相違点は数量価格及び契約の期間の三点である。

三七

貿易協定	右長期契約と併行して交渉を進める	十月下旬	日本側で右米の長期契約をするのと引換えにビルマ向輸出の促進を図る
GIシートに対するクレイム	最近のGIシート不良品がビルマ向に売出されそのクレーム解決方目下通産省と協議中		
濠州 対日輸入緩和	濠州の輸入許可制度上日本はドル地域に準じて扱われているのでこれが緩和を要請する	十月下旬	(1)濠側は日濠貿易の発展を今暫く見たいとの意向である (2)輸入許可の他関税上の最恵国待遇を実現する要あり
スノーウイマウンテン計画に対する発電機入札	東芝日立が応札しているが日本として始めてのプラント輸出なので政府としても実現	十月中旬結果判明の予定	

二八

	方側面的に援助している。		
ニュージランド対日輸入緩和	ニュージランドの輸入許可制度上日本はドル地域に準じて扱はれているのでこれが緩和を要請する	十月中旬現地にて先方と協議する予定	輸入許可の他
事項			
平和条約第十二条の適用振り	英国側より日本に対し最恵国待遇を与える意向は無い旨回答して来たので再考方要請する	十月中旬重ねて先方の再考を要請する	
シンガポールダミーシートに対するクレーム	実情調査中	十月上旬不当業者に対し措置する	
(の) タイ貿易局における新レートの適用	タイランド銀行による対日オープンa/cレートの指定を廃止し、今後は一六、七五バーツ(米ドル現金と同様)にである	十月初旬にはタイ側が新レートの適用を公示の見込	タイ側にて特掲品リストを作成中、日本側より一部商品の除外を要求、折衝中、

元

第五課

	フィックスする。		
(2) 本年度タイ米の買付	新貿易計画下における今後一年間のタイ米買付方針を決定せんとしている。	十月中に大綱を大使館に連絡出来る見込である。	食糧庁の外米輸入計画の至急決定と旧穀五万トンの購入案件のタイ側との接衝
(3) 憲法記念博覧会参加	通産省及び見本市協議会で準備中である。	十二月初旬バンコックに於て博覧会が開催される。	日本館建築費の一部の事前送金が遅延しているが協議会で努力中である。
(4) 鉄鋼粗悪品輸出に関するクレーム	大使館より十件近く連絡があった。	近く大使館に中間報告の予定である	通産省で目下調査中である。
(5) 台湾糖の長期買付契約	中国（台湾）側より、台湾糖の対日長期買付契約締結方申出あり、各省とも協議し、先方と話合の予定。	日本側各省とも充分協議し、際我方態度も共に交渉する予定であ	我が方の対策の検討砂糖の数量、価格（特にキューバ糖期間につき問題がある。

		るから本年一杯かかるものと思われる	
(6) 台湾米の輸入について	かねて米の輸出方につき申入れたところ三万トン対日輸出したき旨通知があり、先方とも交渉を始める予定	十月中に終了見込み	米価が問題となる台湾側はトン当りCIF二二〇～三〇弗を希望している。
(7) 日台航路、着払（コレクト）運賃の対日送金について	一九五三年初めより日本船が日・台航路に配船になったが、その運賃の中、台湾着払（コレクト）運賃が凍結され日本向送金が認められていない。	本件については台北におけると同時に東京でも、中国側に申入れている解決には相当の日数を要する見込	台湾側では外国為替法により対日送金を認めていないものと思われるが、日本側では国籍の区別なく送金を許可しているのでかかる不公平待遇の是正を要求している。
(8) 対韓物資輸出入の促進、			韓国側の通商上の制限措置及び、大邦丸事件等に対抗し

三一

(9) 在本邦韓国人事業資金二〇〇万ドル導入に関する件。

(10) 対韓出超尻決済に関する件。

一部韓国産品の輸入制限、或は対韓船舶輸出禁止等の措置を行ってきたが韓国側の強い要望もあり右制限は緩和されたが更に対韓物資輸出入につき促進中である。

先般韓国代表部より口頭をもって二〇〇万ドルを本国より在日韓銀支店に送金しこれをスワップ条件で円に換金し、在日韓国人の中小企業に融資致し度い旨申入れあったので本件につき関係当局と目下検討中。

日韓オープンa/cのスイング超過日本側貸越分五月以降

三

(111) 日「イ」通商会談開催の件

八月末まで計約二〇〇八万ドルが未払いとなっているので、至急決済方督促中であるが、一説には、今後決済の猶暇もあり、新事態の発生も予想されるので、先方の出方を注視中である

現行貿易支払取極は自動的に昭和二十九年六月末迄延期されているが、日「イ」貿易を更に拡大促進するため、本年九月末東京に於て日「イ」通商会議を開催する予定であったが、「イ」側の都合により、使節団の訪日が遅れ、通商会議の開催は遅延する見通である。尚、本会議に於て我

方が考究中の議題は左の通りである。

(一) 本年度貿易計画、

(二) 本邦商社銀行の「イ」国内支店設置、

(三) 本年業界人の「イ」入国滞在の制限緩和、

(四) ブランケットクリアランス。

(二) 年次決済の件

昨年度日「イ」貿易(自二七、七、一至二八、六、三〇)の結果、わが方の出超額二、六五〇万ドルの内六五〇万ドルは銀行支店扱取極により「オ一時別勘定」に繰入れ、残りの二、〇〇〇万ドルよりスウイッチ・トレード額、一、五〇〇

(13) 船舶国際入札に関する件

十月一日

万ドルを控除した五〇〇〇ドルは米弗現金により決済するよう「イ」政府に対し申入れていたところ「イ」側は百五〇〇万ドル送金に関し、既にインドネシア銀行に指示した趣である。

本年十月一日を締切日とし六万八千トン(約一、八〇〇万ドル)の船舶の国際入札が、インドネシア(日本の場合は在日「イ」総領事館が入札地)に於て行われるので、我方はこの落札に鋭意努力中である。尚、本国際入札には、我が国のほか、英国、カナダ、フランス、ベルギー、ドイツ

			スペイン、ノルウェー、デンマーク、ユーゴスラビア、オランダの参加が予定されている。	
(4) 西国際博覧会開催の件		十月六日	本年八月二十九日ジャカルタに於て開催された。参加国はわが国以外に中共、チェコスロヴァキア、スウェーデン、ハンガリー、イタリー、フィリピン及び香港である。	
(5) 日比貿易協定及び金融協定の延長に関する件	日比貿易は現行協定によって行われている。	適用期間は一九五四年一月三十一日までとなっている。	日比貿易は、わが方の一方的入超となっているので、これを改善すべく、フィリピン政府に申入れを行っている。	本年九月一九日マニラに於て中川在外事務所長とネリ次官との間に上記協定の四ケ月間の

三六

				延長に関する公文が交換され、一九五四年一月三十一日まで延長された。
(ニ) フィリピン在庫のビルマ米及びタイ米の日本への売却に関する件	目下食糧庁において検討中である。	買付けるか否かについて近く食糧庁より回答ある見込み	本件に関する、米は黄変米砕米が多く食糧に使用が困難であるため、価格の点で折合がつけば酒の原料として買付ける方針で交渉中である	フィリピンは毎年若干の米を外国より輸入していたが、本年の収穫は、七一〇万俵で昨年に比し六〇〇万俵の増産となり余剰を来たしたため昨年輸入した米を日本に売却したい趣である。
(ホ) 日比オープン	日比オープン協定に於ける	日比貿易協定各	わが方の輸出不振とフィリ	わが方の一

三七

協定純残高入超分の支払に関する件。	スウィングは二五〇万ドルであり、純残高入超分の中スウィング超過分についてフィリピン側より支払方要請あり次いで大蔵省に対し支払方依頼している。	び金融協定の失効まで	ピン側の輸入制限により一方的入超となっている。	方的入超を是正すべく昨年以来再三フィリピン側に対日輸限の緩和並びに対日輸入促進の具体的措置を講ずるよう申入れている。

経済局第六課

ノールウェイとの通商航海条約締結	本年十一月頃より、オスローにて交渉開始の予定	本年中には完了の見込		
日独共同委員会の開催	十月五日よりボンにおいて開催予定	約二週間	現在のアンバランス（日本の入超）調整する要	日独貿易取極に拠る。
日仏貿易計画の作成	本年十一月頃　パリで交渉開始の予定	約一ヶ月		現在貿易計画は失効している。
日西通商航海条約の締結	目下マドリッドにて交渉中。	未定		先方の対案を

日伊通商航海暫定協定の締結	昨年四月より交渉継続中。	今年中に完了の見込		[illegible]でいる。
日埃貿易支払取極	目下カイロにて交渉中	近く完了の見込	日本繊維製品に対する差別関税の撤廃	
日土貿易支払取極の締結	目下アンカラにて交渉中。	今年中に完了の見込		
日希貿易支払取極の締結	目下ジュネーヴにて予備交渉中。	〃		
日本ユーゴスラヴィヤ新通商航海条約の締結	本年十一月よりベルグラードで交渉開始の予定	〃		旧条約は復活済

条約局業務進ちょく状況一覧表（二八、一〇、一）

主管課	案件名	現状又は予定	終了時期の見透し	交渉又は処理に関する問題点	備考
条約局第一課	日米相互防衛援助協定	交渉中	不明		欧米一課
	日米投資保証協定	交渉中	不明		欧米一課 経済一課
	日米余剰農産物購入取極	交渉中	不明		経済一課 欧米一課
	在日国連軍の地位に関する協定	十月初旬交渉再開の予定	不明		
	日米所得税二重課税防止協定 日米相続税二重課税	専門家会議の採択した案に対するわが方修正案を先方	十二月末までに署名希望		経済一課

税防止協定	（　　）に提示中		
日米郵便為替約定	最終案につき交渉中	十月中に署名の見込	郵政省
日米領事条約	交渉中	不明	条約三課
日伊暫定通商協定			経済六課
日加暫定通商協定			経済二課
日米郵便小包約定			郵政省
日比郵便小包約定	〃	〃	郵政省
日韓基本条約	〃	〃	亜二課
〃海運協定	〃	〃	〃
〃国籍協定	〃	〃	〃
〃漁業協定	〃	〃	〃
〃請求権問題	〃	〃	〃

日濠漁業問題	交渉中	不明		欧米三課
日本ビルマ平和条約	〃	〃		亜四課
日本ビルマ賠償協定	〃	〃		〃
日本インドネシア平和条約	〃	〃		亜三課
日本インドネシア賠償協定	〃	〃		〃
日比賠償協定	〃	〃		〃
日本チリ通商条約	〃	〃		経済三課 欧米二課
日本ペルー通商条約				〃
日本ユーゴースラ				経済六課

ヴィア通商条約			
日本インドネシア沈船引揚協定			亜三課
日米著作権暫定取極	交渉中	十月下旬	欧米一課 文部省
日米著作権条約	わが方条案要綱を提出ずみ 一時中止	不明	〃
日英連邦基地協定	交渉中	来年三月中に署名を要す	欧米三課
日伊文化協定	伊側対案を待機中	不明	情文三
日西文化協定			〃
日伯航空協定	交渉中	十一月中	欧米二課
日加 〃	〃	不明	欧米一課
日亜航空暫定協定	〃	十二月中	亜二課

四

日仏航空協定	交渉中	不明	欧米四課
日伯航空協定	〃	〃	〃
日・ヴィエトナム航空協定	〃	〃	亜三課 欧米四課
日ビルマ航空協定	〃	〃	亜四課
日メキシコ〃	当方案提出交渉開始方申入中	〃	欧米二課
日アルゼンティン航空協定	〃	〃	〃
日チリ航空協定	〃	〃	〃
日キユバ〃	〃	〃	〃
日パナマ〃	〃	〃	〃
日印〃	〃	〃	亜四課

五

日パ・スタン〃	〃			〃
日埃貿易支払取極	銀行取極交渉中	十一月中に署名		経済六課
日伯貿易取極	計画改訂〃	十二月末までに終了の予定		経済三課
日ヴィエトナム沈船引揚協定	交渉中	十月中に署名		亜三課 条約二課
日デンマーク工業所有権協定	〃	〃		条約三課
日スウェーデン工業所有権協定	〃	不明		〃
条約局第				
あへんけしの栽培、あへんの生産、国際取引、卸取引及び使用の取締に関する議定書	署名終了 国会提出準備中	次期通常国会提出予定		国協一課 厚生省

六

二課

国際砂糖協定	締結準備中	未定（臨時国会又は通常国会）	経済二課 農林省 通産省 大蔵省
専門機関の特権及び免除に関する条約	国会提出準備中	次期通常国会提出予定	国内一課
労働憲章改正	国会提出準備中	臨時国会提出予定	労働省
労働三条約及び三勧告	国会に対し報告準備中		
関税及び貿易に関する一般協定	国会提出準備中	未定 加入が認められれば次期通常国会又は臨時国会提出	経済二課（通産大臣）
道路及び信号の統一制度に関する条約（案）	細部及び関係者の意見照会中	未定	国内一課 建設省 運輸省 警視庁

ジュネーヴ諸条約	公布、告示、その他捕虜銘々票の交換準備中	十月末	国協二課 総理府総務課
国際奴隷制度条約	翻訳中	未定	国協一課
特別奴隷制度委員会の補足的新国際奴隷制度条約	〃	〃	〃
国際捕鯨取締条約附表修正	告示準備中	十月下旬	
実演芸術家、レコード製造業者、放送関係者の保護に関する条約	関係各省と検討中	未定	国協二課
民間航空条約	公布・告示準備中	十月中	運輸省、国協二課
	附属書実施（一時に挙九附属書）に伴う事項の検討中	十月中	
	パリー条約の廃棄手続準備中	十月中	

航空業務通過協定	公布・告示準備中	十月中	
ワルソー条約改正	改正草案検討中	未定	
国際冷凍協会を創設する条約を修正する条約	改正草案検討中	〃	
武力紛争の際における文化財の保護に関する条約	〃	〃	情報四課 文部省
国際気象機関	地区協会への加盟手続中		労働省 国協一課
国際電気通信条約	告示手続準備中		
賃銀の保護に関する条約（九十五号）	準備中	未定	労働省
一切の種類の鉱山内の地下作業にお	〃	〃	〃

九

条約局第三

（……に於）ける婦人の使用に関する条約		
万国農事協会廃止のための議定書	国会提出準備中	未定
条約年鑑編集の件	作成中	本年度中
条約時報編集の件	第二、三、四号作成中	隔月発行
授受目録の編集	準備中	本年度中
現行条約集覧（多数国間）	〃	〃
行政協定の改正	実施につき法務省国警その他との協力	不明
国連協定の締結	交渉中	〃
MSA関係国内立法に関する件	準備中	〃

農林省	条約四課

一〇

課

日米領事条約に関する件	交渉中	不明	
第二次大戦中影響を受けた工業所有権に関する戦後措置協定	交渉中	不明	
国際法及び渉外法律事項に関し意見書の作成	作成中	十一月初旬	

条約局第四課

オーストラリア政府による真珠貝採取の制限措置に関する国際司法裁判所への提訴手続及びこれに関連する法理問題の研究	(a) 裁判所の管轄権とオーストラリアの応訴義務 (b) 付託手続 (c) 提訴しうる事件の範囲	本年末	(a) 国際司法裁判所規程及び同規則の解釈 (b) 先例及び学説の調査

竹島の領有問題に関する国際法上の学説及び先例の調査研究	(a)領土の領有に関する学説の調査 (b)大陸棚及び定着漁業に関する学説及び先例の調査	[illegible]
その他海事国際法上の問題点に関する研究	(a)外国船舶の無害航行権に関する研究 (b)船舶の衝突に関する研究	十月中
国際法上における条約の問題点に関する調査研究	約二十の問題点につき研究中	
わが憲法上における条約の問題点に関する研究	問題点五につき研究中	同右
諸外国憲法におけ	原稿作成済目下再検討中	本年中

各外事関係規定の調査研究		
日本を当事国とする条約集「現行条約彙覧」の作成	(a) 二国間の主要条約は作成済 (b) 多数国のみ作成中	将来続行の予定
国際法先例集の作成	(a) 第四巻作成済 (b) 第五巻作成準備中	
外事法規総覧の作成	第三回追録作成中	
条約用字例集の作成	(a) 日米通商航海条約（英和）作成済 (b) 平和、安保、 条約その行政協定の和英[illegible] 中	

国際法学会との共同研究	(a) 毎月一回定期開催 (b) 第五回以後の分につき調書作成中	将来続行の予定
国運の世論調査	省内関係局課と連絡の上国運に関する世論調査を行う予定	十月中
外地関係法令整理の研究	(a) 基本理論研究済 参考資料作成中	本年中

一四

国際協力局業務進捗状況一覧表

（二八、一〇、一）

主管課	案件名	現状又は予定	終了時期の見透し	交渉又は処理に関する問題点	備考
	国連加盟問題	懸案	不明	ソ連の拒否権行使を乗り切るために日ソ通じの国交の正常化、米国の一括加盟案賛成等が必要である。	
	国連準加盟問題	懸案	不明（第九総会で実現の可能性あり）	(1) 加盟を第一とし、準加盟を次善の策とする。 (二) 準加盟を推進するとせば先ず準加盟の内容を米側と確定して日本側が賛成の意を表し、米側として関係国と接衝の上国連総会にこれ	

			を提出せしめる。
ユニセフ対日援助協議によるユニセフとの協定	本件スタンダード・アグリーメント研究中、近く関係省と協議の上ユニセフと交渉開始	協定締結は約一カ月後	本協定実施に伴う予算措置の確保
国連予算外基金事業に対する拠出の問題	大蔵省は国連朝鮮再建復興計画に五万ドル相当額を補正予算にて認めたがパレスタイン難民救済計画に対する拠出は認めなかった。	一二週間中	パレスタイン難民救済計画の拠出は是非とも必要であり、これが補正予算に認められなければ、朝鮮再建復興計画の拠出も見送ることを考慮する要が起る。
国連朝鮮再建局の買付物資朝鮮向輸出許可取得の件	農林省と連絡の結果行政協定に基き駐留軍に割当た枠量以外輸出を許可する木材の余裕がないので駐留軍当局にUNKRAの必要とする数量の割譲方を書類にて申入れ中	不明	駐留軍側の本年内木材需要量の見込が立て難いので割譲の余裕があるか否かを決定する点

国連事務総長の「道路標識及び信号に関する議定書」についての日本政府の見解要請の件	関係官庁に一件書類を送付し、それぞれの見解を要請中	十月中旬	現行法規と予算との関係
国連事務総長の「自用自動車の一時輸入に関する通関条約及び観光客の通関条約」に関する日本政府の見解要請の件	関係官庁に関係書類を送付し夫々の見解を要請中	十月中旬	現行国内法規との関係
人身売買及び他人の売淫から利益を得ることの禁止	本件に関する国警本部より国連あての報告書を英訳中	十月末	国警本部より国連あての英文報告書を国連へ送付する。

三

課二第局力協際国

に関する件				
奴隷状態及び奴役に関する国連の質問書に関する件	質問書に対する情報送付の必要の有無に関し関係各省の意見を照会中	十一月末	関係各省の意見を徴し、国連へ報告すべき情報があれば英訳の上、送付する。	
国連活動調査	毎月世界月報、国際週報、国連月報、国連基礎資料に掲載	将来とも続ける	正確迅速を期すること。	
国連寄託図書館	国連刊行物全部を執務用として整備保管する	将来とも続ける	利用に便ならしめること	
ILOアジア海事会議	十月五日よりセイロン、ヌワラエリヤにて開催の予定	十月十五日		わが国より政府代表として運輸大臣官房長壺井玄剛、運輸省船員局長武田玄、代

四

ＩＬＯ第四回建築土木公共事業委員会	十月二十六日よりジュネーヴにて開催の予定	十一月七日

表代理在セイロン三等理事官斉藤一成、使用者代表平井敏也、顧問黒川邦三、労働者代表陰山寿、顧問西巻敏雄の七名が出席する。

わが国は正式メンバーではないが理事会の決定により招請を受けた。代表団、政府労資代表各二名に対する旅費はＩＬＯより支給され顧問をつける場合は参加国の負担となる

五

ＩＬＯ才五回炭鉱委員会	十一月三十日より西ドイツデュセルドルフにて開催の予定	十二月十二日
ＷＨＯ「国立公衆衛生院に対する援助計画」の実施のための補足協定の締結	本件計画は既に日本政府から要請を行ったが、計画実施に関する協定案は未だＷＨＯより受領していない。然し早晩協定締結の見込	一九五四年中
パリ公衆衛生国際事務局に対する未払分担金に関する件	本件に関しＷＨＯより通報ありわが国の態度につき照会して来たのでわが国としてはＷＨＯの事務局長の交渉に応ずる旨回答したが再び本件処理のためのわが国の提案を要請して来たので関係官庁と連絡の上回答の予定である。	未定
		同右

六

WHOの「小児麻痺及び肢体不自由児養育計画」及び「早産児養育計画」の実施のための補定協定締結	WHO側より協定草案送付後に計画の一部変更あり新たた草案を検討中	計画は両者とも既に開始されているため、出来うる限り速やかに署名の実現を計っている。
WHOの「国立精神衛生研究所に対する援助計画」の実施のための補足協定の締結	WHO側より送付の協定草案検討中	WHOより本件計画の顧問派遣以前に締結すべく手配中
ワルソー条約改正	八月二十五日から三週間り	来年中

七

上記両計画のために派遣される顧問の数の変更及び器具資材の面でユニセフよりの援助が得られることとなったため協定草案をこれに従って修正する必要を生じた。

の問題	オで開催されたICAOの法律委員会において採択されたワルソー条約改正案は来年の外交会議に提示される予定	
ICAO加盟	七月一日、ICAO総会でわが国の加盟申請が可決され、八月七日国会の承認を得、九月八日ICAO条約の批准書をアメリカ政府に寄託、加盟は十月八日に効力を発生の予定、 加盟に伴う分担金は一九五三年度二十五単位（約四六九五〇ドル）を限度とするべく目下事務局と交渉中	今年中
ICAO条約附属	ICAO加盟に伴う条約附	十一月中

八

書の実施	属書の実施に関し、附属書にかゝげる国際標準及び手続からの背離について事務局へ通告しなければならないので、目下国内関係当局と打合せ中		
IUOTO（官設旅行機関国際同盟）理事会及び総会	十月五日からリスボンにおいて開催される、	十月十二日終了の予定	運輸省から岡島観光部長が出席する。
WMOに対するわが国の常任代表任命	目下任命に必要な国内手続を行っている。	十月中	わが国のWMOへの加盟の効力は九月十日に発効したので、一般規則の規定に従って常任代表を任命しなければならない。

九

国際冷凍協会現行条約の改正問題	昨年十月の執行委員会で審議決定した改正条約案に対するわが方の意見をとりまとめて在京フランス大使館に提示する予定	十月中		外務省の意見は条約局で作成中 文部省、農林省は意見なし
国際獣疫事務局に対する分担金増額の問題	事務局長より分担金増額の要請があるので研究中	未定	農林省では増額を希望しているが、増額すべき根拠は薄弱である。	
国連の専門機関の特権及び免除に関する協約の検討	十月から関係各省及び省内関係局課と条約内容に関し審議検討し、出来るだけ早く国会に提示し、加入の承認を得るよう努力する予定	今年中	国内法上の関係において検討する必要がある。	
実演芸術家、レコード製造者及びラ	本条約草案に対して付二月以来十五回に亘って、文部省	十月中		

ジオ放送機関に関する条約草案に対する見解回答	著作権審議会において審議し、その結果に基いて政府の見解を作成し、在ベルヌ文学的美術的著作物保護国際同盟事務局へ回答する予定 本条約の署名のための会議は来年三月以降に開催される予定である。	
国際私法会議第七回会議の結果成立した諸条約及び私法会議規約の件	希望決議及び規約については同意を与えた。規約については受諾が要請されている。 他の条約は検討中 分担金の問題でオランダ政府と交渉中	不明
国際私法統一協会	法務省で加入の国内手続を	今年中の予定

国内において利害対立することが多く、円満な解決に到達しなかった。審議会は、回答すべき政府案を更に審議する希望を有する模様である。

二

加入の件	をとっている。		
	加入の国内手続すみ次第、当方よりイタリヤ政府に加入の通告をする予定		
ブラッセル海事外交会議で成立した海事三条約	ベルギー大使館から日本政府の意向を尋ねてきたので検討中	不明	

国際協力局第三課

妙義山山岳訓練学校設置	一部左翼系を除き県及び地元幹部は条件付交渉に入ることに同意	本省所管事務におそくも今月中に解決の見込	一、左翼分子の政治的反対 二、提出さるべき条件
和歌山県大島通信施設設置	閣議決定済	調達庁による引渡完了のとき	なし
宮崎県高畑山通信施設設置	関係各省並に地元の意見向合中	閣議決定を見るまで一ヶ月の見込	地元関係者の反対

二三

駐留軍労務基本契約更改	基本ラインは九月一日に合意され、同三十日確認、主文については十月五日調印の見込	所属書類の調整、折衝の完結をまつて、早ければ十一月より新契約効力発生の見込	行政協定と国内労働法規並びに労働政策上の調整

国際協力局第四課

補償班

イギリス領事館の補償	補償金額既に妥結	本月中	代理受取人の照会
メキシコ大使館の補償	交渉中	未定	土地及建物の取扱
オランダ大使館の補償	請求国へ照会中	〃	保険及評価の状況
在外各国外交官の補償	審査中のもの五件	本年度中	代理受取人の照会
一般の補償請求の中三二件	補償金額決定	十一月中	なし
仝 四二件	仝 内定	本年中	一部のものの再審査
仝 一六六件	審査中	未定	一部返却予定

立証書類関係の件	作成中	本年中	なし
返還班			
英国貨幣の解除に関する件	大蔵省鈴木参事官が担当大蔵省としての意見を英国側へ伝達、先方の返答を待っている。	不明	占領時代のGHQの覚書に基く本件は英国側の要求の根拠に疑問があり、且つ国内法上の根拠が消滅している。
[redacted]所有の日本興業銀行株式の利払に対する所得税課税に関する件	大蔵省の見解を英国側に伝達したが、再度異議を提出、重ねて日本側の法的根拠を説明した	先方から異議がなければ終了と見てよい。	
戦時中日本海軍に捕獲された英国商船[redacted]号の乗組員が命ぜられて引渡した外国通	調査中	不明	

一四

償の返還に関する件			
イギリス国籍人に属する日本興業銀行株式の権利の回復に関する件	日本側の見解を一応通告済		無記名株式について問題が若干残っている。
香港政庁元所有のラヂュームの現状中調査に関する件	目下大蔵省において再調査	不明	
[redacted]の印紙に関し照会の件	目下大蔵省において調査中	不明	
英国籍[redacted]所有工地、水	関係当局に接渉中	正確な時期は不明だが進捗中	

一五

国籍[redacted]所有土地、元メキシコ公使館の敷地等の接収解除の件		
四日市旧第二海軍燃料廠におけるイギリス国籍人財産錫インゴットの調査に関する件	目下調査中	不明
名古屋旧高倉造兵廠及向来炊坑におけるイギリス国籍人財産錫及び鉛インゴットの調査の件	目下調査中	不明であるか調査地域を限定するか適当な方法により調査を終了する必要がある。

二六

〃 Hotel KKの解散に関する報告の件	調査中		同ホテルの火災原因についての報告追加の必要がある。
アメリカ合衆国人提出返還請求 53件	大蔵省に於て返還手続中	3 二十八年度中に完了	
イギリス人 〃 72件	仝右	仝右	
フランス人 〃 2件	仝右	仝右	
オーストラリア 〃 6件	仝右	仝右	
カナダ 〃 5件	仝右	仝右	
オランダ 〃 12件	仝右	仝右	
ノルウェー 〃 2件	仝右	仝右	

一七

南ア連邦人提出返還請求 1件	大蔵省に於て返還手続中	二十八年度中に完了	
インド人 217件	全右	若干は二十九年度に持越の見込	
イギリス 1. [redacted] 二、八九四トン [redacted]	捕獲審検所の決定を再審査中	本年度中	なし
2. [redacted] 二三三二トン [redacted]	現在調査中	不明	全右
3. 艀汽艇等 百三十隻	返還の義務なしとの見解を近く通告する予定	全右	全右
オランダ [redacted] [redacted] 六〇七六トン	返還の義務なしとの見解を通告する予定	今月中	
ポルトガル [redacted] 号	傭船料および利息類の支払を検討中	不明	
アメリカ			

一八

（註）＊は返還は関係なし

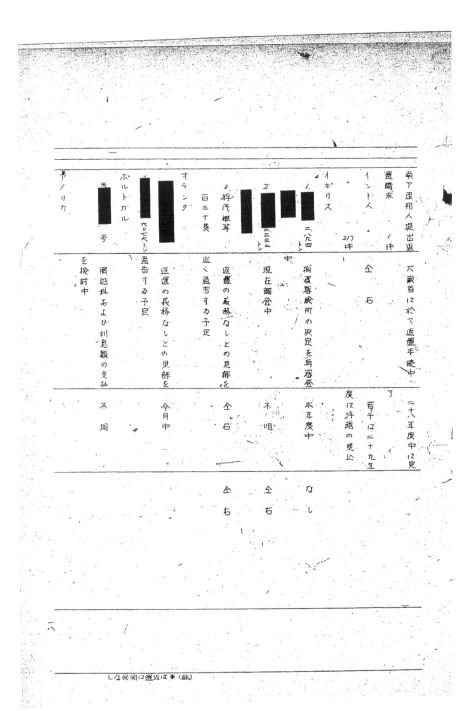

*1 Firm meiske 号	損害賠償額を検討中	本年度中	
*2 Brand Rivel 号	仝右	仝右	
ドイツ財産班			
法人	三国委員会に処分方法の勧告書を呈出中	二十八年度中に十三社残り三〇件は二十九年度に持越し	ある独法人の精算について必要とする特別精算人の問題
不動産	現存するもの二〇件中三件について三国委員会に勧告書を提出中	二十八年度中に処分終了の見込み	[redacted]の東京地裁にて不動産の処分に関する同人か応訴中 らのクレームの問題
動産	現存するもの三〇〇〇件について三国委に勧告書を呈出するため調査中	二十八年度中処分終了の見込	
工業所有権	三国委に処分方法の勧告書を呈出中	二十八年度に五四〇〇件残り五六六件は二十九年度に持越	

一九

ドイツ著作権	三国委から権利放棄の書簡を受領し、国内措置を研究中	二十八年十月	一、三国の所有し得るドイツ著作権の性質 二、もとのドイツ人所有者と使用者の間に起り得る使用料の問題 三、三国委が所有していた期間が著作権の有効期間に及ぼす影響	文部、大蔵及び省関係各課と協議の予定
管理費用	償還を受けるべき費用の明細書を三国委に呈出中			三国委員との会議の結果、原則的了解に達した。
ドイツ船舶	現在まで問題となっていない。			当方としては権利の対象となり得ないという態度をとっている。
ドイツ帯貨	大部分が処分済みである。			ドイツ財産でないものをド

一〇

		請求权調査室
		人補償要求案件に対する調査折衝 算 （イギリス） 三四二件 約大億四千万円 （オーストラリヤ） 一件
		調査中 なお、その中ダイオット社数事件については、補償額につき大蔵省と話し合い中で、これがまとまれば対英折衝に移る予定 本年八月在濠西大使宛て要求に応ぜられない旨通告し
		不明 不明
		平和条約十八条
	イツ財産として処分した可能性があり、将来連合国又は中立国からクレームの生ずるおそれもある。	

二一

千二百万円	右、その後申越なし。	
（印度）	日印条約第八条による請求権の行使にある旨伝えられているところ、未だに提起なし	不明
（カナダ）一件 十八万円	調査中	仝右
（アイルランド）二件 約二千九百万円	内容において請求権と認められないものもあるので、先方に照会中	仝右
（イラク）	同国の要求は、平和条約の解釈上疑義があるので、本年七月その旨先方に申入済	仝右
2．補償要求案件に対する調査		
（スイス）四九三件	近く提起予定	仝右

三二

一		
約千八億七千万円		
（スウェーデン）	近く提起予定	不明
十件		
約十一億三千万円		
（オランダ）	抑留者のサファリング全体	仝右
	を一括して、補償要求予定の	
十三億～百八億円	由	
（デンマーク）	調査中	
六二五件		
約四十億円		
（フランス）	一次調査完了	
二件		
約十四億八千万円		
（イタリヤ）	第一次調査完了	
二二件		
百七十五～六億円		
（スペイン）	在マドリッド日西混合委員	
八九八件	会が本問題を検討中	

二三

約百四十一億五千万円	調査中
（ギリシヤ）	
一件	

情報局業務進捗状況一覧表

主管課	案件名	現状又は予定	終了時期見透	問題点	備考
情報文化局第三課	日仏文化協定	批准書交換、效力発生（十月三日）。		混合委の人選任命	
	日伊文化協定	わが方作成の草案を在京伊大使館を通じ伊政府に提示中	未定	東京イタリヤ会館再建とローマ日本アカデミア新設	
	日西文化協定	西側提案に対するわが方の見解を西側に提示中	未定		
	優秀外国映画選定委員会設立問題		未定		
	松方コレクション返還問題	梱包、輸送、再収費等の予算化、美術館の設立方計画中	未定	保管人日置氏に対する保障問題	
	在巴里日本会館長	五人の候補者中より選考中			

庫会館）長任命問題	
米国における古代美術展開催	ワシントン、ニユヨーク、シヤトルを終り目下シカゴにて開催中
米国西海岸における日本美術展開催方要望について	開催場所、出品物に関し未だ決定を見ず
サンパウロ四百年美術展に参加	絵画、版画、送付中
サンパウロ四百年祭参加	美術展、スポーツ競技に参加方手続中
仏国古典及び印象派絵画展の日本における開催	昭和二十九年九月以降開催のことに決定

二

ゴッホ展の開催	昭和二十九年末から三十年初頭に開催見込
中日経済文化協会に対する日本書籍寄贈	国会図書館を通じ第一回分百五十冊送付済、第二回二百三十冊送付方手配
伊太利における日本浮世絵展開催	国立博物館所蔵品四十点出品予定（十月末開催）
タイ国憲法記念日のためバスケットボール選手派遣	男女選手三十名派遣予定
印度における児童絵画展	本年十二月開催予定日本から百五十点出品
印度科学者会議に	来年一月から約一ヶ月間

和蘭における日本美術展の開催が条件となっているが、この点については国内的に難点がある。	

三

対する日本からの出席	自然科学分野学者二名出席予定	
情報文化局第四課		
A ユネスコ関係事務		
(1) ユネスコ第七回総会政府代表国報告（附第二回臨時総会報告）	原稿完了。印刷中	十月中旬
(2) ユネスコ青少年運動指導者セミナー	十月六日～廿七日日本青年館にて挙行参加予定廿二ヶ国五十名	十一月初旬
(3) ユネスコ本部私設応募に関	の大衆宣報部次長職候補者に推進（新聞協会事務次長）	未定

(1) 各国参加者に対する便宜供与	ユネスコ国内委員会担当
(2) 接待費を中心にユネスコ国内委員会予算不足中五十万円程度を本省から支出	
九月廿二日来朝のユネスコ文化活動部次長キルパル氏が	

四

する件			各候補者に面接する予定
	(2) 文化活動部文芸課長取候補者芹沢光治良（作家）坂西志保（評論家）	不明。但し本件あまり有望ならず	右に仝じ
	(3) 教育部学校教育拡大課長取候補者相良惟一（京大事務局長）	不明	右に同じ
	(4) 教育部学校教育拡大課専門家候補者小出詞子（国際キリスト教大学教授）	未定	右に同じ
(4) 国会図書館収穫によるPBリポート購入に関する件	アメリカ商務省発行のPBリポート購入進行中。到着の分から逐次国会図書館で閲覧に供している。	ミメオグラフは全部入手ずみ。マイクロフィルムは発注金額約十六万ドルのうち六月から毎月平均一万ドル相当分が到着	マイクロフィルムはアメリカで受註後、製作者の都合により適宜製作されているため到着期日その他の点について必らずしも国会図書館の意を満たしていない嫌

五

(5)原子力問題に関する調査の件	(B)多辺的文化協定関係事務 (1)教育科学文化的資材の輸入
諸外国における原子力問題に関する調査をヨーロッパ北南米、濠在外公館へ依頼中。 本件に関し、国会図書館は二千万円の予算で、各国における原子力関係資料の収集を計画中。近日文献リストの送付方前記在外公館に依頼の予定。 なおアメリカにおける各種原子力関係出版物はユネスコクーポンで購入希望が学界にある。	ユネスコ提唱の二協定2しで前者は一九五二年五月二十
未定	未定
調査項目左のとおり 1.各国の原子力研究の発展の過程、 2.現在原子力に関する研究、特に平和的利用の研究がどのような体制の下で行われているか。 3原子力法存在の有無	大蔵省は現行法律その他で 本件条約の趣旨は達成できる
日本学術会議では本調査の結果を待って原子力研究に関する学術会議の態度を決定したいという。	もし輸入協 定しなくても

大

協定、聴視覚資材の国際的流通を容易にする協定。	十一日発効。本件二協定に関し、大蔵省、通産省から見解受領。文部省からは未受領。近く関係官庁と協議の上最后的態度を決定する予定		としている。通産省は積々同疑点をあげて疑問解決後態度をきめたいという。	参加の方針で得られれば明春の通常国会に提出致したい。
(2)武力紛争の際における文化財の保護に関する条約	一九五四年四月二十一日―五月十二日ヘーグにおいて本条約採択及び署名のための会議開催、本省から一名出席予定	同上会議で採択後期限付で署名のため開放される予定。わが方署名後なるべく明年中に批准致したし。	京都及び奈良を文化財集中地として認めさせるための条文改正	

七

極秘

昭和二十八年十月一日現在

50．総務課ファイル用（33．5．2．廃棄　戸川）

業務進捗状況（第二号）

注意。　総務課

○この調書は、次回の分を作成配付の場合（二九年一月）回収しますから、保管に御留意下さい。

○保管は、極秘扱として下さい。

外務省

（官　総）

外務省戦後執務報告《がいむしょうせんごしつむほうこく》　アジア局編《きょくへん》

01 「執務報告《しつむほうこく》」綴《つづり》
(業務進捗状況《ぎょうむしんちょくじょうきょう》を含《ふく》む）上巻《じょうかん》

2019年10月15日　印刷
2019年10月25日　発行

監修・解説　大澤武司《おおさわたけし》
発　行　者　鈴木一行
発　行　所　株式会社ゆまに書房
〒101-0047　東京都千代田区内神田2-7-6
電話　03-5296-0491（代表）

印　刷　株式会社平河工業社
製　本　東和製本株式会社
組　版　有限会社ぷりんてぃあ第二

01　定価：本体18,000円＋税　ISBN978-4-8433-5618-0 C3321